Cumpliendo SU tiempo

Cumpliendo SU tiempo

Meditaciones y oraciones para hombres y mujeres en la prisión

✝

James C. Vogelzang
Con Lynn Vanderzalm
Prefacio por Charles W. Colson
Traducido por Jaime Esteban Gibbons

Doing HIS Time Prison Ministry—Santa Barbara, CA, EE. UU.

*Cumpliendo SU tiempo: Meditaciones y oraciones
para hombres y mujeres en la prisión*

Edición revisada con guía de estudio

Copyright © 2009, 2016 por James C. Vogelzang.
Todos los derechos reservados.

Fotografía de James C. Vogelzang copyright © 2004
por Robert C. Larson. Todos los derechos reservados.

Diseño: Anna Piro y Gerette Braunsdorf

Edición del inglés: Lynn Vanderzalm

Traducción al español: Jaime Esteban Gibbons

Edición del español: Sarah Rubio

Publicado por Doing HIS Time Prison Ministry,
P.O. Box 91509, Santa Barbara, CA 93190

Se han cambiado varios nombres para proteger la privacidad
de las personas que compartieron sus historias con nosotros.

El texto bíblico sin otra indicación ha sido tomado de la *Santa Biblia,
Nueva Versión Internacional*®, NVI® © 1999 por Biblica, Inc. Todos los
derechos reservados mundialmente.

El texto bíblico indicado con NTV ha sido tomado de la *Santa Biblia,
Nueva Traducción Viviente*, © Tyndale House Foundation, 2010.
Usado con permiso de Tyndale House Publishers, Inc.,
351 Executive Dr., Carol Stream, IL 60188, Estados Unidos
de América. Todos los derechos reservados.

Impreso en los Estados Unidos de América por Cadmus,
Port City Press, a Cenveo Company.

ISBN: 978-0-615-34334-1

21 20 19 18 17 16

11 10 9 8 7 6

*Para los hombres y las mujeres
en la prisión:*

¡No se les ha olvidado!

*Acuérdense de los presos, como si ustedes fueran
sus compañeros de cárcel, y también de los que
son maltratados, como si fueran ustedes mismos
los que sufren.*

Hebreos 13:3

*Un autor nunca deberá concebirse como alguien que
da de existir a la belleza o a la sabiduría que no existían
antes, sino que simple y únicamente como tratando de
expresar en términos de su propio arte el reflejo de la
Belleza y Sabiduría eternas.*

C. S. Lewis

*Nunca atenúes la palabra de Dios; predícala sin
desleír su severidad; tu lealtad a ella debe ser
inquebrantable; sin embargo, cuando tengas un trato
personal con tus semejantes, recuerda quién eres tú:
no un ser especial creado en el cielo, sino un
pecador salvado por gracia.*

Oswald Chambers
En pos de lo supremo, 28 de junio

Contenido

Unas palabras de Chuck Colson

Tengo buena idea de lo que pasa por tu mente al tomar este libro y hojear la páginas. Porque aunque fui una vez el Asesor Especial del presidente de los Estados Unidos y luego fundé uno de los ministerios cristianos más grandes del mundo, también fui el prisionero #23227 en el Campamento de la Prisión Federal Maxwell. Serví siete meses, de junio de 1974 a enero de 1975. No fue una pena larga comparada a la mayoría de los encarcelados, pero duró lo suficiente para que conociera el desaliento y la desesperación que viven los presos.

Lo más difícil para mí, mientras estaba en la prisión, no fueron los pleitos esporádicos, ni la tensión racial, ni la condición decaída de los edificios, sino que la terrible soledad. Afuera dejé a una esposa y tres niños, y no pasó ni un día sin que me angustiara y me preocupara por ellos. Estaba atrapado dentro de una prisión; me sentí completamente inútil. Se hizo peor cuando un carcelero me dijo: "No te metas en asuntos ajenos. Cumple tu propio tiempo igual como cometiste tu propio crimen". Me habían dado una sentencia de tres años (que después fue acortada), pero pareció una eternidad.

Un día friolento de octubre, me soltaron temprano de un grupo de trabajo. En la sala del internado encontré un libro de estudio bíblico llamado *El diseño del discipulado*, publicado para los Navegadores por Casa Bautista. El tema se basa en el segundo capítulo del libro de Hebreos en el Nuevo Testamento. Ese día leí Hebreos 2:9-11 de la traducción J. B. Phillips de la Biblia. Aquí usaré la NVI: "Sin embargo, vemos a Jesús, que fue hecho un poco inferior a los ángeles, coronado de gloria y honra por haber padecido la muerte. Así, por la gracia de Dios, la muerte que él sufrió resulta en beneficio de todos. En efecto, a fin de llevar a muchos hijos a la gloria, convenía que Dios, para quien y por medio de quien todo existe, perfeccionara mediante el sufrimiento al autor de la salvación de ellos. Tanto el que santifica como los que son santificados tienen un mismo origen, por lo cual Jesús no se avergüenza de llamarlos hermanos".

Al leer y volver a leer estas palabras, tenía la convicción de que Dios me estaba hablando a mí. Yo estaba en la prisión para algún propósito. Si Jesús podía venir para vivir entre nosotros, morir por nuestros pecados en la cruz, y no avergonzarse de llamarnos sus hermanos, lo podemos conocer de la manera más íntima imaginable, como Jesús, nuestro hermano. Y los hombres a mi alrededor eran mis hermanos. El pensamiento me causó asombro; pero a la misma vez, ablandó mi corazón.

Había aceptado a Jesucristo en mi vida casi un año antes de entrar a la prisión, pero parece que Dios usó esta ocasión, estando yo sentado ese día deprimente allí en una sala de la prisión, para atraerme a un compañerismo de lo más íntimo. Encontré la paz, sí, aun gozo, dentro de esa prisión.

Tú la puedes encontrar también. Dios da un regalo gratis: la fe. Lo único que tenemos que hacer es aceptar el regalo y confiar completamente en Jesucristo. Te puedo prometer una cosa: si haces eso, probablemente no de un día para el otro, pero en el buen tiempo de Dios, sentirás que Jesús es tu amigo y tu hermano, más íntimo que cualquiera que jamás hayas conocido en tu vida. Él entiende nuestros pecados y tentaciones —nuestros temores y nuestras debilidades— y nos ha provisto nuestra salvación.

No importa en qué tipo de prisión estés; Jesús puede derrumbar esas paredes. Puedes estar libre de adentro, y puedes confiar en Dios para tu libertad de afuera.

Este libro fue escrito por uno de mis mejores y más queridos amigos. Nos conocimos en 1989, cuando Jim, un hombre de negocios y de mucho éxito, comenzó a interesarse por los prisioneros. Jamás he visto a una persona con más entusiasmo de entrar a la prisión para obrar con hombres y mujeres que Jim Vogelzang. Al ir a visitarlo en Colorado, una de las primeras cosas que hizo fue sacar las fotos de los con quienes se estaba reuniendo para enseñar las Escrituras. Se enamoró completamente de los encarcelados.

Pueda ser que Jim pasó más tiempo en la prisión que yo, porque ha sido fiel en volver durante los años. Lo ha hecho tanto que piensa y escribe como un prisionero, y tiene la determinación de llevar la esperanza a cada prisión. Jim es un tipo maravilloso. Cuando yo estaba en la Casa Blanca le caí bien al entonces presidente Richard Nixon porque era como él, el tipo que podía "pasar por puertas sin abrirlas". Por eso creció mi reputación de ser el "asesino a sueldo" de la Casa Blanca o el "machón" del Presidente. Es probable que por eso me identifico tanto con Jim Vogelzang. Es exactamente el mismo tipo de hombre: grande, fuerte, que pasa por puertas sin abrirlas, si es necesario, para llevar a Jesús a los prisioneros.

Esta es una obra magnífica que Jim ha escrito. He leído las meditaciones y encuentro que tiene un sentido asombroso de lo que tienes que saber día por día, no solo para sobrevivir en la prisión sino para encontrar el gozo de Jesús en todo lo que hagas.

Mi esperanza es que este libro te ayude a redimir el tiempo. Por lo menos para mí, lo que me dolió más en la prisión fue la falta de esperanza. Darme cuenta de que no podía lograr nada, que no tenía el control. Unos, como ya sabes muy bien, se vuelven locos en mirar las paredes de concreto sin nada que hacer.

No dejes que esto te pase a ti; no tiene que ocurrir. Toma este libro, estúdialo, estudia las Escrituras y ten el valor de vivir cada día como cristiano. Encontrarás que Dios redimirá tu tiempo detrás de las rejas de las maneras más extraordinarias.

Digo "ten el valor" porque no es fácil ser cristiano en la prisión. Si la gente llega a la cárcel y te dice que ser cristiano hará que tu vida encarcelada sea más sencilla, tienes mi permiso de arrojarles el himnario. La cultura en la prisión es dura, cruel y tacaña. Los líderes son los que pueden levantar 150 kilos… o así piensan todos.

Por medio de mi trabajo con Prison Fellowship, he estado en más de seiscientas prisiones. He conocido los más machos de los machones. Créeme, levantar 150 kilos no es nada. Los verdaderos machones son los que dicen: "Creo en este Jesús. Le entrego mi vida. Viviré de la manera que Él me enseña. No me voy a preocupar si se burlan o se ríen de mí. Le he dado todo a Cristo".

Eso es ser machón.

Puedes confiar en Cristo. Lo he conocido desde 1973. Él es verdadero. Está contigo ahora mismo. No tiene vergüenza de llamarte su hermano o su hermana. No confíes en tu propia inteligencia, sino que inclínate a Él. Y sepas que hay mucha gente afuera —como Jim Vogelzang y otros— que se están esforzando para traerte ayuda y esperanza.

Charles W. Colson
Prison Fellowship Ministries
Washington, D.C.
2008

Por qué escribí este libro

Una mañana me habló el Espíritu Santo durante mi tiempo devocional personal. El reto estaba claro: llevarles el mensaje del Evangelio a ustedes —hombres y mujeres encarcelados— usando su lenguaje, su cultura y sus circunstancias. *¿Cómo haría eso?*, me pregunté. El Espíritu Santo me dijo que usara Hebreos 13:3 como guía —"Acuérdense de los presos, como si ustedes fueran sus compañeros de cárcel, y también de los que son maltratados, como si fueran ustedes mismos los que sufren"— y que escribiera como si estuviera yo en la cárcel también. El mandamiento fue de traer el poder vivo y trasformador de Jesucristo a ustedes de una manera que se entendiera excepcionalmente. El Espíritu Santo ha sido fiel en ayudarme a hacer eso.

¿Por qué se necesita este libro devocional? Se necesita porque, como tú muy bien lo sabes, el cielo no es azul para los que están encarcelados. Pueda ser verde o morado, pero no es azul. El cielo azul sugiere normalidad. Y la vida en la prisión no es nada normal. La normalidad incluye tomar decisiones acerca de nuestra vida. Hombres y mujeres libres pasean sobre el césped, deciden a qué hora levantarse de la cama, cómo vestirse, dónde vivir, dónde trabajar y cómo gastar su plata. Ese no es el caso en la prisión.

En la prisión te dicen a qué horas levantarte, cómo vestir y cuándo comer. Te cuentan varias veces al día. Sustituyen tu nombre y tu identidad con un número. Monitorizan tus llamadas al afuera; te limitan el número de libros en tu celda; y exigen que les rindas el control sobre tu vida. Mientras que este es el resultado esperado por ser declarado culpable por un crimen, esto establece un ambiente fuera de lo normal. ¿Qué tiene que ver el Evangelio de Jesucristo bajo estas circunstancias?

La cultura dentro de la prisión es enemiga de las enseñanzas de Jesús. Jesús nos enseña a "dar la otra mejilla" y "ayúdense unos a otros a llevar sus cargas"; mientras que el código de los condenados enseña que "primero, pégale al otro" y protegernos. Jesús predica sumisión a la autoridad; el código de los condenados predica la rebelión. Mientras que Jesús dice: "Ama a tus enemigos", el código de la prisión dice: "Obtén venganza" y "Manda desquite". Vivir de acuerdo a la Palabra de Dios detrás de las rejas requiere un coraje especial que se fortalece por la sabiduría de la gente que entiende cómo es la prisión.

Aunque nunca he sido condenado, he pasado innumerables horas adentro, conociéndolos a ustedes y su cultura, la jerga, las reglas de combate y otros detalles de cómo interactuar. Muchos de ustedes han leído partes de este libro y han ofrecido sugerencias, que me han ayudado a darle forma a las meditaciones. Mi deseo es de poner en palabras claras el poder trasformador de Jesús de tal manera que sea claramente entendido por cualquiera que viva en el mundo donde el color del cielo es cualquier otra cosa menos azul.

Cómo obtener lo máximo de este libro

El propósito de este libro es que sirva como devocional para que le des tiempo cada día. Cada meditación incluye varios elementos:

- Un pasaje de la Biblia acerca de cierto asunto como la esperanza, la oración, el miedo o el enojo
- Una meditación acerca de ese pasaje y la verdad que nos da para nuestras vidas
- Una pregunta que convierte el asunto en algo personal, que nos ayuda a actuar o hacer un compromiso
- Una oración que nos ayuda a comenzar a hablar con Dios acerca del asunto
- Una sugerencia a otros pasajes bíblicos relacionados con el asunto

También he incluido muchas historias verdaderas acerca de cómo Dios ha mostrado su poder en la vida de las personas. Unas de estas historias vienen de la Biblia: Rajab, una prostituta; David, quien mató; José, quien pasó años en la cárcel; Pablo el apóstol, quien también fue un asesino y que pasó mucho tiempo encarcelado; y Jesús, quien nos da un modelo para todos. Otras historias muestran cómo Dios ha demostrado su poder en las vidas de los encarcelados hoy en día, permitiendo que le sirvan de maneras con mucho valor. También comparto mi testimonio de cómo llegué a entregar mi vida a Jesús.

Te sugiero encontrar el tiempo para leer una meditación cada día, dejando que el pasaje y tus pensamientos acerca de él se profundicen en tu vida.

Usando el libro en grupo

Unos presos querrán usar este libro con un grupo de otros presos. Para ayudar con eso, he incluido algunas páginas de "Guía de estudio". Las encontrarás esparcidas por el libro. Busca las páginas con una barra negra que dice "Guía de estudio".

Las guías de estudio tienen el propósito de ayudar a la gente a profundizar en el tema,

- hablar de asuntos, revelaciones y luchas en conjunto;
- explorar en conjunto pasajes en la Palabra de Dios;
- orar unos por otros y animarnos unos a otros; y
- mantenerlos responsables unos con otros.

Reunirse con un grupo de otros presos puede ser un tiempo bendito de compañerismo y de apoyo. Para asegurar que la experiencia sea sana y que sea de beneficio, sigan estas guías:

- **Comprométanse a la confidencialidad.** Las personas compartirán honestamente al saber que lo que comparten con el grupo se queda en el grupo.
- **Comprométanse al respeto mutuo.** Respeten la etapa espiritual en que cada uno está. Nunca te aproveches de lo que oigas en el grupo.

- **Comprométanse a orar unos por otros.** Cada vez que se reúna el grupo, tomen la oportunidad de compartir peticiones para oración y oren unos por otros. Luego acuérdense de orar por los demás varias veces durante la semana también. Recuerda que Dios escucha y contesta la oración.
- **Comprométanse a animar unos a otros.** Caminen unos con otros y háganse responsables a mantenerse fieles a lo que Dios les llama a ser y hacer.

Al final del libro puse un índice de citas bíblicas usadas en las meditaciones. Si tienes un pasaje favorito de las Escrituras, búscalo en el índice y vuelve a la meditación que habla del pasaje.

Cómo está organizado el libro

El libro está organizado en varias partes, con meditaciones en cada parte que se enfocan en un tema específico. Muchos hemos sido afectados por el difunto Dr. Bill Bright, quien escribió una manera directa de entender el mensaje del Evangelio en sus "Cuatro Leyes Espirituales":

1ª Ley: Dios nos ama, y tiene un plan maravilloso para nuestra vida.

2ª Ley: Somos pecadores y estamos separados de Dios. Al reconocer nuestro pecado y aceptar el perdón de Dios, experimentaremos el amor y el plan de Dios para nuestra vida.

3ª Ley: Jesucristo es la única provisión de Dios para nuestro pecado. Por medio de Él, podemos conocer el amor y el propósito de Dios para nuestra vida.

4ª Ley: Debemos recibir a Jesucristo como Señor y Salvador mediante una invitación personal; entonces podremos conocer y experimentar el amor y propósito de Dios para nuestra vida[1].

Estas leyes forman la base de organización de este libro.

Parte 1: Dios nos ama y nos ofrece perdón por el pasado, paz para el presente y esperanza para nuestro futuro. En esta sección del devocional, veremos el amor inmenso que Dios tiene para cada uno de nosotros. Porque nos hizo únicos, Él tiene un plan para cada quien. Veremos qué es ese plan. Esta parte se enfoca en la pregunta: *¿Quién es Dios?*

Parte 2: Somos pecadores y estamos separados de Dios. Esta sección mira a nuestro pecado y lo que hace con nuestras relaciones. Se enfoca en la pregunta: *¿Quién soy yo?* Aprenderemos acerca de personajes en la Biblia que se arruinaron, enormemente. Estudiaremos pasajes acerca de la culpa y el perdón y libertad de la carga del pecado.

Parte 3: Jesucristo es la única provisión de Dios para nuestro pecado. Esta sección nos enseña lo que hizo Jesús al pagar la cuenta por nuestro pecado. Estas meditaciones se enfocan en las preguntas: *¿Quién es Jesús?* y *¿Qué es la salvación?*

Parte 4: Debemos individualmente recibir a Jesucristo como Salvador y Señor. Por medio de Jesús podemos experimentar el plan de Dios para nuestras vidas. Esta parte final nos ayuda a agarrar la onda para entender el plan maravilloso que Dios tiene para nuestras vidas. Estas meditaciones se enfocan en la pregunta: *¿Cómo puedo vivir para Jesús?* Esta sección del libro está subdividida en partes más pequeñas.

Jesús como Salvador y Señor investiga lo que quiere decir que sabemos que Jesús nos salvó y explora lo que significa dejar que Jesús tenga el lugar de autoridad en nuestras vidas.

Vida reverente es un conjunto de meditaciones conmovedoras que nos ayudan a profundizar nuestra relación con Dios y mostrar nuestro amor para Él por medio de vivir de maneras que le gustan.

Servicio reverente nos recuerda que Dios quiere que le sirvamos. Estas meditaciones nos preparan a servir al Señor con todo corazón dentro de las paredes de la prisión. Que nuestros cuerpos estén encarcelados no quiere decir que nuestras almas y nuestras mentes están enjauladas. Podemos tener vidas rellenas y significativas detrás de las rejas. Dios tiene un plan maravilloso para cada uno de nosotros, un plan diseñado cabal para la manera de cómo nos creó.

Decaído por treinta y seis años: mi camino hacia la fe en Jesús

Estuve encarcelado por treinta y seis años, pero no pasé ni un día tras las rejas. Mi prisión no tenía paredes sino que mucha rabia, abuso cruel y miedo. No tuve que cambiar mi nombre por un número, pero entregué mi integridad y honor por el orgullo y la codicia. Estaba embodegado en un complejo de máxima seguridad conocido como el "yo-mismo" y estaba esclavizado por mi propio egoísmo, egocentrismo y rebelión contra Dios. Tengo culpa de todo lo que está dentro de mi "chaqueta". Nunca me pusieron en libertad provisional. ¡Fui perdonado!

Dios escribe Su historia en cada una de nuestras vidas. Aquí está mi historia de cómo Dios me amó, me persiguió, me perdonó y me ofreció la verdadera libertad para que le sirviera y que cumpliera *SU* tiempo.

Fui criado en un hogar cristiano, pero como muchas familias, tenía su serie de problemas. Mi madre era una versión femenina del Dr. Jekyll y el Sr. Hyde, es decir que a veces era maravillosa y a veces malvada. O nos hablaba del Señorío de Jesucristo, animándonos a ser lo mejor que podíamos, o nos abusaba a mis hermanos y yo, verbal, física y emocionalmente. Crecí pensando que el enojo y el pegar eran una manera normal de expresar las emociones. El miedo y el terror me visitaban de noche mientras dudaba si lo podía aguantar o si mi madre cumpliría su amenaza habitual de matarme mientras yo dormía. Estas noches, me acostaba con una silla trabada bajo la manija de la puerta, y me metía a la cama con una escopeta calibre doce a mi lado.

Mientras crecía, mi familia oraba antes de comer y leía historias bíblicas después de la cena. Iba a la iglesia dos veces cada domingo y asistí escuelas cristianas. Perdí la cuenta de cuántos versículos memoricé, y aprendí la doctrina de la iglesia muy de niño. A los quince años hice mi profesión de fe pública ante la iglesia, pero fue algo de rutina, una manera de complacer y apaciguar a mis padres.

Asistí a una universidad cristiana por cuatro años pero dejé el lugar sin alguna conexión personal con Jesucristo. Tenía un montón de conocimientos acerca de Dios, pero nada de una relación personal.

Después de la universidad, me casé y salí a saquear el mundo de riquezas con intención de tener independencia monetaria. No me importaba a quién abusaba ni qué tenía que hacer para ordeñar de la sociedad todo lo que yo quería. Lo que me gustaba, lo agarraba. Y si requería que engañara o pecara para lograr mis metas, eso lo hacía. A pesar de eso, como lo había hecho mi familia, fui a la iglesia, oré antes de comer y me presenté ante el mundo como si fuera un cristiano.

Era un fraude.

Después de catorce años de este estilo de vida pecaminoso, se deterioró mi matrimonio seriamente. Pensando que estaría mejor con alguna otra, pedí el divorcio. No lo sabía en ese entonces, pero mi esposa había ido con un consejero matrimonial. Ella me dijo que conoció a Jesús. Me burlé de ella, pero al observar su nueva conducta, me di cuenta de que algo había cambiado dentro de ella. Era diferente. La observé por varias semanas y determiné que el cambio en su vida era verdadero. Finalmente, después de varios meses, en la más oscura noche, le grité a Dios: "Si la puedes cambiar a ella, ¡te atrevo a que me cambies a mí!".

Veo para atrás y veo la arrogancia absoluta de esa "oración de conversión". No era nada parecido a un aspirante humilde. Puedo imaginar a los arcángeles Gabriel y Miguel parados al lado de Jesús, mofándose de mi oración y pidiendo permiso de mandar un relámpago para agarrar mi atención. A la misma vez, escucho la respuesta de Jesús: "No, a este lo puedo salvar. Lo puedo limpiar, quitarle el mal olor y usarlo para mi reino".

Y eso fue lo que hizo. Dios me amó tanto que me recobró. Después de treinta y seis años en la prisión del "yo-mismo", Dios me perdonó. Fui liberado.

Las palabras del Salmo 73 describen mi situación: "Se me afligía el corazón y se me amargaba el ánimo por mi necedad e ignorancia. ¡Me porté contigo como una bestia! Pero… tú me sostienes de la mano derecha. Me guías con tu consejo y más tarde me acogerás en gloria" (Salmo 73:21-24).

Dios me tomó, un hombre bestial, de la mano derecha, y me guía con su consejo.

Después de mi "oración de conversión", tal como fue, me encontré sediento por la Palabra de Dios. Comencé a leer la Biblia. Mi esposa me aceptó de nuevo y oramos juntos. Encontramos una iglesia Cristo-céntrica. Luego ocurrieron tres cosas para confirmar mi nueva vida en Jesucristo.

Un día, al limpiar el estante de la cocina, noté una cajetilla de cigarrillos. Los tiré despreocupado y pensé: *Ya no los necesito para nada*. Desde ese día en febrero de 1987 no se me ha antojado ni he fumado ni un cigarrillo. No le hice mucho caso hasta que un cristiano maduro me lo explicó. Me dijo que lo que había ocurrido era una manifestación del Espíritu de Dios (ver 1 Corintios 12:7). Era una señal que Dios ahora vivía dentro de mí.

Segundo, comencé a leer el libro *Nací de nuevo*, la historia de la conversión de Chuck Colson, el que había sido el "asesino a sueldo" del presidente Richard Nixon y el fundador de Prison Fellowship. Al leer el libro, sentí el jalar de Dios a mi corazón para que sirviera en las prisiones. ¿Por qué? No sé por qué, excepto de que Dios me llamó allí. Su mano derecha me estaba guiando.

Tercero, mi esposa y yo queríamos que las niñas se educaran en escuelas cristianas. No habían donde vivíamos, pero sabía de una buena en Denver. Nuestra familia se acababa de mudar, y las cosas todavía estaban en cajas. Comencé a orar acerca de la situación con la escuela sin decirle a mi esposa. No quería trastornarla. Precisamente quince días después, mi esposa entró a mi despacho y me preguntó si consideraría mudarme a Denver para inscribir a las niñas en escuelas cristianas. Casi me caí al suelo al ver la guía directa de Dios en nuestras vidas. Seis meses después, estábamos en Denver y las niñas estaban inscritas.

Nuestra iglesia en Denver estaba involucrada en el ministerio a prisiones. Fuimos al Complejo Penal Buena Vista para un seminario de fin de semana de Prison Fellowship… y Dios confirmó su llamado en mi vida para trabajar en las prisiones. Durante los siguientes once años trabajé en nuestros negocios e iba a las cárceles. Entonces en junio de 1999, en camino a la oficina, sentí la mano de Dios en mi vida otra vez. Esta vez sentí su dirección para que hiciera tres cosas: dejar mi trabajo, iniciar el Ministerio Doing HIS Time y comenzar a escribir un devocional para hombres y mujeres encarcelados. Y eso fue lo que pasó.

Desde 1999, Dios ha hecho otras cosas muy profundas. El ministerio Doing HIS Time sigue sirviendo a los encarcelados y sus familias en Colorado por medio del ministerio de transporte Barn-A-Bus. Este ministerio ofrece viajes de ida y vuelta a casi todas las prisiones en Colorado en los días de visita, por un costo bajo. Más de 25.000 viajeros se han reunido con miembros de familia encarcelados. Solo Dios puede calcular el impacto de estas visitas.

El 72-Hour Fund (fondo de 72 horas) se inició en el 2003. Este fondo busca alcanzar a los recién librados de las prisiones en Colorado y es "la cara y las manos de Jesús" mientras experimentan la gracia de Dios en una forma concreta. El fondo les provee a los ex presos —de todas las fes— ropa, calzado, abrigos y artículos para la higiene gratuitos, igual que fichas para el autobús y ayuda con el papeleo para la identificación como licencias de manejar y actas de nacimiento.

Este ministerio de "ofrecer un vaso de agua fría" está ayudando a reducir la reincidencia en Colorado. La tasa de reincidencia dentro de tres años para los exencarcelados en Colorado es 54 por ciento. A base de nuestros registros e investigaciones, para las personas ayudadas por el 72 Hour Fund, la tasa de reincidencia es solamente 19,5 por ciento para hombres y 12,5 por ciento de las mujeres.

Adicionalmente, entre el 2008 y el 2016, más de 400.000 ejemplares de este devocional se han distribuido en 38 países en ocho idiomas. También se puede comprar en www.amazon.com.

Otra cosa importante ha ocurrido desde 1999. Mientras escribía este devocional, con la inestimable colaboración de Lynn Vanderzalm, vi que yo estaba cambiando. El Espíritu Santo me condujo en un viaje de descubrimiento de mis propios pecados. En el 2007, esta autoconciencia me llevó a la tumba de mi madre, donde me paré y hablé como si con ella. Fue una conversación de reconciliación y perdón porque ya podía entender su pecado y el mío dentro de la gracia perdonadora de Jesucristo. Fue una experiencia sanadora, y alabo a Dios por ella.

Ese mismo Dios que me perdonó y tiernamente me rescató de destruir a mí mismo y a los que estaban a mi alrededor, Él te perdonará y te rescatará. Confío en que ese mismo Dios que me guio con la mano derecha te guiará a ti. Él es fiel. Mi oración es que llegues a estar completamente convencido de que Dios te ama y te ofrece un plan maravilloso para tu vida. Deja que te ayude a aceptar perdón completo por el pasado. Déjale que te ayude a hacer la paz con tu situación actual, y que en Él encuentres esperanza —la verdadera esperanza— para el futuro.

Solo en Su poder y gracia,

James C. Vogelzang
Ministerio a las prisiones Doing HIS Time
Santa Bárbara, California
2016

Parte 1
El amor de Dios

Dios nos ama y nos ofrece
perdón por nuestro pasado,
paz para nuestro presente y
esperanza para nuestro futuro.

El amor que rescata

Con tu amor me guardaste de la fosa destructora, y le diste la espalda a mis pecados. Isaías 38:17

¿Cómo es que llegó a estar en la cárcel… otra vez? Jorge no había chupado por diez meses, la temporada más larga en sus veintisiete años. Su mente al fin se había aclarado, y hasta había sido cocinero en el centro de rehabilitación donde vivía.

Entonces volvió a tomar. El alcohol tomó las riendas, y una noche Jorge acorraló a otro residente y lo violó. Ahora Jorge estaba en la cárcel de nuevo, disgustado con sí mismo y con la vida. Unos de los otros encarcelados se dieron cuenta de la violación y le amenazaron la vida a Jorge, el violín. Pasó cuatro semanas en la solitaria, para su protección.

Una noche cuando Jorge había vuelto a su celda, ató las sábanas y decidió ahorcarse. A fin de cuentas, ¿de qué valía vivir?

Pero al comenzar de atar las sábanas a las barras, escuchó una voz: "Espérate". Eso fue todo lo que dijo la voz, pero estaba tan claro que Jorge desató las sábanas y se durmió.

A la mañana siguiente, le llegó una carta de la esposa del director del centro de rehabilitación. "Dios te ama, Jorge, y quiere rescatarte. No importa lo que hayas hecho, no importa cómo te sientas de ti mismo, Dios puede trasformar tu vida". Le preguntó a Jorge si quería una Biblia.

Cuando llegó la Biblia, Jorge se sentó y leyó entero el Evangelio de Juan, de una volada. Al terminar, esa misma voz que le dijo que se esperara le dijo: "Jorge, te quiero tanto que te mandé a Mi único Hijo para que muriera por ti. Si crees en Mí, te daré vida, ahora y para siempre". Jorge voluntariamente rindió su vida a Jesús.

En los meses siguientes, Jorge tomó un estudio bíblico por correspondencia y creció en su amor por el Señor. Los carceleros notaron el cambio y comenzaron a tener confianza en Jorge. Se había vuelto una persona nueva.

✝

Personalizándolo: ¿Cómo se sentiría creer que Dios te ama lo suficiente para rescatarte? ¿Te ha rescatado alguna vez?

Oración: Señor, ya no me aguanto. Me rindo a Ti y confío en que me vas a cambiar. Amén.

Lee Juan 10:1-10 para entender el amor de Dios para ti.

Dios te ama

Pero Dios demuestra su amor por nosotros en esto: en que cuando todavía éramos pecadores, Cristo murió por nosotros. Romanos 5:8

Muchos creemos que por lo que hemos hecho, Dios jamás nos puede amar. El diablo nos susurra: "Dios jamás podría amar a un violador de niños, a una jinetera o a un matraca". Como siempre, ¡el diablo está equivocado!

Una de las cosas impresionantes acerca del amor de Dios es que Él nos ama *a pesar* de quienes somos, no porque *somos alguien*. Esa es una gracia radical. Todos hemos pasado demasiados años tratando de ser alguien que merecía el amor de otros. Hemos tratado de merecer el amor de nuestros padres, de nuestros alcahuetes, de las personas con quienes nos acostamos, nuestros narcos y nuestros jefes. Sudamos la gota gorda para ser lo suficiente ricos, pípiris nais, cueros o tenaces para merecer su atención y cariño.

El amor de Dios obra de otra manera. Él envió a Su propio Hijo para que muriera *mientras* todavía éramos pecadores. Aun mientras taloneábamos, transábamos mota o robábamos licorerías, Dios nos amaba. No nos dice: "Arréglate, componte *y entonces* te veré". No, Él nos ama, tal como somos… punto y aparte.

Otra cosa asombrosa acerca del amor de Dios es que es extravagante; se pasa de la raya. Dios no es codo con Su amor. Demuestra Su amor en enviar a Su propio Hijo —no a cualquier plebeyo de bajo nivel— a morir por nosotros. Mandó a Su propio Hijo —Su *único* Hijo— a morir por nosotros. La mayoría de nosotros no hemos experimentado ese tipo de amor incondicional.

Ese amor incondicional cambia vidas. Ofrece perdón y nos da valor, esperanza y paz. Cuando parece estar oscuro en el tanque de la cárcel, oímos Su voz, llamando nuestro nombre, diciendo: "Te amo tal como estás. Ven a Mí. Acepta Mi amor. Mi Hijo ya cubrió tu pecado". ¿Quién no querría decirle sí a ese tipo de amor?

Personalizándolo: ¿Qué te convencería a dejar de pensar en ti mismo y tu crimen y aceptar el amor incondicional que Dios tiene para ti?

Oración: Señor, gracias por amarme aun cuando soy pecador. Amén.

Lee Efesios 3:17-19 para aprender de lo profundo que es el amor de Dios para ti.

Dios tiene un plan para ti

Porque tanto amó Dios al mundo, que dio a su Hijo unigénito, para que todo el que cree en él no se pierda, sino que tenga vida eterna. Juan 3:16

Dios tiene un plan específico e individual para cada uno de nosotros. Desde antes que naciéramos, Dios sabía quiénes íbamos a ser y cuál sería Su plan para nuestra vida. Nos hizo perfectamente distintos para desempeñar la función exacta que Él tiene en mente para nosotros.

También nos dio la habilidad de decidir por nuestra parte lo que se debe hacer. Muchos ignoramos Su plan y tomamos decisiones sin consultar Su manual: la Biblia. Nos fuimos por nuestro camino y descartamos Su diseño para nuestra vida.

Ahora estamos plantados en la prisión. *Nuestra* versión de *nuestro* plan para *nuestra* vida nos dejó tirados en la zanja. Estamos apartados de nuestra pareja y de nuestros hijos. Estamos ausentes en los funerales de nuestros padres y las graduaciones de los hijos. Eso definitivamente *no* es el plan de Dios para nuestra vida.

Dios nos da reglas para que nuestra vida sea más rica y sana. Los Diez Mandamientos no son la manera de Dios de restringir nuestra felicidad. Son parte de Su plan, y nos dan un esquema de cómo vivir sana y abundantemente.

El plan de Dios para nuestra vida involucra no solo una vida llena aquí y ahora, sino que también una verdadera libertad por toda la eternidad. Dios nos quiere tanto que quiere que vivamos con Él para siempre. Imagínate vivir la eternidad ante la presencia del mismo Dios Todopoderoso. Y para que eso pudiera ser, Dios dispuso sacrificar a Su único Hijo para pagar la deuda de nuestros pecados.

El amor de Dios es tan hondo que nos ofrece este regalo, gratis. Al creer en Él, y aceptar Su regalo de la salvación, Él hace una reservación para que vivamos con Él para siempre.

✝

Personalizándolo: ¿Qué pasó en tu vida para que te dieras cuenta del enorme sacrificio que Dios pagó para que pudieras vivir con Él para siempre?

Oración: Dios Padre, quítame las anteojeras y déjame verdaderamente ver y saber de Tus planes para mí. Amén.

Lee Jeremías 29:11-13 para conocer mejor del buen plan que Dios tiene para ti.

Jamás separados del amor de Dios

¿Quién nos apartará del amor de Cristo? ¿La tribulación, o la angustia, la persecución, el hambre, la indigencia, el peligro, o la violencia? [...] Estoy convencido de que ni la muerte, ni la vida, ni los ángeles ni los demonios, ni lo presente ni lo por venir, ni los poderes [...] ni cosa alguna en toda la creación, podrá apartarnos del amor que Dios nos ha manifestado en Cristo Jesús nuestro Señor. Romanos 8:35, 38-39

Leemos acerca del amor de Dios, pero hay veces en que es difícil sentirlo. Ocurren cosas de lo pésimo. Familias se quiebran. El temor y el dolor nos angustian, encima de la dificultad de nuestra situación, y por eso comenzamos a dudar que existe el amor de Dios. Preguntamos: ¿Dónde está Dios? ¿Nos ha abandonado igual que muchos otros en nuestras vidas? ¿Quiere decir eso que ya no nos ama cuando vienen las amarguras?

¿Te acuerdas de la noche que nos arrestaron y de la locura en la cárcel del condado? ¿O la vergüenza que sentimos al prostituir por primera vez? Usamos las drogas para quitar el dolor de la vergüenza. ¿Hacen estas cosas imposible que Dios nos ame? El apóstol Pablo hizo la misma pregunta. Debemos memorizar su respuesta porque Pablo declara que *nada* nos puede separar del amor de Dios. Nada. Ni nuestros delitos. Ni nuestro pasado. Ni nuestra encarcelación. Ni nuestras relaciones quebradas. Ni nuestros compas de celda. Ni el corredor de la muerte. *Nada* nos puede separar del amor de Dios.

Piénsalo. Si Jesús no se bajó de la cruz, si Él no nos dejó a *nosotros* colgados mientras Él sufría lo máximo, ¿por qué nos abandonaría ahora? El amor de Jesús es sólido. Podemos contar con él.

†

Personalizándolo: ¿Dónde es que te sientes separado del amor de Dios? Imagina Su amor tan poderoso que está inundado ese hoyo este mismo instante.

Oración: Señor, Tu amor por mi es tan enorme que poder comprenderlo no cabe en mi cabeza. Gracias por amarme tanto. Amén.

Memoriza el pasaje de hoy, repitiéndolo cada mañana como un recuerdo del amor que Dios tiene por ti.

Acércate al amor de Dios

Así que sométanse a Dios. [...] Acérquense a Dios, y él se acercará a ustedes. [...] Humíllense delante del Señor, y él los exaltará. Santiago 4:7-8, 10

Muchos de nosotros presos nos odiamos a nosotros mismos y lo que hemos hecho. Ese modo de pensar se revela en nuestro sentir de ser indignos. O escondemos nuestro autodesprecio detrás de nuestra rebelión. Esas acciones no son nada más que una manera de esconder nuestra vergüenza y culpa. En resumidas cuentas: dudamos que Dios nos pueda amar.

Pero el mensaje del Evangelio es lo opuesto. No importa qué tan desafiante, rebelde, enojado o inútil nos sintamos, al acercarnos a Dios, nos damos cuenta de que Él ya se ha acercado a nosotros. Ya declaró Su amor por nosotros. Dios no nos condena. Él busca un cambio de corazón. Él pide un nuevo modo de pensar.

Al someternos ante Dios, nuestros corazones buscan y anhelan su paz. San Agustín dijo: "Nos creaste para ti mismo, y nuestros corazones no encontrarán la paz hasta que descansen en ti". Hallamos ese descanso cuando nos acercamos a Dios. Ese es un mensaje de esperanza.

Con Dios, siempre hay esperanza. Nunca debemos entregarnos a la noción de que nos hemos extraviado mucho, de que pecamos demasiado y de que Dios jamás nos podrá amar. La Biblia nos dice lo contrario. La belleza del mensaje de Dios por medio de Jesucristo es que nos ama, sin condiciones y completamente. Nos ama, nos renueva y nos restaura. Ese es el asombroso poder del cristianismo. No hay ninguna otra religión que ofrezca la esperanza de transformación, renovación y restauración que Dios ofrece por medio de la sangre de Su Hijo. Al humillarnos ante este Dios cariñoso, nos carga en los brazos a una vida nueva. Podemos aceptar Su amor para vivir vidas útiles y con propósito.

✝

Personalizándolo: ¿Qué pasos tomarás para acercarte al amor de Dios? ¿Cómo cambiará tu vida cuando aceptes y abraces Su esperanza para tu vida?

Oración: Señor, ayúdame a superar este sentir de que soy indigno. Quiero acercarme a Ti. Entra a mi corazón y haz hoy en mí Tus cambios transformadores. Amén.

Lee Salmo 36:5-9 para un mensaje de amor y paz.

Jesús es el Camino

"Yo soy el camino, la verdad y la vida —le contestó Jesús—. Nadie llega al Padre sino por mí". Juan 14:6

La escritora Helen Wodehouse dijo: "Pensamos que debemos subir a cierto nivel de bondad antes de llegar a Dios. Pero Él no dice: 'Al final del camino me encontrarás'; dice: 'Yo *soy* el Camino; soy el camino bajo tus pies, el camino que empieza tan abajo como estás tú'. Si estamos en un hoyo, el Camino comienza en el hoyo. El momento que ponemos nuestra cara en la misma dirección a la Suya, estamos caminando con Dios"[2].

Muchos nos levantamos cada mañana con el sentimiento de que Dios jamás nos pueda amar. Personas en quienes confiábamos a veces nos violaron sexualmente de niños, y luego nos dijeron, muertos de rabia, que no valíamos nada. Como adultos, muchas veces nos quedamos en relaciones abusivas, desesperadamente buscando el amor. Pensábamos desviadamente que si trabajábamos más duro para nuestros abusadores, mereceríamos su amor.

Muchos vemos una relación con un Dios cariñoso de la misma manera torcida. Equivocadamente sentimos que "debemos ser buenos" para *merecer* Su amor. ¡Nada está más lejos de la verdad!

No le importa a Dios dónde hemos estado; Él solo se preocupa por hacia dónde vamos. Nos busca y se reúne con nosotros donde estamos. Dios llega a nuestro lado en el momento más desesperado de nuestra vida y susurra que nos ama, que nos perdona y que nos cree (ver Juan 3:16 y Jeremías 29:11). Podemos confiar en esas palabras.

Podemos experimentar el amor redentor de Dios. Podemos admitir al pecado en nuestra vida y darle la espalda (arrepentirnos; ver 1 Juan 1:9). Al confesar y cambiar de dirección, estaremos en el camino debido. Su verdadero, auténtico amor llenará nuestros corazones al caminar en Su dirección.

✝

Personalizándolo: ¿Cómo sería tu vida si le pidieras a Dios que te rescate de la oscuridad y que te traiga a la redención y el perdón?

Oración: Señor, Tú eres el Camino. Quiero caminar contigo. Haz Tu obra en mí. Amén.

Lee Efesios 1:7-8 para ver lo que Dios en Su bondad ha hecho por ti.

Cumpliendo *SU* tiempo

Así que tengan cuidado de su manera de vivir. No vivan como necios sino como sabios, aprovechando al máximo cada momento oportuno, porque los días son malos. Efesios 5:15-16

El título de este libro es *Cumpliendo SU tiempo*. ¿Qué quiere decir eso? El tiempo pasa despacio en la cárcel. Un día se parece mucho al otro. Podemos pensar que nuestro futuro no tiene mucha promesa si miramos hacia la condena de la vida natural, pero cada amanecer es otro capítulo de nuestro futuro. Tenemos opciones acerca de cómo vamos a cumplir nuestro tiempo.

¿Estamos cumpliendo *nuestro* tiempo, o *SU* tiempo: el tiempo de Dios? ¿Estamos desperdiciando nuestro tiempo, o invirtiéndolo? ¿Estamos haciendo lo mejor que podemos con cada oportunidad, "redimiendo el tiempo", como se traducen las mismas palabras en la Reina-Valera Antigua? Nuestras repuestas a estas preguntas nos dan una idea más honda acerca de cómo nos estamos preparando para el futuro.

Sabemos que lo que hicimos de niños ha tenido mucho impacto sobre nuestras vidas hoy en día. Pero nuestras vidas no se han terminado. Lo que hacemos *hoy* tendrá impacto en nuestro futuro —y en los que están a nuestro derredor— o sea para el bien o para el mal. Nuestro futuro depende de las decisiones que tomamos acerca de cómo vivir nuestras vidas hoy.

El autor británico Charles Reade escribió estas palabras profundas:

> Siembra un pensamiento para cosechar una obra;
> Siembra una obra para cosechar una costumbre;
> Siembra una costumbre para cosechar el carácter;
> Siembra el carácter para cosechar el destino.

¿Cuáles pensamientos estamos sembrando? ¿Qué hacemos hoy para cosechar una costumbre? Podemos canjear el tiempo para que sea de nuestro beneficio. No tenemos que darle nuestro futuro a las horas endrogadas. No importa el tiempo que tengamos que cumplir, cumplamos *SU* tiempo.

Personalizándolo: ¿Qué acción tomarás hoy para redimir el tiempo, para impactar positivamente a los que están a tu alrededor?

Oración: Señor, quiero que cada minuto valga para Ti. Muéstrame cómo hacerlo. Amén.

Lee Salmo 31:14-16 para ver cómo nuestro tiempo, nuestro futuro, está en las manos de Dios, y luego lee las palabras a Dios como una oración.

El amor de Dios

Estas preguntas tienen que ver con las meditaciones en las páginas 2–8:

Respondan juntos:

1. En "El amor que rescata" (página 2), Jorge piensa suicidarse. Pero Dios lo rescata. Muchos presos consideran el suicidio, y más de unos cuantos lo intentan. ¿Lo has tratado? ¿Cómo intervino el amor de Dios? ¿Estás considerando el suicidio ahora? ¿El mensaje del amor incondicional de Dios te hace pensar dos veces?

2. Muchos de ustedes han estado cerca de la muerte por otras razones. ¿Qué o quién te salvó de la muerte? ¿Crees que Dios te está ofreciendo una segunda oportunidad? El amor incondicional de Dios quiere decir que no te tienes que limpiar antes de que te ame. Hablen acerca de llegar a Dios así como estás para aceptar Su amor. ¿Cómo podría esto cambiar tu vida?

3. Antes de la prisión, ¿qué hacías para ganar apruebo, reconocimiento y amor? Comparte cómo ves estas cosas ahora a la luz del amor incondicional de Dios. ¿Cómo te da valor, paz y esperanza este amor incondicional?

4. El regalo gratis de Dios (la gracia) ¿es "muy fácil" o "muy difícil"? Hablen acerca de cómo el orgullo o la rebelión juegan un papel en decidir. De vez en cuando ¿te has escondido detrás de tu crimen como una excusa para no aceptar la gracia de Dios? ¿Cuáles eventos en tu vida te impiden confiar en la gracia de Dios?

5. ¿Qué clase de "tiempo" te tiene aquí? ¿Qué te quiere decir que cumplas SU tiempo?

Exploren la Palabra de Dios en conjunto:

1. **Isaías 38:17** habla de la amargura, la angustia y el poder del perdón. ¿Qué cosa buena resultó de la amargura de Isaías? ¿Estás amargado? ¿Qué causó tu amargura? El profeta habla del perdón y el rescate. ¿Te puedes quedar amargado después de recibir ese amor perdonador?

2. **1 Reyes 17:8-24** nos enseña acerca de la confianza y la liberación. ¿Te es difícil confiar? Comparte unos ejemplos. ¿Qué te impide rendirte completamente a Dios en fe?

3. **Salmo 103:1-5** también habla del perdón y el rescate. ¿Cómo ha jugado la falta del perdón un papel importante en tus circunstancias actuales? ¿Cuándo te ha rescatado el perdón? Toma tiempo para

reflejar cómo Dios ha obrado poderosamente en tu vida. ¿Puedes decir que Dios ha "colmado de bienes tu vida"?

4. **Daniel 6:16-23** es una historia tremenda. Lee este cuento de rescate, créelo y comparte el poder de Dios para rescatar con otros.

Oren juntos:

1. Empiecen por orar por los que están contemplando el suicidio dentro la prisión donde te encuentras.

2. Si Dios te ha librado la vida de cualquiera manera, dale gracias. Levanta a cada persona en el grupo por nombre a Dios pidiéndole protección, paciencia y perseverancia.

3. Ora una oración de gracias para la protección de los líderes de tu grupo de estudio.

Comprométanse a la **confidencialidad**…

… **respétense** unos a otros

… **oren** unos por otros

… **anímense** unos a otros

… **ríndanse cuentas** unos a otros.

Oración para aceptar el amor de Dios

Dios, Jesús —quien seas—, tengo miedo.
Ves, es que nunca me han amado en mi vida.

No me acuerdo cuando de veras sentí
la suave y calurosa cobija del amor
de mi madre cubriendo mis hombros.
Dios, tengo problemas con cualquier figura paterna
en mi vida, porque mi padre me violó por muchos años y
mi madre no hizo nada para detenerlo.

En mi corazón, deseo desesperadamente tener
padres cariñosos en mi vida,
pero a la misma vez temo con desesperación
dejar que alguien entre a lo más íntimo de mi alma.
Mi alma ha sido agujereada y asaltada tantas veces.
Estoy luchando con mi deseo de ser amado contra
mi temor de ser lastimado otra vez.

Al leer este libro, Te pido que me asegures
de la realidad de Tu amor. Siembra las semillas
de confianza dentro de mi alma para que pueda
confiar en Tu bondad.

Que Tu amor expulse mis temores y que los reponga
con una relación que rellene este hoyo en mi corazón.

Amén.

✝

Parte 2
El pecado

Somos pecadores y estamos
separados de Dios.
Al reconocer nuestro pecado y aceptar
el perdón de Dios,
experimentaremos el amor
y el plan de Dios para nuestra vida.

El pecado y la muerte

Luego, cuando el deseo ha concebido, engendra el pecado; y el pecado, una vez que ha sido consumado, da a luz la muerte. Santiago 1:15

Jason se crió mirando DVDs y sitios de Internet con contenido pornográfico. Los videos formaron su concepto de las mujeres. Se volvieron objetos: cosas de uso, sin valor ni honor.

Después de que se casó Jason, sus compas mujeriegos de trabajo le hablaban acerca de las chavas con quienes dormían y se jactaban que sus esposas jamás se darían cuenta de las movidas. Él era *testigo mudo* de su conducta pecaminosa.

Cuando estos hombres invitaron a Jason a tomar, sospechó que tenían interés en algo más que una cerveza heladita. ¿Debía acompañarlos? No haría nada, pero sería divertido ver a esos batos en acción. Le excitaba ver a sus compas casados seguir tras faldas desconocidas y salir de la cantina con ellas. En estar allí, Jason era un *espectador respaldando* el pecado.

Después de siete años de casados, Jason y su esposa comenzaron a tener problemas en la cama matrimonial. Ella siempre estaba cansada después del trabajo y tener que cuidar a los dos niños. Jason comenzó a preguntarse cómo sería tener una amiga a escondidas. La siguiente vez que salieron sus compañeros, salió con ellos, pero esta vez como *participante dispuesto*. Se quejaba con sus amigos de sus problemas matrimoniales, y le aseguraron que iba por buen camino para resolver su problema.

Pero los barullos encontraron a Jason. Se acostó con una mujer que no lo quería. Le transmitió una enfermedad sexual que se llevó a casa y se la transmitió a su esposa. Cuando su esposa lo enfrentó, él confesó. Eventualmente ella lo dejó y pidió el divorcio. Otro hogar quebrado. Un matrimonio muerto. ¡Todo como resultado del pecado!

El pecado comienza con los ojos, se mueve al corazón y luego se pone en acción. El resultado siempre es la muerte.

Personalizándolo: ¿Qué estás esperando para admitir que pecas? ¿Qué te dará la fuerza suficiente para enfrentar la verdad?

Oración: Señor y Dios, lava mi corazón y borra mi pecado. Amén.

Lee Salmo 38:18, la confesión del salmista, y hazla tu confesión también.

La paga del pecado

Porque la paga del pecado es muerte. Romanos 6:23

En esta sección del libro, veremos la realidad de que somos pecadores y que nuestro pecado nos separa de Dios. Las meditaciones no serán una lluvia de coscorrones por nuestro pecado, sino que nos darán espejos por medio de las vidas de hombres y mujeres quienes se enfrentaron a lo que eran —pecadores— y encontraron la libertad. La meta de estas meditaciones es de demostrar la verdad acerca de quienes somos.

Todos somos pecadores. Ninguna de las que viven en la unidad residencial con seguridad cerrada del Reformatorio Femenil en Marysville, Ohio, está libre de pecado. Pero acuérdate que los de camisa amarilla en el campo de entrenamiento son tan pecaminosos como los reclusos de camisa anaranjada en seguridad máxima. "Pues *todos* han pecado y están privados de la gloria de Dios" (Romanos 3:23, énfasis añadida.)

Aunque Dios nos creó para que tuviéramos un compañerismo estrecho con Él, nuestra obstinación y terca rebelión quiebra esa relación. Unos somos abiertamente rebeldes en la manera de actuar o hablar; otros somos indiferentes y pasivos ante el amor y plan de Dios. Esto es lo que la Biblia llama *pecado*. No podemos atravesar el enorme cañón entre nuestro egoísmo y un Dios perfecto que quiere lo mejor para nosotros.

El pecado es lo que nos metió en problemas con la ley y nos metió en la cárcel. Es el pecado de orgullo que nos impide perdonar y pedir perdón de nuestras víctimas y familias por lo que les hemos causado. Si no reconocemos ni nos arrepentimos de nuestro pecado, si no pedimos el perdón de Dios, nuestras vidas parecerán una muerte lenta. La separación del amor de Dios es como una condena de muerte. Pero Jesús nos ofrece un perdón.

Personalizándolo: ¿Cuál pecado estás nutriendo en tu vida, pensando que no es nada? ¡Déjalo ya!

Oración: Jesús, sé que he pecado contra Ti. Hoy me arrepiento y decido darle la espalda a mi pecado. Amén.

Lee el versículo completo de Romanos 6:23 para saber el resto del cuento.

Conocer nuestro pecado

Si afirmamos que no tenemos pecado, nos engañamos a nosotros mismos y no tenemos la verdad. 1 Juan 1:8

El pecado es verdadero. ¡El que verdaderamente cree que el pecado no existe no ha prestado atención! En el tambo, dondequiera que veamos, vemos la evidencia del pecado. Vemos broncas y actitudes irascibles. Vemos la intimidación de presos.

Pero ¿qué sabemos acerca del pecado? Pecar es a los humanos como babosear es a las lombrices. Pero ¿cuántos entendemos el pecado? ¿Por qué es importante que sepamos acerca del pecado?

Si decidimos ignorar nuestro pecado y lo serio que es, nuestros corazones pecaminosos lo ven como conducta normal. Los hechos pecaminosos ya no nos parecerán algo malo. Desconectamos nuestro comportamiento de Dios y vivimos como que si nuestro pecado no importa. Es como cuando éramos niños y comenzamos a robar. Si nadie nos agarró, no pensamos que era indebido. Pero si recibimos una azotada, si se daba cuenta la gente, lo tomamos más en serio.

Sin conocer nuestro pecado, jamás nos conoceremos a nosotros mismos y nunca nos daremos cuenta de la deuda que hemos amontonado. Supongamos que un pez prueba un pericazo de coca que le ofrece un buchón y no se da cuenta de la deuda que está acumulando. Si un convicto dispara por él sin que se dé cuenta, el pez no tendrá la menor idea del precio que se ha pagado a su beneficio. El pez se da cuenta de la situación solamente cuando se entera de la enormidad del regalo que se le ha dado.

Cuando comprendemos la enormidad de la deuda que Jesús pagó por nuestros pecados, comenzamos a apreciar el amor que Dios tiene para nosotros. Nuestra gratitud desarma nuestro orgullo, y captamos que somos salvos de un destino terrible. Esto nos conduce a una acción de gracias hacia Dios. Dar gracias ayuda a la humildad. En humildad, podemos comenzar a caminar con Dios con un nuevo propósito para nuestras vidas.

Personalizándolo: Sé honesto contigo mismo y toma un inventario de tu pecado. Haz una lista de los más repetitivos.

Oración: Dios, dame la lucidez y la valentía para enfrentar mis pecados. Amén.

Lee Salmo 51:3-4 acerca del reconocimiento del pecado.

El inicio del pecado

Por medio de un solo hombre el pecado entró en el mundo. Romanos 5:12a

¿Somos todos pecaminosos al nacer? Simón. ¿Creó Dios el pecado? ¡N'hombre! Le dio de escoger a la humanidad. Dios no es matón. No nos obliga a que lo amemos. Dios sabe que el cariño obligado, igual que la confesión a la fuerza, no vale nada.

Dios creó un mundo perfecto y sin pecado. Adán y Eva fueron creados para interactuar perfectamente con Dios a un nivel personal. Dios les dio la habilidad y la libertad de poder escoger huir de o desobedecer sus mandamientos (ver Génesis 2:16-17). Dios no es el autor del pecado, pero sí *permitió* la posibilidad del pecado.

Antes de crear a Adán y Eva, Dios les ofreció esa misma libertad de escoger a sus ángeles. Satanás, Lucifer, originalmente era uno de los ángeles más poderosos de Dios. Pero Satanás, el Chamuco, quería *ser* Dios. Se rebeló contra Dios y fue expulsado del cielo con muchos otros ángeles (los demonios) que apoyaron la rebelión (ver Isaías 14:12 y Apocalipsis 12:7-9).

Adán y Eva escogieron escuchar al Chamuco en vez de a Dios. Comieron del fruto del árbol prohibido (ver Génesis 3:1-7). Dios no los tentó, sino que Satanás (ver Santiago 1:13-14). Dios permitió la posibilidad de la maldad. Dios les dio el libre albedrío a Adán y a Eva, y con eso, el derecho de decidir. Decidieron desobedecer sus mandamientos. A causa de su decisión, el pecado contaminó el mundo perfecto de Dios.

Como resultado de las elecciones de Adán y Eva, somos pecaminosos desde el día de ser concebidos en el vientre de nuestra madre (ver Salmo 51:5). Mirar a un niño de dos años quitarle un juguete a otro y gritar "¡Mío!" es toda la prueba que se necesita. El egoísmo y la codicia son algo que nos llega muy naturalmente a nosotros los humanos.

Somos pecadores, y solo al admitirlo y buscar una solución encontraremos la esperanza. Nuestra esperanza está en la gracia de Dios y el perdón por medio de Su Hijo, Jesucristo.

Personalizándolo: Repasa las opciones que has escogido durante los años. ¿Qué poder han tenido tus pecados en tu vida? ¿Qué vas a hacer acerca de esto?

Oración: Dios Padre, revélame mi pecado bajo la luz de tu perdón. Amén.

Lee Génesis 2–3 para ver cómo el pecado entró al mundo.

Miedoso y avergonzado

Por medio del pecado [de Adán] entró la muerte; fue así como la muerte pasó a toda la humanidad, porque todos pecaron. Romanos 5:12b

¿Es importante el pecado? ¿Verdaderamente importa? ¿Es tan gran cosa?

Nosotros los que hemos adulterado sabemos que las relaciones con nuestros cónyuges cambiaron después. Pueda ser que no sabían de nuestra infidelidad, pero trajimos la culpa de nuestras acciones dentro de la casa. Nuestras actividades pecaminosas mataron nuestra tranquilidad y nuestra autoestima. La vergüenza nos hizo irritables y enojados. Nos pusimos de mal genio contra nuestras familias. No tenían la menor idea, pero dentro de nuestros corazones, sabíamos. ¡Lo *sabíamos*!

Lo mismo pasó con Adán y Eva después de pecar contra Dios. Dios buscó a Adán y Eva en el Jardín pero no los pudo encontrar. Estaban escondidos, miedosos y avergonzados; se sentían culpables. Tenían miedo porque *sabían* que habían desobedecido, y tenían vergüenza porque *sabían* que estaban desnudos. Fueron descubiertos y no podían enfrentarse a Dios.

Antes de pecar, Adán y Eva y Dios eran cuates; se conocían cara a cara. No tenían razón por esconderse de Él ni de tener miedo. El Jardín era el lugar más seguro.

La serpiente les dijo a Adán y Eva que si comían del fruto del árbol, serían conocedores del bien y del mal. Y tenía razón. De repente, Adán y Eva sabían cosas que no habían conocido antes. Por primera vez conocieron el miedo. Sabían de la culpa. Tenían vergüenza. De repente, sintieron la necesidad de cubrirse la desnudez.

Todos somos hijos e hijas de Adán y Eva. Las cosas no han cambiado. Nacimos en un mundo que conoce el miedo y la culpa y la vergüenza. Al pecar, chambeamos duro para cubrirlo. No nos atrevemos a mirar a Dios en la cara. Sabemos que hemos escogido ir por nuestro rumbo en vez de confiar en Dios para saber qué es lo mejor para nosotros.

Personalizándolo: ¿Sientes que te tienes que esconder? ¿Cuál pecado estás ocultando?

Oración: Dios, soy igual a Adán y Eva. Me buscas, pero me escondo. Tengo demasiado miedo para mirarte en la cara. Ayúdame. Amén.

Lee Mateo 26:69-75 para la historia de cómo Pedro tuvo vergüenza después de negar que conocía a Jesús.

Echando la culpa

"¿Y quién te ha dicho que estás desnudo? —le preguntó Dios—. ¿Acaso has comido del fruto del árbol que yo te prohibí comer?". Él respondió: "La mujer que me diste por compañera me dio de ese fruto, y yo lo comí". Génesis 3:11-12

Conviene tener alguien a quien culpar cuando llegan los problemas. El chiste de que nadie admite tener culpa en la prisión sería chistoso si no fuera tan triste. Les echamos la culpa a otros al ser descubiertos por hacer algo indebido: "Me tentó mi novia". "Las drogas me metieron en problemas". "Me descuidaron mis padres". "Soy de una familia pobre".

Adán tampoco se hizo responsable por su desobediencia. Cuando Dios le preguntó si había comido del fruto prohibido, Adán apuntó el dedo lejos de sí mismo. Admitió que había comido del fruto, pero no iba a asumir las consecuencias. En vez de escoger evitar el pecado, Adán se entregó al pecado y luego le echó la culpa a Eva. Adán también le culpó a Dios. Acusó a Dios por darle una mujer imperfecta, pensando indebidamente que si Dios sabía que Eva lo iba a tentar, Él debería haberlo prevenido. Entonces Eva le echó la culpa a la serpiente (ver Génesis 3:13). Adán y Eva, ambos, jugaron el juego inicial de echar la culpa.

Las cosas no han cambiado mucho. Desobedecemos los mandamientos de Dios. Y cuando Él nos detiene, le damos pretextos. A veces pensamos como Adán, en decir: "Si Dios había querido que fuera alguien diferente, no me hubiera puesto en una colonia paracaidista".

Pero en fin, Dios no será persuadido por tales alegatos ficticios. Tenemos opciones, y somos responsables por lo que escogemos. La tentación es parte de la vida en un mundo pecaminoso, pero el resultado no siempre es el pecado y la desobediencia. Pensamos que el resultado natural de la tentación es entregarse a ella. No es verdad. Tenemos el poder, mediante el Espíritu Santo, de no ser persuadidos por la tentación. El hecho de que existe el mal no es excusa ni razón para escogerlo.

Personalizándolo: ¿Cómo enfrentarás tu propia desobediencia?

Oración: Dios, te confieso que muchas veces le echo la culpa a otros por lo que yo hice. Ayúdame a tomar responsabilidad. Amén.

Lee Romanos 14:12 para el punto de vista de Dios acerca de la responsabilidad personal.

No es la culpa de Dios

Que nadie, al ser tentado, diga: "Es Dios quien me tienta". Porque Dios no puede ser tentado por el mal, ni tampoco tienta él a nadie. Todo lo contrario, cada uno es tentado cuando sus propios malos deseos lo arrastran y seducen. Santiago 1:13-14

Adán le echó la culpa a Dios, y también le echamos la culpa nosotros. Buscamos razones en nuestras debilidades para justificar lo que ya hemos decidido hacer en nuestros corazones. Por ejemplo, el pecado sexual. Le culpamos a Dios por crearnos con un fuerte deseo sexual, y racionalizamos las relaciones sexuales desviadas en acusar a Dios por "habernos hecho de esta manera". Gritamos: "¿Por qué debo rendir cuentas por actuar de acuerdo con la manera en que Dios me creó?".

Esa pregunta tiene cierta lógica. Muchas de las circunstancias de la vida están fuera de nuestro control. No escogimos a nuestros jefes, el color de la piel, nuestra colonia, ni, en ciertos casos, nuestra orientación sexual. Muchos homosexuales sienten que nacieron de la manera que son. Aunque estas cosas sean verdad, ¿cancelan estos hechos nuestra libertad de decidir, y como resultado, terminan toda nuestra responsabilidad personal? ¿Apenas somos sangredepatos que siguen un papel predeterminado y no tenemos que rendir cuentas por lo que hacemos? Si eso es verdad, entonces ¿por qué estamos en la prisión?

Nunca debemos ser engañados a creer que porque nacimos con fuertes deseos sexuales, Dios nos tienta al pecado sexual. Al culpar a Dios, lo usamos como un pretexto para portarnos anormalmente y pecar, siguiendo el deseo de nuestra naturaleza pecaminosa. Todo lo que viene de Dios es bueno. Si abusamos de los regalos de Dios, Dios no tiene la culpa por nuestro pecado, igual que el fabricante de fósforos no tiene responsabilidad si un incendiario abusa las mechas para prender un incendio.

Todos tenemos la libertad de escoger. Todos tenemos la responsabilidad por lo que decidimos. No podemos pervertir lo bueno, hacer lo malo y culparle a Dios por nuestras acciones pecaminosas. Lo tenemos que entender para no dar pretextos por nuestras acciones echándole la culpa a Dios.

Personalizándolo: En un momento calladito, considera ¿por cuáles pecados le estás culpando a Dios? ¿Verdaderamente tiene la culpa?

Oración: Dios Padre, perdóname por echarte la culpa por mis malas decisiones que tomé yo. Amén.

Lee Salmo 15 para la descripción de David de una vida sin tacha.

La maldición del pecado

[La creación] fue sometida a la frustración. Esto no sucedió por su propia voluntad, sino por la del que así lo dispuso. Romanos 8:20

¿Nos comportamos como si no hay consecuencias por nuestras acciones? ¿Vivimos como si el pecado no existe y el día del juicio nunca vendrá? Si así lo hacemos, estamos mortalmente equivocados. El pecado es una gran cosa para Dios. Cuando pecamos, Dios no dice: "Bueno, te rebajaré los cargos a delitos de menor grado, para que marches libre. Ignoraré tu desobediencia esta vez, y la pasaré por alto". Dios odia el pecado y requiere que se castigue.

Dios les dijo a Adán y Eva que si le desobedecían, morirían. Él es un Dios que cumple con Su palabra. Llevó a cabo Su castigo. Adán y Eva no murieron físicamente de inmediato, pero cambió su vida. Eva sufriría dolor del parto y perdería la igualdad natural que compartió con Adán en el Jardín. Dios puso una maldición sobre la tierra, que significaba que Adán lucharía y sudaría para ganarse la vida a duras penas. De pilón, el trabajo frustraría a Adán como un ejemplo adicional de la falta de unión con Dios. Y la muerte se volvió parte de su existir. Ellos eventualmente morirían y volverían al polvo. Fue un día triste para Adán y Eva (ver Génesis 3:16-19). Dios los desterró del Jardín, el sumo castigo: separación de Dios. Para ser imparcial, Dios también castigó a la serpiente. Su simiente comería el polvo y siempre serían enemigos de los descendientes de Adán y Eva.

Desde el momento que desobedecieron Adán y Eva, cada ser humano se ha visto atraído por el pecado. La armonía con Dios y con cada uno fue repuesta por el conflicto y la discordia. Dios castigó a Adán y Eva, pero en Su misericordia les dio una salida del colmo de esta muerte y separación. Y de eso se trata la mayoría de las meditaciones en este libro: el plan de Dios para redimir a los descendientes de Adán y Eva: tu y yo.

✝

Personalizándolo: Considera tu actitud hacia el pecado. ¿Lo tomas en serio o a la ligera? ¿Cómo ve Dios a tu pecado?

Oración: Espíritu Santo, convénceme de la seriedad de mi pecado. Amén.

Lee Job 13:20-23, y ora la oración de Job, donde le pide a Dios que le revele su pecado.

Escapar la maldición del pecado

Pues si por la transgresión de un solo hombre [Adán] reinó la muerte, con mayor razón los que reciben en abundancia la gracia y el don de la justicia reinarán en vida por medio de un solo hombre, Jesucristo. Romanos 5:17

Así que ¿fue demasiado estricto Dios con Adán y Eva? Puedas pensar: *¿Por qué no les dio otra oportunidad?*

En este pasaje bíblico acerca de cómo Dios trata con el pecado, Él nos muestra ciertas cosas importantes acerca de Su carácter: está en serio acerca del pecado, y es justo. Su justicia quiere decir que no pudo pasar por alto cuando Adán y Eva pecaron. Tuvo que cumplir con el castigo de cual les había dicho a Adán y Eva. Fue lo único justo que pudo hacer.

Es igual para nosotros. Al robar, al abusar de otros, al involucrarnos en sexo ilícito, al maldecir a Dios, Él no puede pasarlo por alto. Porque es justo, la única cosa justa que Él puede hacer es declararnos culpables y castigarnos.

Aunque Dios desterró a Adán y Eva del Jardín, Él tenía un plan cariñoso que aseguraría que ellos no iban a estar separados de Él para siempre. Dios ofreció la muerte de Su propio Hijo para que ellos —y nosotros— podrían vivir para siempre en Su presencia y triunfar sobre el pecado y la muerte. ¡Qué regalo tan misericordioso!

Dios equilibra Su justicia con Su gracia y Su misericordia. Esto es muy importante porque uno no sirve en armonía sin el otro. Misericordia *sin* justicia se vuelve en una sentimiento acaramelado, demasiado dulce. Justicia *sin* misericordia se vuelve áspero, legalista y brutal. Esta es la bella obra de equilibrio de Dios.

En las hojas de este libro, miraremos los dos lados de esta situación: nuestro pecado y el plan de Dios para ayudarnos a escapar de la maldición de nuestro pecado.

†

Personalizándolo: ¿Cómo has experimentado los dos lados del carácter de Dios, Su justicia y Su misericordia?

Oración: Dios, merezco Tu ira, Tu juicio. Gracias por darme un escape por medio de Tu Hijo, Jesús. Amén.

Lee Efesios 2:4-7 para estar seguro de la misericordia de Dios.

El poder del pecado

Yo sé que en mí, es decir, en mi naturaleza pecaminosa, nada bueno habita. Aunque deseo hacer lo bueno, no soy capaz de hacerlo. De hecho, no hago el bien que quiero, sino el mal que no quiero. ¡Soy un pobre miserable! ¿Quién me librará de este cuerpo mortal? Romanos 7:18-19, 24

Un principio fundamental acerca del pecado es su *poder*. El pecado es un poder fuerte y dominante que obra en contra de nuestras buenas intenciones. Hay veces que el deseo impulsor hacia la mesa de apuestas, las drogas o la rebeldía nos jala como una resaca poderosa que nos chupa hacia el mar. Batallamos en la mente y luchamos contra los impulsos, pero la fuerza del pecado nos jala y nos hunde.

Después, en vergüenza y desesperación, le lloramos a Dios, diciendo las palabras que el apóstol Pablo dijo en los versículos de arriba, sintiéndose desprotegido y desesperado por su pecado.

Pablo comprendía del poder del pecado. Era un hombre de mucha educación, pero su educación no lo libró del pecado. Pablo descubrió que el tratar de luchar contra el pecado bajo su propio poder no le sirvió.

Esa lección nos habla hoy. Si tratamos de vencer al pecado por medio de nuestra determinación solamente, fracasaremos. Si tratamos de no pecar porque creemos que podemos hacer lo que se debe por medio de nuestro propio poder, fracasaremos. Solamente el Cristo resucitado tiene el poder de declarar la victoria sobre el pecado (ver Efesios 2:4-5). El himnólogo Charles Wesley lo resumió muy bien en su himno "Ay que mil lenguas cantaran":

> Quiebra el poder del pecado cancelado,
> Libra al preso;
> Su sangre puede limpiar al más sucio,
> Su sangre me da beneficio.

Personalizándolo: ¿Dónde se ha apoderado el pecado de tu vida? ¿Qué necesita pasar para que se lo confieses a Dios, lo rindas a Su poder, y seas liberado?

Oración: Jesús, gracias por Tu poder sobre el pecado. Ven a mi lado mientras lucho contra el pecado en mi vida. Amén.

Lee Romanos 7 para aprender acerca de la lucha de Pablo el apóstol contra el pecado.

Cómo obra el pecado

Cada uno es tentado cuando sus propios malos deseos lo arrastran y seducen. Luego, cuando el deseo ha concebido, engendra el pecado; y el pecado, una vez que ha sido consumado, da luz a la muerte. Santiago 1:14-15

La conducta pecaminosa frecuentemente es el resultado de muchos pensamientos y acciones. ¡El pecado no es único ni está aislado! El pecado destructor de la vida es el resultado de muchos pecaditos que se alimentan unos a otros hasta que Satanás nos haya echo a perder.

Satanás arruinó unos de nuestros matrimonios con el adulterio. Pueda ser que nuestros cónyuges ya no eran tan amorosos como antes. Nuestros corazones nos susurraron que merecíamos más que la pareja con la cual Dios nos había bendito. Con ese pensamiento, el diablo sembró una semillita del pecado que finalmente resultó en nuestra infidelidad.

Pueda ser que estemos leyendo esta meditación en la Supermax. Pueda ser que nos estemos preguntando cómo llegamos aquí, otra vez. Comenzó con el sentimiento de que nadie nos entendía. Inició el autolástima al par con el deseo de ser reconocido en la unidad. Anhelábamos aprobación y el egoísmo dominó nuestro pensar. Para atraer atención e impresionar a los compañeros, le pegamos y pateamos a un pobre en el pabellón. Pequeños pensamientos pecaminosos crecieron a ser acciones pecaminosas. El resultado fue la Supermax.

El pecado obra de una manera muy sutil, engañosa y peligrosa. Estar atento a la mala naturaleza y horrendas consecuencias del pecado es solo el primer paso en nuestra guerra contra él. Es como la preparación del ejército para ir a la guerra. Sabemos que es peligroso. Pero no basta saber eso. Saber que es peligroso nos da ganas de preparar para el pleito. Entrenamos y nos disciplinamos para las batallas que sabemos están en camino.

En nuestra vida cristiana, debemos movernos del saber cómo obra el pecado al entrenar para la batalla. Podemos comenzar con la memorización de pasajes bíblicos, oraciones al Espíritu Santo para ayuda en la hora de necesidad y rodearnos con amigos cristianos.

✝

Personalizándolo: ¿Dónde está el punto aferrador del pecado en tu vida? ¿Cuáles pecados favoritos estás protegiendo?

Oración: Jesús, mi amor del pecado me ha dejado vacío. Ven y lléname, y hazme la persona que tú quieres que sea. Amén.

Lee Santiago 4:7-8 para obtener esperanza y ánimo.

Evitar la maldición del pecado

Tampoco se puede comparar la dádiva de Dios con las consecuencias del pecado de Adán. El juicio que lleva a la condenación fue resultado de un solo pecado, pero la dádiva que lleva a la justificación tiene que ver con una multitud de transgresiones. Pues si por la transgresión de un solo hombre reinó la muerte, con mayor razón los que reciben en abundancia la gracia y el don de la justicia reinarán en vida por medio de un solo hombre, Jesucristo. Romanos 5:16-17

Dios exige pago por el pecado, pero Él equilibra Su justicia con misericordia para asegurar que Adán y Eva —y tu y yo— no estuviéramos separados de Él para siempre. Un cuentecito ayudará a explicar; recuerda que Dios sabe completamente del sacrificio de Jesucristo.

Al ser detenidos, contratamos con un abogado o nos dieron un defensor público. Necesitábamos un representante para que nos guiara por el laberinto de solicitudes y decisiones legales. Requeríamos alguien de ayuda —un defensor— acostumbrado al sistema.

Jesús aboga por nosotros ante Dios el Padre. Nos representa en la corte de Dios, donde Dios exige justicia por el pecado. Jesús viene ante Dios con el registro diario de nuestros antecedentes penales con todos los pecados que hemos cometido. Declara que somos culpables de los pecados en nuestras carpetas. Pero no termina así el discurso de nuestro Abogado.

Jesús le recuerda al Juez que Él mismo ya pagó por nuestros pecados por medio de Su muerte en la cruz. Jesús ya sufrió la condena a muerte por todos nuestros pecados, al corriente y futuros. Jesús le recuerda al Juez que no es justo castigarnos por los pecados que ya se han pagado. Dios recibe la muerte de Jesucristo de nuestra parte, y nos declara "no culpables". Al vernos y nuestro pecado, ve a Su Hijo sin pecado y Su sacrificio.

Dios nos perdona porque Jesús pagó la deuda de nuestro pecado. Nos ve como justos, intachables, honorables y derechos. No podemos hacer nada para merecer Su perdón. Es la gracia, el regalo gratis que Jesús nos da para perdonarnos de la condena a muerte que ocasionó nuestro pecado.

Personalizándolo: Piensa en el sacrificio de Jesús por tu pecado. Comparte con un compa' el sentido completo de este sacrificio.

Oración: Gracias, Jesús, por asumir la culpa por mi pecado. Ayúdame a comprender completamente lo que quiere decir para mi vida. Amén.

Memoriza las promesas en **Mateo 20:28** y en **Efesios 1:7**.

Dios ama a los pecadores

Este mensaje es digno de crédito y merece ser aceptado por todos: que Cristo Jesús vino al mundo a salvar a los pecadores. 1 Timoteo 1:15

La Biblia está llena de relatos detallados acerca de muchos pecadores además de Adán y Eva. Unos eran capos, otros eran sacerdotes y otros eran reyes. ¡Unos estarían en el pabellón de la muerte si las cortes de hoy en día los declararan culpables! Jesús se impuso a vagar con pecadores. Escogió a Mateo, el recaudador de impuestos, para ser discípulo. Y fue a su casa para echar papa con otros fiscos. Los recaudadores eran judíos que chambeaban por los ocupantes romanos que caían muy mal, y se consideraban traidores por los judíos. Trabajaban para Roma y muchas veces estafaban a sus compatriotas. Otro gran pecador era Saulo (luego llamado Pablo). Él equivalía a un policía judío de la Gestapo. Sacaba a familias de sus casas a media noche y los echaba al tambo. Estas eran unas de las personas que Jesús escogió para encabezar Su obra en la tierra.

Las meditaciones en este libro mirarán hacia las vidas de muchas de estas personas para ver cómo Dios obra en nuestras vidas. En cada caso, veremos que mientras Dios odia al pecado, Él ama al pecador.

¿Estamos arruinados en el bote, convencidos de que Dios jamás nos podría amar a causa de nuestros delitos? A veces planteamos con la desesperanza y la desesperación, en pensar que el mundo nos considera perdedores. Las siguientes meditaciones te alentarán.

David, el rey joven, el matador de Goliat, autor del libro de Salmos y una persona llamada "conforme al corazón de Dios" era un criminal de primera. Las siguientes meditaciones examinarán la vida de David, y observarán la reacción de Dios hacia sus crímenes. Dios no pasó por alto el pecado de David, pero Dios tampoco lo rechazó.

Es igual con nosotros. Dios no pasa nuestro pecado por alto, pero tampoco nos tira al lado. Dios ama a los pecadores. Nos ama a nosotros.

Personalizándolo: ¿De qué maneras específicas dejas que tus crímenes estorben una relación con Dios?

Oración: Señor Jesús, ayúdame a superar mi culpa y vergüenza. Ayúdame a ver que mi vida puede ser redimida por Tu amor por mí. Amén.

Lee Mateo 9:9-13 para la vista de Jesús hacia los pecadores.

El pecado

Estas preguntas tienen que ver con las meditaciones que se encuentran en las páginas 14–26.

Respondan en conjunto:

1. ¿Por qué se parece el no reconocer tu pecado al ajuste de tus ojos en un cuarto oscuro? ¿Puede ser que al hundirte hasta las rodillas en la maldad, no puedes ver la oscuridad? ¿Por qué es el saber de tu pecado como el reconocer tu necesidad por un médico? ¿Por qué importa este conocimiento? ¿Cómo llegaste a darte cuenta y apreciar el pecado en tu vida?

2. Antes de conocer a Jesús, ¿era tu pecado una costumbre rebelde? ¿Cómo es el espíritu rebelde un estado mental contra Dios? ¿Te ha cambiado la vida? ¿Cómo o cómo no? Habla acerca de esto y comparte algunas maneras de que Jesús ha cambiado tu corazón y tu mundo.

3. ¿Cuáles pecaditos condujeron a pecadotes más serios? ¿Comenzó tu crimen con pecaditos? ¿Por qué es tan difícil admitir el pecado? ¿Por qué le echamos la culpa primero a otros en vez de nosotros mismos? ¿Por qué le echamos la culpa a Dios? Si pudieras volver a la situación antes de entrar a la prisión, ¿qué harías diferente?

4. Definan estos conceptos en conjunto: libertad de escoger, responsabilidad personal y rendir cuentas. ¿Cómo son esenciales estos tres conceptos para admitir tu pecado? ¿Cómo te ayudan a vivir una vida santa?

Exploren la palabra de Dios en conjunto:

1. **Romanos 7:14-25** revela que Pablo el apóstol conocía el pecado y su poder. ¿Cómo comprendes el poder del pecado? Habla acerca de una vez cuando se sintió todopoderoso en tu vida. ¿Has sentido la batalla ente el bien y el mal que se describe en los versículos 21-23? ¿Cómo luchas contra el poder del pecado? ¿Cuál es la única respuesta que descubrió Pablo?

2. **Romanos 3:23-24** nos mete dentro del mismo saco como pecadores. ¿Cómo te está demoliendo la carga de tu culpa? ¿Cómo te redime (paga tu deuda) y te rescata la misericordia de Dios mediante Jesús? ¿Cómo permitirás que el amor y sacrificio de Jesús levanten tu carga? Describe esos sentimientos de paz que Su amor te puede dar.

Oren juntos:

1. Empiecen la oración en silencio. Pídale a Dios que te revele tu pecado. Confiésale ese pecado, luego dale gracias por Su perdón que hace borrón y cuenta nueva.

2. Oren en conjunto por cada uno, por la prisión, por la administración, por los COs y por tus enemigos.

3. Abran el tiempo de oración para asuntos y necesidades especiales. Tengan paciencia y esperen a que el Espíritu mueva los corazones de los miembros del grupo.

Comprométanse a la **confidencialidad**…

… **respétense** unos a otros

… **oren** unos por otros

… **anímense** unos a otros

… **ríndanse cuentas** unos a otros.

Los pecaditos conducen a los grandotes

En la primavera, que era la época en que los reyes salían de campaña, David mandó a Joab con la guardia real y todo el ejercito de Israel. […] Pero David se quedó en Jerusalén. 2 Samuel 11:1

Miremos la vida de David para ver cómo el pecado comenzó y creció. También notaremos las consecuencias de su pecado.

David tuvo éxito como rey. Él le dio seguridad, poder y prosperidad al pueblo de Israel. Pero él estaba molido. Había estado en broncas por quince años con los enemigos de Israel. Antes de eso, mató a Goliat y huyó de Saúl por años. Vivir y dormir en cuevas tuvieron sus consecuencias con David. Al llegar la hora para otra campaña de guerra, David decidió quedarse en la casa. En vez de ser un rey de participación activa, determinó quedarse a descansar. En vez de encabezar sus tropas, mandó a otro para que lo hiciera. Esquivó su deber.

En defensa de David, ser rey era una responsabilidad enorme. Tomó las decisiones difíciles, trató con los egos militares, consoló a las familias de los guerreros fallecidos y aun así funcionó como rey. Quizás David sintió que merecía los privilegios adicionales que no entenderían los demás. *¡Era el rey! ¡Merecía descansar! ¡Nadie sabía lo difícil que era ser un rey!* Este modo de pensar tiende la trampa para el pecado.

¿Hacemos lo mismo? Descansar es bueno, pero evitar el deber no lo es. Como líderes de iglesias, ¿alguna vez desatendemos el domingo, pensando que ya hicimos lo suficiente por un rato? ¿Acoplamos autolástima con flojera? El pecado nunca es un hijo único. Los pecados son gemelos. Pecaditos de enojo en la fila de comer conducen a la fanfarronería en el pabellón. La pequeña predisposición nos atora. Luego, es un brinquito desde la voluntad de Dios a nuestra terquedad y el pecado. Ten cuidado de los pecaditos que te llevan a los más grandes.

Personalizándolo: ¿Cuáles son las semillitas de pecado en tu corazón? ¿Qué vas a hacer para evitar que el diablo los fomente en pecados aún más grandes?

Oración: Dios Padre, muéstrame mi pecado antes de que yo caiga. Ilumina Tu luz desinfectante en los rincones de mi corazón. Amén.

Lee Santiago 1:14-15 para recordar cómo crece el pecado.

Cómo comienza el pecado

Una tarde, al levantarse David de la cama, comenzó a pasearse por la azotea del palacio, y desde allí vio a una mujer que se estaba bañando. La mujer era sumamente hermosa. 2 Samuel 11:2

Así que ¿cómo comenzó la conducta criminal de David? Un día mientras el rey debía de estar en la batalla, se encontró en la azotea. Pilló a una bella encuerada para el baño. Un hombre espiritualmente más fuerte hubiera apartado los ojos y se hubiera huido del techo. Pero en vez de apartar los ojos, David caló hacia la tentación, y esa mirada le provocó deseo. El pecado nació en ese sencillo hecho. La tentación de los ojos le dio un patinazo al fracaso de David.

Muchos comenzamos por el camino del pecado de la misma manera. Vimos a hombres poderosos con un montón de billetes en el bolsillo. Nos atrajo su estilo de vida. Nos asoleamos en el brillo de respeto que el mundo les daba. Pachangueamos con batos y chavas que tenían drogas y ostentaban mucho bling bling. Deseábamos esa vida. Aún calentando cemento en el tambo, hay veces que vemos a los camellos y los gangstas y soñamos ser como ellos. Esto es pecado.

Nuestros ojos son las ventanas a nuestras almas, y nuestras almas son la esencia de nuestro ser. Lo que huachamos, leemos y pensamos impacta directamente nuestro andar con Dios y nuestra utilidad para Él en la prisión. Para combatir contra estas malas tentaciones, tenemos que mantenernos espiritualmente fuertes por medio de mantener la vista en Jesús. Visualiza a Jesús parado ante ti. ¡Verdad que sirve! Al tentarnos los ojos, podemos darle la espalda a la pornografía. Oraciones al levantarnos y acostarnos así como oraciones "balacitas" cortitas durante el día frustran al enemigo. Leer la Palabra de Dios nos da la armadura para parar las flechas del Chamuco, y codearse con reclusos cristianos nos da una mano al sentirnos débiles.

†

Personalizándolo: ¿Qué cosas pecaminosas han visto tus ojos recientemente? ¿Cómo te pueden conducir al pecado aún más profundo?

Oración: Dios, evita que mis ojos vean cosas que me lleven al pecado. Amén.

Lee y memoriza Salmo 119:37 como oración para fortaleza.

Los deseos se vuelven hechos pecaminosos

Vio a una mujer que se estaba bañando. La mujer era sumamente hermosa, por lo que David mandó que averiguaran quién era, y le informaron: "Se trata de Betsabé, [...] esposa de Urías el hitita". Entonces David ordenó que la llevaran a su presencia, y cuando Betsabé llegó, él se acostó con ella. 2 Samuel 11:2-4

El pecado de David comenzó con una mirada. Se metió en la arena movediza del pecado cuando la mirada se volvió deseo sexual. Mandó que averiguaran acerca de la mujer. Su deseo pecaminoso se convirtió en acción.

El rey descubrió que la mujer era Betsabé, la esposa de Urías, uno de los mejores soldados de David. Ves, Urías estaba fuera en la batalla para su rey. Pero, sin darle un pensamiento, David se llevó a la esposa de Urías a la cama.

¿Cómo pudo David cometer tal delito tan atroz? Nunca menosprecies el poder del pecado. "Mientras [David] caminaba con Dios, [...] escribía los santos Salmos, [...] el poder del pecado estaba hirviendo y enfureciéndose dentro de su pecho, dispuesto a apagar la misma inspiración que Dios le estaba dando, y arruinar su religión y su alma para siempre"[3].

David se dio el gusto de la autocompasión. Quizá pensó que su vida era tan dura que merecía privilegios especiales. Su conciencia estaba tan nublada que reventó su vida sin siquiera darse cuenta.

¿Están nubladas nuestras conciencias de la misma manera? ¿Nos damos el gusto de lamentar y racionalizar el uso de las drogas y el comportamiento sexual inmoral porque pensamos que nuestras sentencias son injustas? ¿Creemos que merecemos un poquito de ternura prohibida? No nos debemos engañar y dejar que nuestros deseos nos arrastren a hechos pecaminosos.

Las fuerzas malvadas que degeneraron la vida de David aún están activas en nuestras vidas. Debemos identificar el peligro y luchar contra el poder del pecado con la Palabra de Dios y con oración. No podemos dejar que el poder del pecado eche raíces y nos deje plantados.

Personalizándolo: ¿Dónde se ha apoderado la autocompasión en tu vida? ¿Cómo perjudica tu caminar con Dios y tu crecimiento en Jesucristo?

Oración: Dios Padre, muéstrame mi pecado, y quítalo por medio de la sangre de Tu Hijo, Jesús. Amén.

Lee Mateo 5:28 para ver qué tan serio Dios toma los pecados de los ojos.

El camino del pecado

[Betsabé] quedó embarazada y se lo hizo saber a David. Entonces David le envió este mensaje a Joab: "Mándame aquí a Urías el hitita". 2 Samuel 11:5-6

Un pecado sigue al otro como los charcos siguen la lluvia. La naturaleza humana está tan contaminada con el pecado que muchas veces tratamos de ocultar el pecado, y cometemos aún más grandes en el proceso. Casi seguramente hay hombres en el Centro Correccional de la Isla McNeil y mujeres en la Prisión Estatal Pulaski quienes han tratado de tapar una felonía por medio de un delito peor. Al estar cautivos en el calabozo de nuestro comportamiento pecaminoso, haremos cualquier cosa para evitar que nos den p'atrás.

David se encontró en esa situación. Su adulterio con Betsabé sobraba de malo. Pero al darse cuenta de que estaba panzona, tramó un plan de encubrimiento. Llamó a Urías de la guerra para que le diera un reporte. David tramó que mientras Urías estaba en casa, haría el amor con su esposa, y que todos pensarían que el bebé era de Urías. David pensó que quedaría libre de sospechas.

Pero Urías era íntegro. Rehusó dormir con Betsabé mientras sus camaradas dormían en el campo. David trató de emborracharlo, pero la integridad de Urías triunfó. Lo rehusó (ver 2 Samuel 11:5-13).

Así que en desesperación, David hizo arreglos para la muerte de Urías. Le ordenó a su comandante que pusiera a Urías al frente de la batalla, donde era más probable que lo borraran (ver 2 Samuel 11:14-17). La acción despiadada de David reveló su conciencia endurecida.

Pueda ser que nos estremezcamos por lo que hizo David, pero muchas veces hacemos lo mismo. Al enfrentarnos con las consecuencias de nuestro pecado, en vez de confesarlo y hacer lo debido, muchas veces tratamos de esconderlo. Y en el proceso, nos hundimos más y más en el pecado. Al pecar, debemos ir ante Dios para confesarlo inmediatamente. No nos esperemos. No lo hagamos peor en ocultarlo o en cometer algo peor para esconderlo.

Personalizándolo: ¿Cuál pecado encubierto está al acecho en tu corazón ahorita? Confiésaselo a Dios y a otro cristiano, y evita empeorarlo.

Oración: Señor, dame el valor para enfrentar mi pecado. Amén.

Lee Salmo 32, el compromiso de David para confesar su pecado.

El pecado premeditado

A la mañana siguiente, David le escribió una carta a Joab, y se la envió por medio de Urías. La carta decía: "Pongan a Urías al frente de la batalla, donde la lucha sea más dura. Luego déjenlo solo, para que lo hieran y lo maten". 2 Samuel 11:14-15

Examinemos el homicidio de Urías más a detalle. Fue un pecado calculado. Tenemos que apreciar el significado de un pecado premeditado y aplicar las lecciones a nuestras vidas.

Como presos, sabemos que se planifica un delito *premeditado*. No es un crimen de pasión que ocurre de repente. Se ha pensado, diseñado y llevado a cabo. Por eso es que el castigo para un homicidio premeditado es más que la sentencia para un homicidio sin premeditación.

El pecado premeditado causa más daño a nuestra vida espiritual también. ¿Por qué es tan gran cosa el pecado deliberado para Dios? ¡El pecado intencional revela un corazón que está en rebelión abierta contra Dios! La rebelión niega nuestra relación con Dios y rechaza Su lugar supremo en nuestras vidas. Nos volvemos nuestro propio dios.

Al pecar intencionalmente contra Dios, estamos corriendo en dirección opuesta a Él. Si nos estamos dando fuga, no podemos correr hacia Él a la misma vez. Lo más que nos fugamos de Dios, lo más duro, lo más trabajoso y lo más largo que nos va a tomar para restablecer la relación debida con Él. Es como deslizarse de una loma. Es más fácil parar la deslizada en la cima de la loma que a la mitad, después de agarrar velocidad.

El pecado intencionado y premeditado revela que nuestros corazones están endurecidos hacia el pecado. Corazones endurecidos hacen que sea más fácil cometer el siguiente pecado, porque sentimos poco arrepentimiento del previo pecado intencional. Cuando tenemos callos en las manos, es difícil sentir las cosas. Corazones con callos son iguales; sienten muy poco.

Debemos evitar *todo* pecado. Pero tenemos que estar seguros de evitar el pecado deliberado, premeditado e intencional. Confiesa cada pecado inmediatamente. Arrepiéntete y pide perdón para mantenerte cerca de la voluntad de Dios para tu vida. Evita ir por el camino que te lleva lejos de Dios y hacia la última separación de Él.

†

Personalizándolo: ¿Cuál pecado premeditado está germinando en tu corazón? ¿Qué vas a hacer al respecto?

Oración: Jesús, evita que mi corazón y mi mente se rebelen contra Ti. Amén.

Lee Salmo 139:23, y úsalo como una oración.

Lecciones de la vida de David

Estas preguntas tienen que ver con las meditaciones que se encuentran en las páginas 29–33:

Respondan en conjunto:

1. El pecado comienza con un vistazo o un pensamiento. David vio y pensó acerca del pecado. ¿Qué significado tiene esto para ti? Te parece algo pequeño o enorme? ¿Por qué? Compáralo con *apartar la mirada* del pecado. Discutan los dos resultados diferentes de las decisiones que tomen, en vista de Santiago 1:14-15.

2. ¿Puedes relacionarte con el trayecto de David desde visualizar el pecado hasta cometerlo? ¿Cómo reconoces esta serie de eventos? Comparte cómo has cultivado el retoño de la tentación a una flor pecaminosa. Comparte los lugares donde este camino te ha llevado. Hablen de las otras opciones que tenían al punto de ser tentados. ¿Cómo hubiera sido diferente el resultado?

3. David cometió asesinato a primer grado. ¿Qué reveló el pecado premeditado acerca de su corazón en ese momento? Discutan por qué el orgullo humano dificulta la confesión de nuestro pecado. ¿Por qué es el orgullo la raíz de todo pecado? (Ver el capítulo 8 de *Mero cristianismo* por C. S. Lewis.) ¿Qué nos dice 1 Juan 1:9 que hagamos al pecar?

Exploren la palabra de Dios en conjunto:

1. **2 Samuel 11–12** nos cuenta la historia de David, Betsabé y el profeta Natán. David intencionalmente baja la escalera del pecado, escalón por escalón, hacia un abismo corrupto. ¿Has tú intencionalmente bajado esa escalera? Comenta acerca de cómo tu decisión y la de David son iguales. ¿Cómo te resultaron esas acciones?

2. **2 Samuel 11:22-25** nos cuenta de la reacción leve de David al oír que su buen amigo Urías había sido matado. ¿Estaba David insensato al pecado? ¿Cuándo te has sentido igualmente insensato al pecado? ¿Cómo te congeló el corazón tu pecado? ¿Cuáles fueron las consecuencias?

3. **Números 32:23** es verdad: no escaparemos de nuestro pecado. ¿Cuándo experimentaste esta verdad? Explícale al grupo cómo funciona esto. ¿Puede alguien salirse con la suya en cualquier cosa?

Oren juntos:

1. Ora por cualquier pecado que se esté aferrando en tu vida ahorita. Si estás dispuesto, confiésalo al grupo y pide oración y sanidad.

2. Ora por toda tu familia.

3. Ora a Jesús por la fuerza para sobrevivir los siguientes días, por cualquier cosa que te esté preocupando.

Comprométanse a la **confidencialidad**…

… **respétense** unos a otros

… **oren** unos por otros

… **anímense** unos a otros

… **ríndanse cuentas** unos a otros.

Dios nos persigue en nuestro pecado

El Señor envió a Natán para que hablara con David. […] Entonces Natán le dijo a David: "¡Tú eres ese hombre!". 2 Samuel 12:1, 7

Dios le pudiera haber dado la espalda a David después de que ordenó el homicidio de Urías. Pero no lo hizo. En el amor que Dios tiene para los pecadores, persiguió a David. Le envió al profeta Natán a David para que le contara una historia acerca de dos hombres: un rico que tenía muchas ovejas y un pobre que solo tenía una. Le llegó un huésped al rico. En vez de matar una de sus propias ovejas, se robó la única del pobre, la mató y se la sirvió al visitante. Al escuchar esto David, se puso furioso: "¡Quien hizo esto merece la muerte!" (2 Samuel 12:5).

En ese momento, Natán puso el dedo en la llaga. Le miró a David en el ojo y le dijo: "¡Tú eres ese hombre!".

Como el rico en la historia, David merecía la muerte. Había conspirado adulterio y homicidio, los dos penados con la muerte bajo la ley judía. Pero Dios, en Su misericordia, tuvo piedad con la vida de David. Envió a Natán para que confrontara a David y le diera una oportunidad de arrepentirse. (David no se salvó completamente. Puedes leer acerca de su castigo en 2 Samuel 12:7-12).

Dios amó al rey pecador lo suficiente para perseguirlo y confrontarlo acerca de su pecado. ¿Lo ha hecho Dios contigo también? ¿Te ha mandado a un "Natán"? ¿Te ha puesto en circunstancia donde tuviste que llegar cara a cara con tu pecado?

Todos necesitamos a un "Natán" porque nos engañamos acerca de nuestro propio pecado. Si no tienes a una persona que esté dispuesta a confrontarte, puedes pedirle a una persona piadosa que te enfrente y que te hable audazmente acerca de tu vida. Requiere que seas valiente, pero es un paso importante para encontrar la libertad del pecado.

Personalizándolo: Encuéntrate a un cristiano confiable, y pídele que sea sincero contigo acerca del pecado que vea en tu vida. ¿Le escucharás cuando te enfrente?

Oración: Jesucristo, mándame a alguien que me ayude a ver mi pecado. Ayúdame a escuchar mientras Tú me hablas por medio de esa persona. Amén.

Lee 2 Samuel 12 para la historia que Natán le cuenta a David.

Lecciones de Natán

Estas preguntas tienen que ver con la meditación en la página 36:

Respondan en conjunto:

1. Dios usó a Natán que era audaz pero inteligente para confrontar al rey David acerca de su pecado. ¿Por qué tener un "Natán" puede ser un componente crítico en tu vida para entender tu pecado? ¿Quieres tener uno? ¿Estás dispuesto a darle permiso a un amigo confiable y fraternal para que hable en tu vida audazmente?

2. David estaba ciego a sus pecados de lujuria, codicia, adulterio, asesinato y engaño. ¿Cuándo has estado agarrado por un estado tan pecaminoso que estabas ciego a tus acciones? Comparte tu historia para el beneficio del grupo. ¿Por qué es la pecaminosidad ciega una experiencia común? Lee Jeremías 17:9 y considera cómo sus palabras iluminan tu respuesta.

3. ¿Cómo contribuye el estar en comunidad, como el grupo en que estás ahora, a conocer tu corazón? ¿Por qué es difícil verte a ti mismo claramente? ¿Cómo pueden ayudarte a verte más claramente el asistir a servicios de la iglesia y grupo pequeño de estudio?

4. ¿Qué harías si un "Natán" te llegara y te dijera la verdad? ¿Estaría tu corazón dispuesto o descartarías las palabras?

5. ¿Estás dispuesto a ser un "Natán" en la vida de otro? ¿Puedes decir la verdad en amor sin chismear más tarde? ¿Cuáles son las cargas de ser un "Natán"? Consideren y discutan todos los aspectos de ser el regalo de Dios para alguien, un "Natán".

Exploren la palabra de Dios en conjunto:

1. **2 Samuel 7:1-17** nos cuenta la historia delicada de cuando Natán le dijo al rey David que Dios no le permitía construir el templo. Natán le dio un mensaje de Dios que debe haber decepcionado al rey. ¿Qué nos dice esto acerca del carácter de Natán? ¿Cómo estaba preparando Dios a Natán para lo que seguiría? ¿Cómo ha Dios preparado tu carácter para algo difícil? Comparte con el grupo.

2. Ahora lean **Proverbios 27:6**. Hablen de qué quería decir esta verdad dentro de la situación con Natán y David y qué puede significar para ti y tu "Natán". ¿Cómo reaccionarás a la confrontación cariñosa?

Oren juntos:

1. Oren en conjunto para que Dios les abra los ojos a su pecado.

2. Ora para que quieras tener a un "Natán" en tu vida.

3. Ora para que *te vuelvas* un "Natán".

Comprométanse a la **confidencialidad**…

… **respétense** unos a otros

… **oren** unos por otros

… **anímense** unos a otros

… **ríndanse cuentas** unos a otros.

La confesión del pecado

"¡He pecado contra el Señor!", reconoció David ante Natán. 2 Samuel 12:13

Muchos hombres y mujeres están encarcelados hoy por sus propias palabras. La decisión Miranda de la Corte Suprema reconoció que no era justo interrogar a sospechosos que no sabían que lo que dijeran se podía usar en la corte en contra de ellos. La primera cosa que aprendemos aquí adentro del enreje es cerrar la boca; pero tantos no lo hacemos. ¿Por qué es eso?

Detectives veteranos saben que el corazón humano quiere confesar. El corazón humano *tiene* que confesar. El antiguo dicho "La confesión es buena para el alma" tiene mucha certeza. La confesión libra al corazón de la enorme carga de la culpa. Nos quita el peso de la vergüenza de nuestra conciencia y nos permite comenzar de nuevo con la verdad.

Natán le pegó con la verdad a David al sorprender al rey con las palabras: "¡Tú eres ese hombre!" (2 Samuel 12:7). David escuchó la voz de Dios en esas palabras, y se dio cuenta de que su pecado estaba descubierto. El rey hizo lo que todos tenemos que aprender a hacer: confesó y tomó responsabilidad por sus hechos. Abrió su corazón al poder del Espíritu Santo y comprendió completamente que había matado a Urías y que había lastimado a Betsabé. Y en el proceso, también se murió un bebé. David había ocasionado víctimas. Había pecado contra ellos.

Pero aún más importante, después de que lo confrontó Natán, David reconoció que había pecado contra Dios. El pecado de David contra Dios fue una rebelión abierta contra la manera en que Dios le había ordenado vivir.

Al pecar, también causamos víctimas. Pero también pecamos contra Dios. Nos rebelamos contra Sus guías y nos vamos por nuestros propios rumbos.

Al confesar nuestro pecado, nos ponemos de acuerdo con Dios en que nuestro pecado es una rebeldía contra Él. Nuestra confesión previene nuestra racionalización en tratar de justificar nuestras acciones. Nos deja comenzar a reparar nuestra relación con Dios para que podamos caminar con Él.

✝

Personalizándolo: ¿Qué te impide confesar todo tu pecado a Dios? ¿Qué vas hacer al respecto?

Oración: Señor Dios, te confieso que mi pecado es una rebelión destapada contra Ti. Ayúdame, por favor. Amén.

Lee y reflexiona sobre el Salmo 51, la oración de confesión de David.

La mancha del pecado

Cuando los padres son malvados y me odian, yo castigo a sus hijos hasta la tercera y cuarta generación. Éxodo 20:5

David enfrentó las consecuencias de su pecado. El hijo del rey y de Betsabé murió. El pecado de David se hizo público. ¡Sus amigos, sus sirvientes y sus enemigos sabían de su aventura de una sola noche con Betsabé y del asesinato de Urías! La muerte del bebé permitió que Dios hiciera un anuncio público que el resultado del pecado no era alegría ni armonía. En vez, era la muerte y la destrucción.

Hay una relación directa entre el pecado humano y el desconsuelo de la vida humana. Estudios nos dicen que el indicador con más validez de que un niño irá a la cárcel es si su padre o madre ya están encarcelados. También sabemos que entre 80 y 90 por ciento de los matrimonios de los internados terminarán durante el primer año de encarcelamiento.

Debemos entender la mancha de nuestro pecado. Se han perdonado nuestros pecados, pero queda la cicatriz. Este es un hecho que no podemos evitar ni engañarnos a nosotros mismos a desecharlo.

¿Por qué es tan importante comprender este hecho? Si no entendemos que queda el tizne del pecado, quedamos inclinados a la depresión y a la pérdida de la esperanza cuando la vida sigue deteriorándose después de confesar, arrepentirnos y recibir perdón. Es peligroso presumir que al arrepentirnos, todo va a estar instantáneamente bueno. Solo Dios puede rescatar a nuestros queridos de las consecuencias de nuestras acciones. Él está en control de nuestras vidas y las de los afectados por nuestro pecado.

Hay paz y esperanza en el hecho de que nuestros crímenes no han destruido las vidas de los que han tocado. En este saber acerca de la gracia de Dios, podemos vivir adentro con esperanza firme y gratitud. La incapacidad puede deprimirnos, pero el entender acerca del amor de Dios vence la desesperación y nos puede rehacer en personas que *viven la vida* en vez de los que *cumplen la condena "sin posibilidad de libertad condicional"*.

✝

Personalizándolo: ¿Qué pasos tomarás hoy mismo para soltar tu desesperación y dejar que Dios haga Su voluntad con tu familia?

Oración: Dios Padre, mi pecado hiere a otros. Pongo a mis amigos y a mi familia en Tu cuidado. Ayúdame a confiar en Tu gracia. Amén.

Lee Éxodo 20:6 para recibir el consuelo de la gracia de Dios.

Las consecuencias inesperadas

El que siembra para agradar a su naturaleza pecaminosa, de esa misma naturaleza cosechará destrucción; el que siembra para agradar al Espíritu, del Espíritu cosechará vida eterna. Gálatas 6:8

David se encontró con consecuencias inesperadas. Tuvo la aventura de una sola noche con una mujer ajena. Pero David nunca pensó que alguien se diera cuenta de su adulterio. Terminó con un gran enredo. Betsabé se embarazó. David mandó a matar a su esposo. Se murió el bebé. Todas estas fueron consecuencias inesperadas de su pecado.

La Ley de las Consecuencias Inesperadas dice que las acciones de la gente siempre tienen resultados inesperados o no intencionados. Por ejemplo, cuando el DeDeCo (Departamento de Corrección) nos baja el sueldo de $1,20 a $0,60 al día para ahorrar gastos, ya no podemos darnos el lujo de comprar artículos personales, estampillas ni sobres. Sube la tensión dentro de la prisión y se vuelve más peligroso para nosotros y para los guardias. Los que no tienen privilegio de ir a la tienda muchas veces persiguen a los que sí lo tienen. Hay veces que hay pleitos que causan daño a los oficiales y al pabellón, a un costo mucho más de lo que hubieran sido los sueldos. La inquietud es una consecuencia inesperada.

Muchos estamos condenados de 25 a vida por homicidio mayor porque nuestro compa' mató al dependiente en vez de solo robarle, como habías planeado. Muchas de nosotras estamos cumpliendo tiempo duro aunque no más estábamos de campaneras para nuestros novios buchones; jamás pensamos que nuestras acciones llegarían a cargos de conspiración. Estas son *consecuencias inesperadas*.

Debemos estar alertas a que nuestras acciones tienen consecuencias. Malas decisiones conducen a resultados cada vez más peores. Buenas decisiones reaccionan en dirección opuesta. La bondad y el estímulo siembran las semillas de la esperanza y reflejan el carácter de Jesús a los demás. Al enfrentar las consecuencias de nuestras acciones, las decisiones que tomamos en tratar con ellas determinan si mejoraremos las cosas o las haremos peor.

✝

Personalizándolo: ¿Qué decisiones estás enfrentando, ahorita? ¿Resultará en mejorar o empeorar la situación?

Oración: Dios Padre, ayúdame a tomar buenas y debidas decisiones. Amén.

Lee Deuteronomio 30:19-20, escuchando las palabras como un reto de Dios.

Ten misericordia de mí

Ten compasión de mí, oh Dios, conforme a tu gran amor; conforme a tu inmensa bondad, borra mis transgresiones. Salmo 51:1

Hemos visto la historia de cómo David se deslizó al asesinato en primer grado. Hemos visto a Natán ponerle el dedo acerca de su pecado, y escuchamos la confesión del rey y el perdón de Dios. Pero ¿qué ocurría adentro de David durante esto? ¿Cuáles emociones daban vuelta de gatos dentro de su corazón?

Por medio de los salmos que escribió, la Biblia nos da una vista muy íntima de la emoción en el corazón de David a carne viva. Las siguientes meditaciones se basan en el Salmo 51, que es el aullido del corazón de David después de que Natán lo confrontó acerca de su delito.

El versículo de hoy nos muestra que la respuesta de David comienza en el lugar debido. No comenzó en defenderse. No les echó la culpa a otros. No racionalizó su crimen. En vez, clamó por la misericordia de Dios. David sabía que la única cosa que podía borrar la mancha de su pecado era la misericordia de Dios.

¿Qué pedimos al clamarle a Dios por Su misericordia? La misericordia es el no darnos lo que merecemos. Al pedir misericordia, le decimos a Dios: "Sé que merezco Tu juicio. Tienes todo derecho de castigarme. Pero en vez, ¿podrás darme Tu misericordia?".

¿Por qué sería Dios misericordioso con nosotros? Primero, nos extiende Su misericordia porque es compasivo; es Su naturaleza. Pero la segunda razón que nos da Su misericordia es Jesús. Porque Jesús voluntariamente asumió la deuda de nuestros pecados, Dios está libre para ser misericordioso con nosotros.

Al estar cargados por nuestros pecados y las manchas que han dejado —en nuestras vidas y las de otros— le podemos gritar: "Señor, ten misericordia de mí". Él te escuchará. Será misericordioso.

Personalizándolo: ¿Qué te impide que te tires a los pies de la misericordia de Dios? Pídele que te quite la mancha de tu pecado

Oración: Ten misericordia de mí, oh Dios. Nada que pueda hacer limpiará la mancha de mi pecado. Solamente Tu misericordia me puede limpiar. Gracias por Tu amor inagotable. Amén.

Lee Salmo 103:1-12 para ver a nuestro Dios compasivo.

Atormentado por la culpa

Lávame de toda mi maldad y límpiame de mi pecado. Yo reconozco mis transgresiones; siempre tengo presente mi pecado. Salmo 51:2-3

Como David el salmista, María estaba atormentada por sus hechos vergonzosos. Ni ella ni su novio querían matar al dueño de la tienda durante el robo. No intentó que la agarraran ni que dejara a su niñita sin madre. Cómo deseaba deshacer esa noche de octubre. No pudo comer por meses. Perdió veintidós kilos. No podía dormir. Daba vueltas en su celda, atormentada por su culpa. Las pesadillas y los recuerdos del pasado no parecían terminar.

El rey David escribió en otro salmo: "La vida se me va en angustias, y los años en lamentos; la tristeza [el pecado] está acabando con mis fuerzas, y mis huesos se van debilitando" (Salmo 31:10). Las experiencias de David son normales. La culpa y el pecado le pueden chupar la vida a uno.

¿Te identificas con María y con David? ¿Te atormentan tu pecado y tu culpa? David se sintió sucio a causa de su pecado y su culpa. Sabía que para sentirse limpio, necesitaba que Dios lo limpiara y lo purificara.

Es normal que *sintamos* culpa acerca de nuestros delitos y nuestro pecado. (Nos deberíamos de preocupar si no sentimos la culpa). Pero no es saludable que estemos *incapacitados* por la culpa.

María está mejor ahora. Ha encontrado una mejor solución. Cuando una de sus compañeras de celda le invitó ir a la iglesia, se fue de mala gana. Ahí aprendió acerca de la misericordia y el perdón de Dios. Está aprendiendo a enfrentar su culpa y no dejar que la aplaste. Está aprendiendo a dejar que Dios limpie su corazón y sus pensamientos. Durante el día, ella ora: "Lávame, Señor. Hazme limpia".

Cuando nos sentimos aplastados por nuestra culpa, se la podemos dar a Jesús. Le podemos pedir que nos limpie y que nos purifique.

Personalizándolo: ¿Cuál pecado te atormenta hoy? ¿Qué puedes hacer para confesarlo y dárselo a Jesús?

Oración: Dios, me está destruyendo mi culpa. Purifícame. Ayúdame a aceptar Tu perdón y moverme más allá de esta culpa abrumadora. Amén.

Memoriza el Salmo 51:2 y úsalo como una oración diaria.

Pecar contra Dios

Contra ti he pecado, solo contra ti, y he hecho lo que es malo ante tus ojos; por eso, tu sentencia es justa, y tu juicio, irreprochable. Salmo 51:4

Cuando Jamal le pegó a su esposa, estaba ciego de rabia. No la iba a dejar que le hablara de esa manera. ¿Quién se creía? Así que le pegó hasta que perdiera la consciencia. Eso le hizo sentirse bien. Quería que no lo hubieran visto los niños, pero ella no se debía de haber portado así. Ahora Jamal está sentado en su celda con su culpa atormentadora.

¿Contra quién pecó Jamal? Su esposa, por supuesto. Los daños cerebrales con cuales ella vive como resultado de esa riña constantemente le recuerdan a ella de su despliegue emocional. ¿Y qué de los niños? Viven con la mancha de su pecado también. Uno ya se metió en problemas con la ley.

Al pecar David, pecó contra Betsabé, contra su esposo, contra el niño que murió… en realidad contra todo el reino que él gobernaba. Pero en medio de todo eso, David se dio cuenta acerca de la mera verdad del pecado. Al pecar, en realidad pecamos contra Dios, no solo nuestras familias, no solamente el dueño de la tienda que robamos, no solo la persona a quien le pegamos. Pecamos contra Dios.

David también se dio cuenta de que el juicio de Dios contra él era justo. Al pecar, quebramos la norma de Dios. Nos ha dicho en Su Palabra que amemos a otros igual como nos amamos a nosotros mismos. Nos ha dicho: "No lastimen a otros". "No roben". Al violar los mandamientos de Dios, lo violamos a *Él*. Ese es el saldo final de nuestro pecado. Violamos a Dios.

¿Has visto tu pecado en la cara? ¿Has visto la cara de Dios al otro lado de tu pecado?

Pero no te desanimes. Por medio de Jesús, cuando Dios ve nuestro pecado en la cara, Él ve la cara de Jesús, quien sacrificó Su vida por nosotros.

✝

Personalizándolo: ¿Has reconocido que has ofendido al Dios Santo? Dile lo que sientes.

Oración: Dios, lo siento mucho que pequé contra Ti. Perdóname, por favor, y déjame empezar de nuevo. Amén.

Lee Isaías 55:6-7 para encontrar dirección y perdón.

Quiero gozar de nuevo

Anúnciame gozo y alegría; infunde gozo en estos huesos que has quebrantado. Salmo 51:8

Después de pecar, David perdió su gozo. Descubrió lo que muchos ya sabemos: el deleite y el placer que a veces sentimos después de pecar, no duran. Al desaparecer la emoción inicial, nos sentimos vacíos, solos e insensibles.

Después de que David enfrentó la enormidad de su pecado, cayó en un espiral de desesperación. Podemos imaginar que se dijo: "Después de todo lo que hice, ¿cómo puedo darle la cara a mi familia? ¿Cómo puedo dirigir a otros si ni puedo controlar mi propio corazón? ¿Por qué me pondrían la confianza?". Muchos nos podemos identificar con su angustia.

David estaba quebrantado. Pero sabía que Dios lo iría restaurando. Así que ¿qué le pide a Dios? David añoraba el gozo.

¿Por qué el gozo? Gozo es más que alegría. La alegría está basada en nuestras presentes circunstancias. El gozo es más que sentirse optimista acerca de la vida. El gozo es una emoción espiritual. Es ese sentido profundo del deleite y de la satisfacción de saber que Dios está en control, que Él es bueno y que Él quiere tener una relación con nosotros. David sabía que su vida estaba incompleta sin el gozo.

El leer otros salmos de la Biblia nos muestra que Dios sí le restauró el gozo a David. De hecho, el concepto de gozo, deleite o regocijo se encuentra más de setenta veces en los Salmos. David comienza el Salmo 32 con estas palabras: "Dichoso aquel a quien se le perdonan sus transgresiones, a quien se le borran sus pecados. Dichoso aquel a quien el Señor no toma en cuenta su maldad y en cuyo espíritu no hay engaño".

Podemos gozar de ser dichosos también. Podemos sentir la libertad y el descargo que nos llega cuando Dios toma nuestro quebrantamiento y nos restaura a una plena relación con Él.

Personalizándolo: ¿Has perdido tu gozo? ¿Qué harás para restaurarlo?

Oración: Dios, añoro sentir el gozo otra vez, ser libre del peso de mi pecado. Por favor, haz en mi vida lo que hiciste en la vida de David. Gracias. Amén.

Lee Colosenses 1:11-14, una de las oraciones del apóstol Pablo para que Dios nos llene con gozo.

Límpiame

Aparta tu rostro de mis pecados y borra toda mi maldad. Crea en mí, oh Dios, un corazón limpio, y renueva la firmeza de mi espíritu. Salmo 51:9-10

El rey David estaba involucrado en pecado repetido. Su delito no fue una resbalada única. Su pecado fue deliberado.

Algunos nos podemos identificar con él. También nosotros nos hemos involucrado con el pecado repetido. Pueda ser que nuestra drogadicción nos condujo a terreno resbaladizo. Quizá nuestra furia nos picó y nos llevó al pecado. Pueda ser que fue nuestra lujuria o nuestra avaricia. Hicimos la lucha para cambiar, pero no pudimos lograrlo. Nos desanimamos y perdimos la esperanza. Comenzamos a pensar que no hay remedio para *nosotros*. Inútiles. Y esa actitud no es lo que nos falta para sobrepasar la culpa y la mancha de nuestro pecado.

La oración suplicante de David nos apunta en buena dirección. Necesitamos no solo el perdón sino que una limpiada también. Nos faltan corazones nuevos.

Solamente Dios nos puede dar corazones nuevos —corazones limpios— con nuevas actitudes y valores nuevos. Por medio del poder del Espíritu Santo, nos quiere dar trasplantes cardíacos espirituales para que sus deseos fluyan dentro de nosotros, y que dirijan nuestras emociones y acciones. Él quiere que Sus pensamientos llenen nuestras mentes.

David también sabía que necesitaba un espíritu "firme". Necesitaba que Dios tocara sus actitudes.

Nosotros también necesitamos ese toque. Muchas veces, nuestros espíritus están llenos de negatividad, odio, egoísmo, codicia y lujuria. Necesitamos que Dios nos dé espíritus que estén llenos de esperanza, gozo, paz, paciencia, bondad y autocontrol. Necesitamos actitudes que nos ayuden a extender la mano, uno a otro, opinar lo mejor uno de otro y confiar que Dios usará nuestras vidas para cumplir Sus buenos propósitos. Necesitamos espíritus "firmes".

Personalizándolo: ¿Cuál es el estado de tu corazón? ¿Necesitas un trasplante cardíaco espiritual? ¿Qué vas a hacer al respecto?

Oración: Dios, me rindo. No me puedo cambiar a mí mismo. Te necesito para que puedas crear un corazón limpio en mí. Necesito que renueves mi espíritu. Gracias por prometer hacer eso. Amén.

Lee Ezequiel 18:30-32 y Ezequiel 36:22-28 para acordarte de las promesas de Dios, que dará nuevo corazón y espíritu a los pecadores.

No me abandones

No me alejes de tu presencia ni me quites tu santo Espíritu. Devuélveme la alegría de tu salvación; que un espíritu obediente me sostenga. Salmo 51:11-12

La primera vez que Darnell admitió sus crímenes —robo, asalto y violación— y el pecado que lo había precedido, lo devastó. Estaba tan avergonzado, tan arrepentido por el dolor que había causado. Ay, cuánto deseaba deshacer el daño. Sus sueños volvían cada noche a esa noche violenta. Y cada noche ansiaba poder rehacer la escena, de deshacerla. Pero no podía borrar la mancha de su pecado.

Le clamó a Dios que lo perdonara, y sabía que Él le había escuchado. Pero no estaba seguro qué verdaderamente pensaba Dios de él. ¿Se había cansado Dios de él? ¿Lo había descartado? Darnell estaba sentado en la celda, deprimido. No se podía levantar de la oscuridad.

Pueda ser que David tuvo pensamientos parecidos. Le suplicó a Dios que no lo deportara, que no le abandonara. Su gozo había desaparecido y no tenía la determinación para obedecer.

Las buenas nuevas son que Dios no nos echa a la basura cuando pecamos. No nos tira a un lado diciendo: "Ya basta contigo. Olvídate". No, nos restaura. Aún después de todo lo que hizo David, la Biblia le llama "un hombre conforme al corazón de Dios" (ver Hechos 13:22). Dios restauró a David, y nos restaurará a nosotros.

Dios nos perdona, y nos deja erguir la cabeza de nuevo. Por medio del Espíritu Santo, restaura el gozo en nuestra vida, dándonos la habilidad de ser productivos otra vez. Es tan misericordioso. Nos muestra Su voluntad, y luego nos da la fuerza para obedecer.

Personalizándolo: ¿Qué te impide creer que Dios te acepta con Su gracia y que te restaurará de la mancha de tu pecado? ¿Cómo puedes cambiarlo?

Oración: Dios, soy como David. Te suplico que no mires la mancha de mi pecado. En vez, restaura mi gozo y hazme dispuesto a obedecerte. Gracias por no descartarme. Amén.

Lee Salmo 71:20-21, y úsalo como una oración para la restauración.

Hazme útil

Así enseñaré a los transgresores tus caminos, y los pecadores se volverán a ti. Salmo 51:13

Cory se parece mucho al rey David. Se apoderó de la mujer de otro hombre, y lo mató. No le impactó hasta llegar a la Institución Correccional de Massachusetts. Allí enfrentó el impacto de sus crímenes, la mancha de su pecado. Su "Natán" fue el capellán Ricardo, quien le enseñó no solamente de la fuerza destructiva del pecado, sino que también de la profundidad del amor de Dios para él. Cory confesó su pecado y clamó por la misericordia de Dios para su restauración.

Y así fue. Cory sabe que servirá una cadena perpetua, pero está decidido que será una cadena perpetua de servicio para Dios. Quiere cumplir *SU* tiempo, y que valgan los años que le quedan.

Hoy, Cory es uno de los seis hombres que le ayudan al capellán Ricardo enseñar a los otros encarcelados acerca de quién es Dios y cuánto ama a los pecadores. Dios toma nuestros errores y los convierte en oportunidades. Dios tomó el quebrantamiento de Cory y lo está usando para compartir Sus modos con otros pecadores.

Todos añoramos tener importancia, de que nuestras vidas valgan por algo. Nuestro Dios misericordioso no nos desecha cuando caemos en el pecado. Nos restaura para un propósito: para que le podamos servir. De la misma manera que Dios usa la vida del rey David para enseñarles a millones acerca de Su perdón, Su gracia y Su misericordia, así usará nuestras vidas —lo bueno y lo feo— para enseñarles Sus modos a otros pecadores.

Le podemos pedir a Dios que tome nuestra inteligencia —la misma inteligencia que nos permitió planear el crimen— y que la usemos para entender Su Palabra y enseñarla a otros. Le podemos pedir que tome nuestro poder de persuadir —que antes estaba enfocado solamente en estafar a la gente— y limpiarlo y usarlo para llamar otros a Jesucristo.

Personalizándolo: ¿Cómo tomarás lo que Dios te ha enseñado, para enseñárselo a otros, orando que ellos también vuelvan a Dios?

Oración: Dios, te doy gracias porque Tú puedes tomar este desorden de mi vida y usarlo para enseñarles a otros. Quiero cumplir Tu tiempo. Te doy mi vida. Amén.

Lee el Salmo 86:11-13, y úsalo como una oración.

Pero yo maté

Dios mío, Dios de mi salvación, líbrame de derramar sangre, y mi lengua alabará tu justicia. Salmo 51:14

Muchos estamos cumpliendo la condena porque, igual que David, matamos a alguien. Pueda ser que no deliberamos matar intencionalmente, pero tomamos una vida. Derramamos sangre. Y esa realidad nos pesa mucho en el corazón.

Deberíamos de estar agradecidos que Dios no quitó las partes desagradables de la Biblia. Decidió incluir historias de personas que hicieron cosas terribles. Aquí estaba el rey David, que no solo cometió un crimen, sino que cometió uno de los peores: homicidio premeditado.

En Su amor y sabiduría, Dios dejó esa historia en la Biblia para consolar y dirigirnos a nosotros quienes también hemos matado. La historia de pecado, confesión, perdón y restauración de David nos consuela para ver que Dios puede hacer en nuestras vidas lo que hizo en la de David.

El cuento de David muestra que Dios puede perdonar los hechos más odiosos y egoístas. Y no solo nos perdona, sino que nos restaura: restaura nuestro gozo, restaura nuestra relación con Él, restaura nuestro propósito, restaura nuestra dignidad. Después de que David mató a Urías, Dios no le dijo: "Ya basta. Ya no puedes ser rey. Ya no te voy a usar". No, Dios restauró a David. Y nos restaurará a nosotros también.

La señal de esa restauración es el hecho de que las Escrituras no hablan de David como "David, el Asesino". La Biblia se refiere a él como "un hombre conforme al corazón de Dios", como el hombre que escribió los Salmos donde su "lengua alaba su justicia". La Biblia se acuerda de él como el padre de Salomón, el rey más sabio que jamás haya vivido. Gloria a Dios. Si Él puede perdonar y restaurar a David, nos puede perdonar y restaurar a nosotros también. Aun por haber matado a alguien.

Personalizándolo: Si has matado a alguien, ¿cómo te sentirías al recibir el perdón de Dios? ¿Qué pasos tomarás?

Oración: Dios, cometí lo impensable. Maté. Lo siento tanto. Pequé contra esa persona, pero más importante, pequé contra Ti. Perdóname. Amén.

Lee Éxodo 2:11-15 y Hebreos 11:23-28, la historia de otro asesino quien Dios usó para lograr Sus propósitos.

Canta un nuevo canto

Perdóname por derramar sangre, oh Dios que salva; entonces con alegría cantaré de tu perdón. Desata mis labios, oh Señor, para que mi boca pueda alabarte. Salmo 51:14-15, NTV

El rey David sabía dónde ir para arreglarse acerca del homicidio. Le pidió perdón a Dios, y Dios se lo dio (ver 2 Samuel 12:13).

Pero David se dio cuenta de otra verdad profunda: el perdón conlleva el gozo. Al sentir la descarga del perdón —que Dios ya no toma nuestro pecado en cuenta contra nosotros y que nos da una pizarra limpia y un corazón limpio— entonces estamos libres para gozar.

Cuando Dios nos perdona y nos salva de nuestro pecado, vamos a querer alabarle y contarles a los demás acerca de Él y lo que ha hecho en nuestras vidas para que ellos también encuentren Su perdón.

¿Cómo podemos "cantar" del perdón de Dios? ¿Cómo podemos alabarlo? ¿A qué se parece "con alegría cantar del perdón de Dios" detrás de las rejas?

Podemos tomar una nueva actitud de alabanza. Podemos encontrar salmos de alabanza, memorizar los versículos y usarlos como oraciones personales durante el día. Decirlos a Dios en silencio mientras estamos en la yarda.

Debemos actuar diferentemente. Nuestro nuevo comportamiento refleja la nueva canción que está adentro de nosotros. Cuando nuestras acciones "con alegría cantan", otros se van a dar cuenta… y van a querer acompañar. En vez de tacañería, cántales bondad; en lugar de egoísmo, comienza a compartir abarrotes. La gente se va a dar cuenta. Después de que se den cuenta de nuestra nueva canción, tenemos que estar dispuestos y saber cómo compartir con ellos de dónde viene ese canto: del amor y perdón de Jesús. Podemos compartir esa historia con todos que escuchen.

Finalmente, la capilla en la prisión es un lugar excelente para cantar alabanzas a Dios, literalmente. Si no has ido por algún rato, comienza a ir para dar gracias por lo que Dios ha hecho en perdonarte. Únete con otros para cantar alabanzas a Dios.

†

Personalizándolo: ¿Cómo vas a "con alegría cantar" del perdón de Dios esta semana?

Oración: Dios, al pensar de lo que Tú has hecho por mí en perdonarme, no puedo dejar de contarles a los demás. Desata mis labios también, para que te pueda alabar. Amén.

Lee Salmo 103:2-5 como una oración para dar gracias a Dios por perdonarte.

Lo que Dios quiere de nosotros

Tú no te deleitas en los sacrificios ni te complacen los holocaustos; de lo contrario, te los ofrecería. El sacrificio que te agrada es un espíritu quebrantado; tú, oh Dios, no desprecias al corazón quebrantado y arrepentido. Salmo 51:16-17

Cuando Anita llegó a la Institución Correccional de Iowa para Mujeres, estaba arrepentida por su parte en el asalto que le dio la sentencia de siete años. Estaba amargada cuando la arrestaron, pero un mes en la cárcel del condado cambió su corazón, y comenzó a sentir tristeza y remordimiento.

Ya estando adentro de la Correccional, trató con su arrepentimiento por medio de su trabajo en la lavandería. No tuvo problemas con agarrar la ropa interior ensuciada por otras mujeres y meterla a las máquinas. Anita estaba tratando de limpiarse a sí misma y rectificar su crimen por sus propios esfuerzos. Pero Anita no pudo restituir por su pecado por medio de chambear duro ni de buenas obras. ¡Nosotros tampoco! Debemos arrepentirnos y llegar a Dios con nuestros corazones quebrantados. Debemos dar vuelta, del pecado y hacia Él.

En los días del rey David, la gente expresaba su arrepentimiento por medio de ofrecer sacrificios. Compraban un cordero o una paloma, y se la daban al sacerdote para pagar por sus pecados. Pero Dios no quería el sacrificio de David. Quería el quebrantamiento de su corazón. Quería un corazón arrepentido. Dios nos requiere eso hoy, también.

La palabra *arrepentir* quiere decir tener un cambio de corazón. El arrepentimiento es voltear 180 grados e ir en la dirección opuesta, voltear del pecado.

Igual que Anita, podemos obrar todo lo que queremos, pero ¡solos nunca borraremos la mancha de nuestro pecado! Si le confesamos nuestro pecado a Dios, encontraremos perdón por nuestro pasado. Podremos hacer la paz con nuestro presente, y encontrar esperanza para nuestro futuro.

✝

Personalizándolo: ¿Cómo estás tratando de hacer penitencia para pagar por tu pecado? ¿Qué harás acerca de esto?

Oración: Dios, por mi parte, no puedo compensar por mi pecado. Te doy lo que tengo: el ánimo quebrantado y un corazón que está dispuesto de voltear de mi pecado. Ayúdame con lo demás. Te necesito. Amén.

Lee Isaías 57:15 para escuchar del deseo de Dios para los corazones arrepentidos.

Más lecciones de la vida de David

Estas preguntas tienen que ver con las meditaciones que se encuentran en las páginas 39–51.

Respondan en conjunto:

1. Lean el Salmo 51, que es el llanto del corazón de David después de que lo confrontó Natán. ¿Qué fue la respuesta de David hacia Dios al darse cuenta de su pecado? ¿Qué ha sido tu reacción al ser trincado por un "Natán"? Compara tu respuesta a la de David.

2. Lean Génesis 3:12-13, el recuento de la trincada de Adán y Eva por Dios. ¿Cómo se diferencian la respuesta de David y la de Adán y Eva? ¿Cuál respuesta es más parecida a la tuya?

3. David le ruega a Dios por misericordia. ¿Por qué piensas que es tan gran cosa que David le pida misericordia a Dios? ¿Qué significa la misericordia para ti? Si has recibido misericordia, ¿cómo te sentiste? ¿Por qué podemos contar con que Dios nos muestre misericordia? ¿Cómo te hace sentir esto?

Exploren la palabra de Dios en conjunto:

1. **2 Corintios 5:11-21** resume las Buenas Nuevas de Cristo. El versículo 11 en la Nueva Traducción Viviente dice: "Dado que entendemos nuestra temible responsabilidad ante el Señor, trabajamos con esmero para persuadir a otros". ¿Qué crees que quería decir Pablo con la frase "temible responsabilidad"? ¿Sigues a Jesús por temor o por gratitud? Pablo habla acerca de ser embajadores. ¿Qué hace un embajador? ¿Puedes hacer esas cosas dentro de los muros?

2. Lean el **Salmo 51**, el "manual de estrategias" de cómo ir a Dios después de caer en pecado. Memoricen los versos 11 y 12 y repítelos seguido mientras te recuperas después de pecar.

3. Lean el **Salmo 32** en voz alta, verso por verso, y hablen del gozo que resulta del perdón. Miren el versículo 8. ¿Cómo te puede guiar Dios donde te encuentras hoy?

4. ¿Cómo te agobia a veces la culpa de estar en la prisión? David sentía culpa, pero buscó perdón. ¿Te sientes perdonado: por Dios, por tu familia, por tus víctimas? Y tú, ¿perdonas libremente? ¿Cómo te ayuda el perdón de Dios a lidiar con la falta de perdón, la vergüenza y la culpa?

Oren juntos:

1. Oren en silencio, pidiéndole perdón a Dios por tus pensamientos, actitudes y acciones pecaminosos. Cuando sea necesario y apropiado, pídeles perdón a los miembros del grupo.

2. Lee el Salmo 40:11 como tu oración personal. Dale gracias a Dios por Sus tiernas misericordias que les ha mostrado a ti y al grupo.

3. Oren como grupo para que el Espíritu Santo desarrolle las destrezas de bondad, paciencia, misericordia y perdón dentro de cada uno. Deténganse sobre cada destreza.

4. Alcen al poblado entero (incluyendo a los guardias) dentro de la prisión. Oren para el alivio de la vergüenza colectiva, culpa no resuelta y la carga de no ser o sentirse perdonados.

Comprométanse a la **confidencialidad**…

… **respétense** unos a otros

… **oren** unos por otros

… **anímense** unos a otros

… **ríndanse cuentas** unos a otros.

La escalera de la tentación

Cada uno es tentado cuando sus propios malos deseos lo arrastran y seducen. Luego, cuando el deseo ha concebido, engendra el pecado; y el pecado, una vez que ha sido consumado, da a luz la muerte. Santiago 1:14-15

La mayoría de nosotros tiene una lista larga de antecedentes. Es una historia escrita de nuestros encuentros con la ley, y probablemente ni comienza a detallar nuestra entera actividad criminal. Nuestra lista de antecedentes comenzó con cositas. Robamos un carro para impresionar a una guapa, pero dentro de poco, nuestros crímenes se volvieron más serios. Tomemos la historia de Raquel como ejemplo.

Raquel tenía once años cuando se separaron sus padres. Estaba enojada con sus padres y con sí misma, puesto que se echaba la culpa erróneamente por su divorcio.

La rabia se puso peor cuando el nuevo novio de su mamá comenzó a hacer movidas sexuales cuando ella cumplió los trece años. La furia rebosó cuando su madre no le creyó al decirle de las movidas. Raquel decidió escaparse.

Ya estando por su propia cuenta, Raquel necesitaba comida y comenzó a clavársela. Luego alguien le ofreció un poco de mota, que quitó el dolor por un rato. Raquel traficó su cuerpo en cambio de comida y drogas. Eso produjo un gran número de arrestos. Después de salir, Raquel se juntó con un alcahuete que también estaba encargado de una gran cocinada de metanfetamina. Ella comenzó a usar y luego a vender. La agarraron y la mandaron a la cárcel por ocho años por distribuir.

El diablo nunca está satisfecho con tentacioncitas. Su meta es de conducirnos por la escalera electromecánica hacia más grandes y peores pecados. Acuérdate: el adulterio de David con Betsabé comenzó con una miradita y terminó con homicidio de primer grado.

Cuando nos damos cuenta de que cada tentación nos lleva a un pecado más grande debemos detenernos a pensar. Debemos reconocer el camino en que estamos. Nunca te engañes en pensar que la tentación es asunto de un solo disparo.

†

Personalizándolo: Haz una lista de las tentaciones que estás enfrentando ahorita. Trata de imaginar a dónde te pueden llevar.

Oración: Señor Dios, verdaderamente no quiero dejar estas cosas, pero sé que las debo dejar. Ayúdame a liberar estas tentaciones en Tu poder. Amén.

Lee el Salmo 91 para encontrar la fuerza para enfrentar la tentación.

Jesús también fue tentado

En seguida el Espíritu lo impulsó a ir al desierto, y allí fue tentado por Satanás durante cuarenta días. Marcos 1:12-13

Los viejos rucos conocen la movida. Entienden lo que pasa en el pabellón. Ven a alguien irrespetado en la yarda; reconocen que alguien se va a desquitar. Respetan el peligro. Presos con experiencia conocen el peligro que enfrentan los que les queda corto plazo. Los que no serán soltados dentro de poco les tienen celos. Y les hace apretujar alguien durante sus últimos días encarcelados. Esperan que los de corto plazo sean escriturados para que se arruine la fecha de salida. Saber cómo funcionan las cosas es fundamental para manejar los peligros dentro de la prisión.

Tenemos que entender la tentación. Debemos saber de dónde viene, a qué se parece y cómo obra para que la podamos identificar, prepararnos y tratar con ella. A fin de cuentas, la tentación es una prueba. ¿Haremos lo debido, o nos entregaremos a la tentación?

Jesús también fue tentado. Jesús no se entregó. No pecó al ver la cara de la tentación. Ganó la batalla. Servimos a un Salvador que se enfrentó con las mismas tentaciones que vemos cada día. Jesús salió al desierto para una confrontación con Satanás, el enemigo de nuestras almas… y ¡Jesús le ganó!

La tentación no es pecado, pero muchas veces conduce al pecado. Las tentaciones vienen de muchas tallas y formas. Las tentaciones más pequeñas suelen llevarnos a las más grandes. Cuando éramos niños, el diablo nos tentó a robar dulces, luego nos tentó a robar maquillaje cuando adultas. Cuando alguien coquetea diariamente —tentándonos al pecado sexual— es como agua que gotea sobre una roca. La tentación se pone más y más dura de resistir, especialmente después de que el shock de la propuesta se quita y comienza a sentirse normal.

Estemos a la guardia. Podemos tener confianza que el poder de Dios nos dará la victoria sobre la tentación.

Personalizándolo: Enfrenta las tentaciones de tu vida. ¿Cómo puedes prepararte para luchar contra ellas?

Oración: Señor, me da consuelo saber que Tú fuiste tentado y que no te entregaste. Amén.

Lee Lucas 4:1-13, la historia de las tentaciones que Jesús enfrentó.

Jesús comprende nuestras tentaciones

Por haber sufrido él mismo la tentación, puede socorrer a los que son tentados. Hebreos 2:18

Al primer llegar a nuestra celda, unos nos sentimos solos, aun indefensos. ¿Cómo sería? ¿Cómo sobreviviríamos? A veces mirábamos hacia los rucos, los que habían pasado más tiempo detrás las rejas, en esperanza de que nos ayudarían con el ajuste. Estaban al tanto y sabían cómo serían nuestras vidas porque lo habían vivido.

Encontramos alivio en saber que Jesús sabe lo que es ser tentado. Su Padre no le ahorró esa experiencia. Porque Jesús sufrió la agonía de la tentación, también puede ser un amigo que entiende nuestra agonía.

La historia de la tentación de Jesús en Lucas 4 nos dice que Jesús estaba en ayunas cuando le llegó Satanás. Jesucristo no había comido por cuarenta días. Sabiendo que Jesús tenía mucha hambre, Satanás lo tentó en Su punto de vulnerabilidad. "'Si eres el Hijo de Dios, [...] dile a esta piedra que se convierta en pan'. Jesús le respondió: 'Escrito está: "No solo de pan vive el hombre"'" (Lucas 4:3-4).

A primera vista, lo que pide el diablo suena razonable. Al fin de cuentas, Jesús podría haber cambiado las piedras a pan. Pero Jesús vio detrás del reto de Satanás. Vio que el diablo realmente quería que le obedeciera, que hiciera lo que le mandaba. Pero Jesús rechazó la tentación de ser estafado por Satanás. Jesús pasó la prueba.

Acuérdate que Jesús está al tanto. Enfrentó la tentación, y nos promete ayudar a enfrentarla también. Podemos confiar en que Dios conoce nuestra situación y se preocupa por nuestro bienestar. Es la loza de concreto bajo nuestras vidas. Es el cimiento firme sobre lo cual construimos todas las otras defensas contra la tentación.

✝

Personalizándolo: ¿Dónde te tienta Satanás? ¿Dónde estás más vulnerable? ¿Qué harás para resistir?

Oración: Jesús, me alegra saber que Tú sabes cómo es ser tentado. Ayúdame a pasar la prueba en mis propias tentaciones. Amén.

Lee Hebreos 2:16-18 para aprender acerca del Dios que promete ser de ayuda en la tentación.

Conoce al enemigo

Practiquen el dominio propio y manténganse alerta. Su enemigo el diablo ronda como león rugiente, buscando a quién devorar. Resístanlo, manteniéndose firmes en la fe. 1 Pedro 5:8-9

Satanás ataca de muchas maneras. Sabe que unos de nuestros padres nos abusaron sexualmente. También vio que nuestras madres le dieron espalda a lo que pasaba. Satanás sembró esas malas hierbas de inutilidad y enojo en nuestras almas para distraernos de lo mejor de Dios para nosotros.

Si le vamos a ganar al diablo, debemos saber cómo es. Estos versículos nos dan la imagen de un león rugiente merodeando. Nuestro enemigo no es cualquier lépero. Es un embrollón, y siempre está al ataque. Ronda ansioso de rasgar y desgarrar. Su meta no es de solo intimidarnos. Satanás nos quiere matar. Esta es una bronca en la yarda donde el ganador se lleva todo.

¿Cómo nos defendemos ante esta poderosa fuerza? Estos versículos nos ofrecen tres estrategias. Primero, ¡ten cuidado! Ese es buen consejo. Si no tomamos al enemigo en serio, nos volveremos autosatisfechos y seremos un blanco grande para el predador. En vez, debemos mantener la guardia. Debemos sentir el respirar del enemigo en la nuca. Juan 8:44 nos recuerda que Satanás fue un asesino desde el principio.

Segundo, tenemos que resistir. Tenemos que estar dispuestos a enfrentar al enemigo. Esto requiere valentía y fuerza. ¿De dónde viene esa fuerza?

Nuestra valentía viene de la tercera instrucción: manteniéndonos firmes en nuestra fe. Debemos conocer quién es Jesús y que promete pararse con nosotros cuando enfrentamos al león rugiente. Colosenses 2:13-15 nos dice que la muerte de Jesús en la cruz ha desarmado a los poderes y potestades de este mundo y los ha vuelto objetos de burla.

Personalizándolo: ¿Cómo se siente el respirar de Satanás en tu nuca? ¿Qué harás para mantener tu guardia?

Oración: Gracias, Jesús, por haber embozalado el hocico del león, Satanás. Ayúdame a mantenerme firme. Amén.

Lee Colosenses 2:13-15 para acordarte de lo que hizo la muerte de Jesucristo con nuestro enemigo.

Ponte tu armadura

Pónganse toda la armadura de Dios para que puedan hacer frente a las artimañas del diablo. Porque nuestra lucha no es contra seres humanos, sino contra poderes, contra autoridades, contra potestades que dominan este mundo de tinieblas, contra fuerzas espirituales malignas en las regiones celestiales. Efesios 6:11-12

Si estamos seguros de que algo va a pasar, nos preparamos. Nos ponemos listos. Si supiéramos que nos iban a tratar de tomar por tontos durante los primeros noventa días en la penal, buscaríamos alianzas, levantaríamos pesas y estaríamos en guardia diariamente. Nos prepararíamos para el asalto. En términos de la tentación, no es cuestión de que *si* vendrá. Es cuestión de *cuándo* vendrá.

Dios sabe que nos encontraremos con la tentación. También sabe que el Tentador es fuerte y que tiene trucos y estrategias. Dios quiere que estemos preparados, que sepamos cuáles armas ofensivas y defensivas tenemos a nuestra disposición para ganarle a la tentación.

Dios nunca nos deja a solas en la lucha contra el diablo y los fuertes poderes de la oscuridad. Nos ha dado lo que los versículos de hoy llaman "armadura". Escribiendo desde una celda en la cárcel, el apóstol Pablo nos da una lección detallada y de beneficio en cómo luchar contra el diablo. En usar el retrato de un soldado y su armadura, nos dice cómo preparar para la batalla. Examinaremos la armadura en detalle en las próximas meditaciones.

Pero no basta saber acerca de la armadura. Tenemos una decisión. Nos debemos *poner* la armadura. No basta con saber que está ahí. Debemos decidir ponérnosla. De la misma manera que sería loco que un infante de marina entrara a la batalla sin sus armas, no podemos esperar ganar la prueba de la tentación si no nos preparamos y armamos.

✝

Personalizándolo: ¿Cómo te vas a armar para tu batalla contra el diablo? Prepárate para luchar.

Oración: Dios, unos días mis tentaciones están tan fuertes que me parece que no puedo resistir. Enséñame cómo luchar contra la tentación. Amén.

Lee Efesios 6:10-20 para la enseñanza de Pablo acerca de cómo luchar contra la tentación.

Ponte la verdad

Por lo tanto, pónganse toda la armadura de Dios, para que cuando llegue el día malo puedan resistir hasta el fin con firmeza. Manténganse firmes, ceñidos con el cinturón de la verdad. Efesios 6:13-14

Mientras que un cinto no parece ser "armadura", era la primera parte del equipo que el soldado se ponía porque ayudaba a mantener unidas las otras partes de la armadura. El soldado colgaba su espada en el cinturón. Además, el cinto servía para remeter la túnica para que no molestara al moverse. El cinto le hacía sentirse seguro, confiado.

Pablo nos dice que la verdad es como ese cinto. Al saber la verdad, podemos estar seguros cuando el diablo nos miente. La Biblia dice que Satanás "desde el principio [...] ha sido un asesino, y no se mantiene en la verdad, porque no hay verdad en él. [...] Porque es un mentiroso. ¡Es el padre de la mentira!"(Juan 8:44). Cuando Satanás nos dice: "Eres inútil. Al fin del chiste, nomás eres un criminal", le podemos contestar con la verdad: "Dios dice que me ha llamado por mi nombre; soy suyo. [...] Soy precioso ante sus ojos" (paráfrasis de Isaías 43:1-4).

Cuando el diablo murmura: "Nadie se preocupa por ti. Estás a solas en el mundo", le podemos gritar la verdad: "Dios me ama tanto que dio a Su único Hijo, para que cualquiera que cree en Él no se pierda, sino que tenga vida eterna" (paráfrasis de Juan 3:16). ¿Entós qué, Chamuscón?

O cuando el diablo se burla: "Jamás llegarás a ser alguien", nos podemos mantener firmes, mirarle en la cara, y decir: "Jesús dijo que la verdad es que cualquiera que cree en Él hará las mismas obras que Él ha hecho, y hará obras aún más grandes" (ver Juan 14:12, paráfrasis).

Mantente firme contra el diablo. Recházalo con la verdad.

Personalizándolo: ¿Qué mentiras te ha contado el diablo? ¿Qué verdades le puedes lanzar?

Oración: Señor, ese asesino el diablo me está contando mentiras. Recuérdame de la verdad para que me mantenga firme contra él. Amén.

Lee Juan 14:6 para acordarte de la fuente de toda la verdad.

Ponte la justicia

Manténganse firmes, [...] protegidos por la coraza de justicia. Efesios 6:14

Si te imaginas una armadura, la coraza es esa pieza de metal grueso que cubre el pecho del soldado... y el corazón, una de las partes más importantes del cuerpo para proteger. El versículo de hoy nos dice que si vamos a mantenernos firmes contra el diablo, debemos proteger nuestros corazones con la coraza de la justicia. ¿Qué quiere decir eso?

No usamos las palabras *justo* y *justicia* de la misma manera hoy en día. Pueda ser que estemos descontentos con la justicia humana, y que sintamos que pocos son justos con nosotros. Pero en la Biblia, si alguien es justo, esa persona es moralmente buena, pura, santa, libre de culpa y pecado. Pues eso nos elimina a nosotros también. Solamente Jesucristo es justo.

Pero antes de que nos deprimamos demasiado, acuérdate que Jesús nos da Su justicia. El apóstol Pablo nos dice que "un solo acto de justicia [por Jesucristo] produjo la justificación que da vida a todos" (Romanos 5:18). A causa de la muerte de Jesús, al vernos Dios, no ve nuestro pecado. En vez, Él ve la justicia de Su Hijo. Si confesamos nuestro pecado y aceptamos la muerte de Jesucristo de parte de nosotros, estamos protegidos.

¿Qué significa en la lucha contra los ataques del diablo? Cuando presentimos los ataques, podemos proteger nuestros corazones reclamando la justicia de Jesús. Literalmente podemos alzar las manos y decir el nombre de Jesús en voz alta. Con el nombre de Jesús podemos declarar victoria sobre la cólera. Con el nombre de Jesús, podemos reclamar el triunfo sobre la lujuria. Podemos regañar al diablo y echarlo de la casa con las palabras: "Cristo es mi justicia. En el nombre de Jesús, te regaño, Satanás". La maldad huye con la mención del nombre de Jesús. Mientras la luz brillante del nombre de Jesús alumbra en la oscuridad, la maldad se esconde como cucarachas en una cocina mugrienta.

Personalizándolo: ¿Dónde no está protegido tu corazón? ¿Qué pasos tomarás para protegerlo? ¿A quién le vas a pedir ayuda?

Oración: Señor, gracias por darme Tu justicia. La reclamo en el nombre de Jesús. Amén.

Lee Romanos 4:22-24 y Filipenses 3:8-10 para aprender más acerca de nuestra justicia.

Ponte la paz

Manténganse firmes […] calzados con la disposición de proclamar el evangelio de la paz. Efesios 6:15

En nuestra cultura, no pensamos de los zapatos como parte de la armadura. Pero en muchas culturas, las personas no solían usar zapatos. Así que si un descalzo fuera atacado y tuviera que pelear, y tuviera que correr sobre rocas, o correr lejos, sus pies se pudieran lastimar, causándole ir más despacio o tropezar. Los zapatos les daban protección, apoyo y agilidad a los soldados. El calzado era un arma defensiva. Para estar preparado, un soldado mantenía los zapatos de batalla puestos.

El apóstol Pablo dice que la paz que viene de las Buenas Nuevas —del Evangelio— es como un par de zapatos protectores para la batalla. ¿Cómo es la paz como un arma defensiva?

Cuando estamos en paz con Dios —cuando hemos aceptado Su gracia y Su perdón— podemos descansar. Nuestros corazones no están perturbados. Esa paz es una defensa poderosa. Cuando Satanás trata de tentarnos —de probarnos— nos podemos mantener firmes. No estamos vulnerables. No estamos distraídos. Podemos apelar a esa confianza y paz interna que tenemos porque Jesucristo ha pagado el precio por nuestro pecado. Estamos cubiertos. El apóstol Pablo nos recuerda: "En consecuencia, ya que hemos sido justificados mediante la fe, tenemos paz con Dios por medio de nuestro Señor Jesucristo" (Romanos 5:1).

Pero no nos basta tener paz con Dios. Tenemos que tener paz uno con otro. Cuando tenemos relaciones pacíficas con nuestros compañeros de celda y con nuestras familias, Satanás tiene poco campo para atacarnos. La paz es un arma defensiva. Nos protege y nos ayuda a evitar tropiezos.

✝

Personalizándolo: ¿Qué quiere decir que tienes paz con Dios? ¿Tienes paz con Dios y con los demás?

Oración: Jesús, gracias por la paz que Tu sacrificio de la muerte trae a mi vida. Me llena y me protege para que el diablo no tenga oportunidad de entrar a mi corazón. Amén.

Lee 2 Pedro 3:14, las palabras sabias del apóstol Pedro acerca de la paz.

Ponte la fe

Tomen el escudo de la fe, con el cual pueden apagar todas las flechas encendidas del maligno. Efesios 6:16

Los soldados contaban con el escudo para parar las flechas con llamas. En esos tiempos, los escudos eran de madera cubierta con cuero, y se empapaban con agua antes de la batalla. De ese modo, cuando las flechas encendidas del enemigo pegaban contra el escudo, se apagaban las llamas. El cuerpo entero del soldado estaba protegido cuando ponía el escudo en frente de sí.

Pablo dice que la fe es como ese escudo, nuestra primera arma defensiva. ¿Qué es la fe? Unos la han descrito como abandonar lo demás y confiar solamente en Él. Cuando Satanás manda sus flechas encendidas —la tentación a entregarnos a resentimientos, o exagerar daños o conseguir drogas— podemos evadir la tentación y podemos enfrentar al diablo con denuedo, con nuestro escudo de la fe. Ese escudo es nuestra disponibilidad de confiar completamente en Dios.

En los tiempos de Pablo, los escudos muchas veces estaban decorados con el emblema de armas del rey o gobernante por quien el soldado luchaba. El escudo declaraba la lealtad del soldado. Al confiar en Dios por nuestra protección, nuestros escudos están decorados con el escudo de armas de la cruz de Jesucristo. Al poner la cruz frente la cara de Satanás, no pueden penetrar sus flechas encendidas.

Imagínate algo más. Cuando un grupo de soldados se enfrentaba con el enemigo, se ponían hombro a hombro y extendían sus escudos, que parecían puertas, enfrente. Cuando se ponían lado a lado, los escudos se volvían en una pared defensiva que el enemigo no podía romper.

Podemos ver las semejanzas fácilmente. Cuando nosotros, los creyentes, nos paramos juntos —hermano al lado de hermano, hermana al lado de hermana— y extendemos nuestros escudos de la fe, podemos aguantar cualquier tentación que el enemigo nos mande.

✝

Personalizándolo: ¿Cuáles flechas encendidas te está tirando Satanás? ¿Cómo vas a confiar en Dios para llevarte al cabo?

Oración: Jesús, confío en Ti. Gracias por darme hombres y mujeres que juntarán su fe con la mía para que Satanás no tenga poder sobre nosotros. Amén.

Lee 1 Pedro 1:7-8 para aliento en enfrentarte a las pruebas de la fe.

La ley de Dios de los cascos

Pónganse toda la armadura de Dios para que puedan hacer frente a las artimañas del diablo. [...] Tomen el casco de la salvación. Efesios 6:11, 17

¿Por qué hay ley en la mayoría de estados que los motociclistas usen cascos? ¡Es obvio! El casco protege la cabeza, que es una de las más importantes partes de la anatomía humana. Al caernos de la moto en grava suelta, sufriremos algún rasguño o quizá unos huesos quebrados, pero ¡eso es poco en comparación a rebotar el coco en el asfalto a 120 kilómetros por hora sin protección! El casco es el arma en segundo grado defensivo para el soldado. El casco protege su cabeza, su capacidad de pensar y tomar decisiones que aseguran su seguridad.

De todos los lugares donde Satanás nos trata de atacar, la mente es uno de sus blancos favoritos. Sabe que si se puede meter en nuestras cabezas y trastornar nuestro pensar, que puede controlarnos completamente.

El apóstol Pablo nos enseñó: "La mentalidad pecaminosa es muerte, mientras que la mentalidad que proviene del Espíritu es vida y paz" (Romanos 8:6). Muchos hemos sentido la "muerte" causada cuando nuestras mentes están bajo el control de Satanás o de nuestra naturaleza pecaminosa.

Comprendemos completamente el efecto del menosprecio en una discoteca al ver a nuestro novio besar otra mujer o nuestra novia darle disimuladamente el número de su celular a otro bato. Sabemos muy bien cómo ese menosprecio se volvió en enojo y luego en cólera que resultó en nuestro cometer asalto agraviado, o hasta intento de asesinato.

Pero podemos obtener protección. Al pedirle a Jesús que entre a nuestro corazón, somos salvos. Después de eso, nos da Su Espíritu Santo. Cuando el Espíritu Santo controla nuestra mente por medio del fruto que el Espíritu Santo produce dentro de nosotros, experimentamos la vida y la paz.

Deja que te salve; ¡obtén protección de las artimañas del diablo!

Personalizándolo: ¿De qué manera está protegida tu mente? ¿Te pondrás el casco de la salvación?

Oración: Dios, hay días en que mi mente es mi peor enemigo. Deseo Tu salvación, que me protegerá. Amén.

Lee Gálatas 5:22-23, y descubre los frutos del Espíritu.

Armas de la vieja guardia

Pónganse toda la armadura de Dios para que puedan hacer frente a las artimañas del diablo. […] Tomen […] la espada del Espíritu, que es la palabra de Dios. Efesios 6:11, 17

En la calle, las navajas han sido reemplazadas por pistolas y metrallas. Las navajas ya no sirven. Pero es diferente adentro. Una punta, un pico, un sacatripas es una arma de la vieja guardia: ¡un puñal! Hoy aprendemos de la espada espiritual, el santo sacatripas: ¡una arma ofensiva para batallar contra nuestro enemigo!

Pablo nos dice que nuestro pico es la Palabra de Dios. La Biblia puede parar al diablo, darle una puñalada donde le duele y derrumbarlo.

Usamos la espada por medio de conocer la Palabra de Dios y mantenerla con frescura en la mente. Al ser tentados por las mentiras de Satanás, podemos luchar contra él por medio de contestarle con la verdad de la Palabra de Dios.

Cuando Satanás tentó (probó) a Jesús en el desierto (ver Mateo 4:1-11), Jesús rechazó el ataque del diablo por medio de citar la Biblia. Cuando Satanás le retó a Jesús que comprobara que era el Hijo de Dios en convertir las piedras a pan, Jesús tomó la "espada" del Antiguo Testamento y citó: "No solo de pan vive el hombre, sino de toda palabra que sale de la boca de Dios". Cuando el diablo lo llevó a la parte más alta del templo y le dijo que se tirara, porque Dios mandaría a Sus ángeles para protegerlo, Jesús le dijo: "También está escrito: 'No pongas a prueba al Señor tu Dios'". Cuando Satanás llevó a Jesús a una montaña muy alta y le dijo: "Todo esto te daré si te postras y me adoras", Jesús le dijo con autoridad: "¡Vete, Satanás! […] Porque escrito está: 'Adora al Señor tu Dios y sírvele solamente a él'".

La Biblia es el arma que Jesús nos demuestra, y es más poderosa que cualquier pistolota o cuchillón. Al decirle: "Vete de aquí, Satanás", y al citarle la Biblia, él corre y se esconde.

Personalizándolo: ¿Cuáles palabras "espadas" puedes usar contra las tentaciones de Satanás?

Oración: Dios, quiero memorizar Tu Palabra para que pueda enfrentar las pruebas de Satanás. Amén.

Lee Mateo 4:1-11 para el cuento entero de cómo Jesús usó la espada de la Biblia.

La oración nos ayuda a luchar contra la tentación

Pónganse toda la armadura de Dios para que puedan hacer frente a las artimañas del diablo. [...] Oren en el Espíritu en todo momento, con peticiones y ruegos. Manténganse alerta y perseveren en oración. Efesios 6:11, 18

Cuando alguien nos traiciona o nos enoja, nuestro primer instinto es de soltar un golpe y pelear. Debemos recordar que detrás de esta tentación (prueba) está el león (Satanás), andando alrededor en busca de alguien a quien devorar. A Satanás le encantaría eliminarnos.

¿Cómo podemos enfrentar esta prueba? Los versículos de hoy nos dicen que la oración nos ayudará a resistir al enemigo. Unos no nos sentimos a gusto en orar. Nos sentimos torpes, preguntándonos por qué Dios nos va a querer escuchar. Pero, a causa del gran amor que Dios nos tiene, Él quiere que le hablemos. "No te preocupes. En vez, ora acerca de todo. Dile a Dios de lo que necesitas, y dale gracias por todo lo que ha hecho" (paráfrasis de Filipenses 4:6). En vez de hacer una escena cuando alguien nos irrespeta, evitemos la violencia, que nos apunten en un informe y que nos den una temporada en separación administrativa, por medio de la oración y contarle a Dios acerca de la situación. Dios quiere oír todo: nuestros temores, nuestras esperanzas y nuestros sueños.

Ora en toda ocasión. Unos nos criamos orando antes de comer. Eso es bueno, pero solamente es un paso. Podemos orar al levantarnos en la mañana, cuando estamos en cola para comer, cuando tenemos que tratar con un 'ñero tonto, al estar tirado en el catre de noche. La oración —el hablar con Dios— debería volverse tan normal como el respirar.

Los versículos de hoy nos dirigen a orar en el poder del Espíritu Santo. ¿Qué quiere decir eso? "En nuestra debilidad el Espíritu acude a ayudarnos. No sabemos qué pedir, pero el Espíritu mismo intercede por nosotros con gemidos que no pueden expresarse con palabras" (Romanos 8:26). El Espíritu Santo ora por nosotros cuando no podemos encontrar las palabras para expresar nuestra angustia o ansiedad o temor.

Personalizándolo: ¿Cuáles pasos vas a tomar para comenzar la práctica de orar por todo?

Oración: Dios, gracias por invitarme a hablar contigo acerca de todo. Amén.

Lee Salmo 138:2-3 para ánimo acerca del poder de la oración.

Huye de la tentación

Ustedes no han sufrido ninguna tentación que no sea común al género humano. Pero Dios es fiel, y no permitirá que ustedes sean tentados más allá de lo que puedan aguantar. Más bien, cuando llegue la tentación, él les dará también una salida a fin de que puedan resistir. 1 Corintios 10:13

Echarse p'atrás de un barullo es una de las peores cosas que se puede hacer en la penal. Nos llaman cobardes y desde ese punto nos ven como candidatos a ser cogidos de tontos a diario. El código de los convictos nos dicta que al ser retados, no nos podemos echar p'atrás; debemos confrontar al enemigo.

Pero en confrontar a Satanás, hay veces que es sabio correr de la tentación. El poder del pecado es fuerte. La Biblia enseña que al ser tentados, debemos correr —no caminar— del pecado. "Busquen el bien y no el mal, y vivirán" (Amós 5:14). "Huye de las malas pasiones de la juventud, y esmérate en seguir la justicia, la fe, el amor y la paz" (2 Timoteo 2:22). "Huyan de la inmoralidad sexual. Todos los demás pecados que una persona comete quedan fuera de su cuerpo; pero el que comete inmoralidades sexuales peca contra su propio cuerpo" (1 Corintios 6:18). Hay veces que huir sí es buena estrategia.

En ambientes donde uno vive cerca al vecino, como en la celda, hay veces que huir físicamente no es una opción. Pero la Biblia nos ofrece otras maneras que nos ayudan a "correr del pecado". Primero, podemos confiar en el poder de Dios para salvarnos de la tentación. Segundo, podemos evitar lugares donde es probable de que seríamos tentados. No nos debemos acercar a la mesa de apuestas si sabemos que apostar es una tentación. Tercero, podemos seguir el ejemplo de Jesús al ser tentado por el diablo. Si sabemos las Escrituras, se las podemos citar a Satanás cuando nos susurra tentaciones en el oído. Y finalmente, podemos hacernos amigos con cristianos que se paren con nosotros cuando nos ataca la tentación. Juntos, con la ayuda de Dios, podemos correr de la tentación.

✝

Personalizándolo: ¿De cuáles tentaciones debes huir? ¿Dónde encontrarás el valor para hacerlo?

Oración: Jesús, camina conmigo cuando siento el jalar de la tentación. Apártame del pecado. Amén.

Lee y memoriza el Salmo 18:2 para confianza.

Vulnerables a la tentación

"Aunque todos te abandonen, yo no —declaró Pedro—. [...] Aunque tenga que morir contigo [...], jamás te negaré". Marcos 14:29-31

Un tiempo peligroso en nuestra caminada espiritual llega cabal después de una gran experiencia espiritual. Pueda venir después de recibir a Jesús como nuestro Salvador, o después de arrepentirnos de un pecado fastidioso que nos ha molestado repetidamente. Precisamente en ese momento, la tentación de bajar las defensas es más fuerte. Y si las bajamos, el diablo nos puede pegar y lastimarnos fuertemente.

Los deportes ilustran el tema. Hay veces que después de una derrota de un equipo superior, los jugadores están emocionalmente agotados por el éxito de la victoria. Se ponen arrogantes y demasiado confiados. Bajan la guarda y salen perdiendo el siguiente partido contra un equipo más débil.

Varios personajes de la Biblia sufrieron derrota después de grandes experiencias espirituales. Pedro fue uno de los primeros discípulos llamados por Jesús, y se volvió uno de Sus favoritos. Pedro anduvo con Jesús por tres años y fue escogido para estar en el jardín de Getsemaní, donde Jesús oró tan profundamente que sudó gotas de sangre. Pedro asistió a la Última Cena y se jactó de que nunca abandonaría a Jesús, aunque lo hicieran todos los demás. Pedro era orgulloso, arrogante y a punto para una caída. Esa noche, Pedro negó conocer a Jesús, jurando fuertemente que no tenía ninguna relación con Él.

No automáticamente caemos en el pecado después de presenciar un acercamiento profundo con Dios. Pero le disgusta al diablo que nos acerquemos a Dios en nuestro caminar. Él busca maneras de dañar nuestro testimonio, de robar nuestro gozo y de hacernos dudar nuestra fe. Debemos ponernos truchas contra sus ataques y trucos, especialmente cuando nos sentimos confiados acerca de nuestra relación con Dios. Esa es la hora cuando la autosatisfacción pueda entremeterse e inclinarnos a la caída.

Personalizándolo: Ponte precavido al peligro, y deja que te ponga a rodillas para pedirle protección a Dios.

Oración: Señor Jesús, protégeme del mal y de los ataques de Satanás. Amén.

Lee Mateo 26:20-74, la historia de la negación de Pedro.

La tentación nos ciega

Nada hay tan engañoso como el corazón. No tiene remedio. ¿Quién puede comprenderlo? Jeremías 17:9

Mientras que nuestros corazones son capaces del amor y la compasión, también están llenos de engaño, falsedad y traición. Debemos saberlo y guardarnos.

Memo fue librado después de estar embodegado por cuatro años, pero en la hoja le quedaban veintitrés meses. Mientras estaba en la cárcel, su caminada con Jesús floreció. Enseñó estudios bíblicos y estaba activo en la iglesia de la prisión. Al ser librado, tenía mentor, una chamba, una casita y una iglesia. Estaba preparado para el éxito.

Entonces se conoció con Lucinda. Era guapa y soltera, miembra de su iglesia. Comenzaron a salir. El mentor de Memo le advirtió acerca de los peligros de tener una relación tan pronto después de ser liberado, pero Memo descartó las advertencias. Creía, indebidamente, que su caminada espiritual era lo suficientemente fuerte. Dentro de poco, Memo y Lucinda se estaban acostando. Dentro de sus corazones, sabían que era indebido, pero en vez de confesarlo y enderezarse, tomaron el otro camino. Dejaron de asistir a la iglesia, y comenzaron a tomar y ver pornografía. Siguieron su corazón hasta entrar al pecado. Dentro de poco, Memo se fue a vivir con Lucinda y su hija de dos años. Al visitar el oficial de libertad condicional, Memo fue apuntado por estar en presencia de una niña. Lo encarcelaron de nuevo para que cumpliera los veintitrés meses que le faltaban.

El corazón de Memo quería el compañerismo y los favores sexuales que ofrecía Lucinda. Su corazón lo cegó a la obvia maldad que lo esperaba a la vuelta. Ya sabía que no se le permitía estar cerca de los niños, pero su corazón lo engañó en creer que nunca lo iban a descubrir. Ahora se encuentra encarcelado de nuevo.

Si sabemos cómo el diablo usará nuestros corazones en contra de nosotros, podemos estar preparados. Si nos humillamos y les escuchamos a los que están en autoridad, podemos evitar el pecado.

✝

Personalizándolo: ¿Dónde te trata de engañar tu corazón para conducirte al pecado? ¿Qué vas a hacer al respecto?

Oración: Dios Padre, ayúdame a ver la verdad, y dame la fuerza para resistir la tentación. Amén.

Lee Salmo 51:10, y hazlo tu oración para un corazón limpio que puede resistir la tentación.

La tentación nos engaña

Ustedes no han sufrido ninguna tentación que no sea común al género humano. Pero Dios es fiel, y no permitirá que ustedes sean tentados más allá de lo que puedan aguantar. Más bien, cuando llegue la tentación, él les dará también una salida a fin de que puedan resistir. 1 Corintios 10:13

Enrique ha estado fuera de la cárcel por cinco años. Está casado y tiene un bebé. Tiene un fuerte ministerio a las prisiones y es un hombre de Dios.

Citó comer con Jesse, el director de una agencia social, y también con la asistente de Jesse, Mónica. Enrique y Mónica llegaron primero y se sentaron mientras esperaban a Jesse. Un poco después, Jesse llamó para decir que no podía venir a la reunión. Sugirió que cubrieran la agenda sin él. Una señal de peligro debería de haber alertado a Enrique.

Enrique y Mónica discutieron la agenda, pero la conversación se volvió personal. Mónica le confió de su soledad y luego puso insinuando sus manos sobre las de Enrique. Al no parar Enrique este comportamiento que estaba fuera de límites, Mónica descaradamente le pidió su número de teléfono. Enrique caminó un poco más cerca al pecado al dárselo a ella.

La siguiente semana, coquetearon con mensajes de texto en sus celulares. Le emocionaba a Enrique saber que otra lo consideraba guapo. Cuando Mónica sugirió que comieran juntos, Enrique estaba de acuerdo. Le mintió a su esposa.

Mientras manejaba al restaurante, el Espíritu Santo le dio un empujón y lo declaró culpable de resbalar hacia el pecado. Esta vez, en vez de ignorar la voz del Señor, Enrique dejó de hacer lo que hacía. Enfrentó su corazón engañador y le clamó al Señor. Con la ayuda del Espíritu Santo, Enrique manejó a la oficina de su ministerio en vez de al restaurante. Canceló la cita, entró a su auto de nuevo y se fue a casa con su esposa. Porque Enrique estaba dispuesto a someterse a la guía del Espíritu Santo, el Señor le mostró una salida.

Cuando nuestros corazones nos tratan de engañar, le podemos dar la espalda a la tentación y enfocarnos en Jesús. Él nos salvará.

✝

Personalizándolo: ¿Dónde estás resistiendo la voz de Dios cuando te trata de mostrar la salida contra la tentación?

Oración: Jesús, ayúdame a seguir cuando me muestras la salida. Amén.

Ora las palabras del Padrenuestro: "No nos dejes caer en tentación, sino líbranos del maligno" (Mateo 6:13).

Esquiva el zurdazo del diablo

Ten compasión de mí, oh Dios, conforme a tu gran amor; conforme a tu inmensa bondad, borra mis transgresiones. Lávame de toda mi maldad y límpiame de mi pecado. Yo reconozco mis transgresiones; siempre tengo presente mi pecado. Salmo 51:1-3

Los buenos boxeadores tienen golpes demoledores un-dos: un derechazo que cruza, seguido por un ganchazo zurdo. Los aficionados al boxeo saben que el ganchazo zurdo es el golpe noqueador.

Satanás también tiene un ganchazo zurdo. La razón de que muchos estamos en la cárcel después de haber sido soltados es porque dejamos que el diablo nos noquee. Esto es lo que pasa.

Ya que estamos en la calle, tenemos miedo y estamos desconcertados por el mundo con el cual no hemos tropezado por años, quizá décadas. Estamos solos y vulnerables a la atención de mujeres y hombres rapaces o por el encanto de las drogas… ¡o los dos! La dura verdad es que muchos caeremos en el pecado al ser librados.

El diablo nos trata de convencer que el pecado es aceptable. Al recibir el derechazo, nos muestra el ganchazo zurdo. Nos dice en voz baja que no valemos nada por ese pecado… que Dios jamás nos podrá amar… que lo único que nos queda es seguir pecando. Al fin de cuentas, ya la echamos a perder, ¿verdad? ¡Mentira!

Pedro el apóstol negó a Jesús tres veces. Judas Iscariote traicionó a Jesucristo con un beso. La manera con que los dos *trataron* con su pecado causó la diferencia. Pedro lloró y volvió con Jesús para pedirle perdón, así evitando el golpe del nocaut. Judas rehusó reconocer su pecado, poniéndose en camino del ganchazo zurdo del diablo, y se ahorcó.

Al pegarte el pecado (y nos pasa a todos), no caigas en la trampa del diablo en seguir pecando. Date cuenta de que Dios nos perdona a cuenta de Jesús. Dios nos acepta en completa relación de nuevo cuando confesamos nuestro pecado (ver 1 Juan 1:9). El pecado es inevitable; ser noqueado por ello ¡no lo es!

✝

Personalizándolo: ¿Dónde es que el diablo te está tratando de golpear con el ganchazo zurdo? ¿Cuál comportamiento pecaminoso debes confesar?

Oración: Señor Dios, apártame del pecado, pero ayúdame a buscarte cuando caigo. Amén.

Lee Mateo 26:14–27:10, las historias de Pedro y Judas.

El poder de Dios contra el mal

"¡Cállate! —lo reprendió Jesús—. ¡Sal de ese hombre!". Entonces el espíritu maligno sacudió al hombre violentamente y salió de él dando un alarido. Marcos 1:25-26

La siguiente historia es verdad y muestra el poder de Dios sobre el mal. La Penitenciaría Limon en Limon, Colorado, se abrió en 1991. Un poco después de que llegaran los encarcelados, comenzaron las broncas territoriales entre pandillas rivales que luchaban por la autoridad dentro de la cárcel. Hubieron asesinatos. Era un lugar oscuro.

Mel Goebel, el director de Prison Fellowship en Colorado, sintió las fuerzas malignas en el aire sobre las instalaciones. Se sintió dirigido a reunir músicos y oradores cristianos y cientos de voluntarios dentro del complejo a un programa de renacimiento para recapturar la prisión para Jesucristo. El alcaide dio su permiso a pesar de las objeciones fuertes del jefe de seguridad. Se reservó el fin de semana entero para el programa. El evento se planificó para la yarda abierta, con invitación para que el poblado entero se mezclara con los voluntarios. El jefe de seguridad predijo que se tomarían rehenes.

La tarde del viernes del evento, una oscura nube rodeaba la prisión y escupía relámpagos. El viento sopló, el granizo cayó con fuerza y llovía a cántaros en el área donde estaba el equipo electrónico. Mel y unos de los voluntarios oraron para que se frustraran las fuerzas del diablo. Dentro de minutos, se paró el viento, la lluvia y el granizo, pero se quedó la nube. Al llegar el primer músico al micrófono, se partieron las nubes, y un rayo de sol alumbró el escenario. Apareció un doble arco iris.

Nadie se lastimó ni fue secuestrado ese fin de semana. Al contrario, muchos hombres recibieron a Jesús durante la llamada al altar ese domingo. La prisión renació a causa de ese evento. El espíritu malo fue alejado. El alcaide en aquel entonces, Robert Furlong, le dio crédito a ese evento como el momento en que la Penitenciaría Limon cambió de rumbo. Se volvió en un lugar donde la iglesia carcelera floreció y produjo muchos misioneros nuevos para otras prisiones. Podemos confiar en el poder de Dios para luchar contra las fuerzas malas que amenazan dominarnos.

✝

Personalizándolo: ¿Dónde te sientes amenazado por las fuerzas de Satanás? ¿Qué vas a hacer acerca de eso?

Oración: Señor, gracias porque Tu poder es más grande que el enemigo. Alumbra Tu luz en este lugar oscuro. Amén.

Lee Marcos 1:21-27 para aprender del poder de Jesús sobre del mal.

El pecado y la tentación

Estas preguntas tienen que ver con las meditaciones en las páginas 54–71:

Respondan en conjunto:

1. ¿Cuántos de ustedes han experimentado la "escalera del pecado"? Compartan sus historias. ¿De qué manera te afecta tu caminar dentro de los muros el entender que los pecados están conectados? ¿Contra cuáles tentaciones estás luchando? ¿Es importante que Jesús también enfrentó las tentaciones? ¿Por qué?

2. "Si *conoces* al enemigo y te *conoces* a ti mismo, no tienes que temer el resultado de cien batallas" (Sun Tzu, *El arte de la guerra*, énfasis añadido). ¿Qué piensas que quería decir el caudillo chino con su dicho? ¿De qué manera puedes entender al diablo? Comparte acerca de las circunstancias en tu vida que te dejan dispuesto a pecar. Conocerte a ti mismo quiere decir que entiendes las circunstancias que te dejan vulnerable. Describe algunas de esas circunstancias.

3. La armadura de Dios te protege contra la tentación. ¿Qué armadura espiritual específica hay en tu prisión para combatir con el enemigo? ¿Qué falta? ¿Cómo lo puedes conseguir? ¿Estás dispuesto a ponerte la armadura? ¿Qué te impide estar listo? ¿Por qué?

4. Lee las páginas 68–69 de nuevo, y analiza las historias verdaderas de Memo y Enrique. ¿Qué podían/debían haber hecho para evitar caer en el pecado? ¿Reconoces el zurdazo del diablo en sus situaciones o en cualquiera de tus circunstancias? Habla acerca de cómo pudieras haber evitado el puñetazo.

Exploren la palabra de Dios en conjunto:

1. **Santiago 1:2-5** dice que estés contentos cuando la tentación te intervenga. ¿Te suena extraño? ¿Cómo pueden las tentaciones ser una oportunidad para la alegría? ¿No sería la vida más fácil sin la atracción del pecado? ¿Cómo se parecen las tentaciones a las pesas que levantamos en la yarda?

2. **Génesis 3:1-7** nos cuenta de cómo el pecado entró al mundo. ¿La serpiente (Satanás) realmente les mintió a Adán y Eva? ¿O torció la verdad? ¿Te susurra el diablo la verdad distorsionada? Comparte con el grupo un ejemplo de tu vida. ¿Cómo te puede ayudar evitar el pecado el saber los métodos del diablo?

3. David escribió el **Salmo 16** mientras huía del rey Saúl, quien lo quería matar. ¿Describe el salmo cosas que están ausentes hoy en tu vida? ¿Te gustaría tenerlas? ¿Cuál es la receta de David para obtener refugio, seguridad y un destino eterno y firme? ¿Cómo sirve el salmo como un plan de acción para tratar con el miedo, con las pruebas y con la tentación?

4. **Eclesiastés 4:12** describe los beneficios de reunirte con tus hermanos o hermanas para enfrentar al diablo y la tentación. ¿Cómo puedes hacer esto dentro de tu grupo?

Oren juntos

1. Practiquen la "oración precisa". Oren específicamente por la tentación y el punto débil de cada persona.

2. Acuérdense de mantener los pecados de cada uno en confidencialidad. Respeten la privacidad y honren la honestidad de cada uno.

3. Practiquen la "oración de alabanza". En alabar a Dios, se vuelve más fácil y natural alabar y animar unos a otros. Esto edifica una red fuerte de creyentes.

Comprométanse a la **confidencialidad**...

... **respétense** unos a otros

... **oren** unos por otros

... **anímense** unos a otros

... **ríndanse cuentas** unos a otros.

El puente sobre nuestro pecado

En otro tiempo ustedes, por su actitud y sus malas acciones, estaban alejados de Dios y eran sus enemigos. Pero ahora Dios, a fin de presentarlos santos, intachables e irreprochables delante de él, los ha reconciliado en el cuerpo mortal de Cristo mediante su muerte. Colosenses 1:21-22

Es muy importante ver nuestro pecado bajo la cálida luz de la gracia de Dios. La gracia es el *regalo* de Dios que *no merecemos*, algo parecido a la ocasión cuando el juez nos dio libertad condicional cuando merecíamos tiempo en el bote. Si nos enfocamos solamente en nuestro pecado, sin considerar el regalo de la gracia de Dios, nos arriesgamos estar preocupados por nuestros fracasos y nuestras maldades. Al ocurrir eso, caemos en la trampa de Satanás. Su dedo acusador (sentirse culpable y sin esperanza) hunde a nuestro espíritu en un hoyo oscuro que no promete nada de trasformación.

Pero, aunque todos nos paremos ante Dios culpables y sin poder salvarnos, ¡no estamos sin esperanza! Dios vio que el pecado creó un gran barranco entre Él y nosotros. En vez de dejarnos revolcando en nuestro pecado, envió a Jesús para que fuera el puente sobre ese barranco. Dios nos ama tanto que mandó a Su Hijo a pagar por nuestros pecados (ver Juan 3:16). Jesús cierra la brecha para que nos reconciliemos con Dios.

Míralo de esta manera. Muchos tenemos problemas relacionales con familiares. Hay años que no hemos hablado con hermanas o hermanos. Anhelamos a que alguien sirva de intermediario para arreglar las cosas. Jesús hace esto por nosotros con Dios (ver 1 Timoteo 2:5). Esta nueva, reunida relación nos ofrece perdón y libertades nuevas. Ahora estamos libres para escoger como se debe. Tenemos la libertad para dejar de ser pisoteados. Estamos libres para dejar las relaciones y los comportamientos destructivos. ¡Abraza la gracia!

Personalizándolo: ¿Por qué es difícil aceptar un regalo gratis? ¿Cómo trastorna nuestro orgullo? ¿Qué pasos tomarás para aceptar la gracia de Dios?

Oración: Dios Padre, gracias por amarme. Ayúdame a reconocer el regalo gratis que me ofreces. Amén.

Lee 2 Corintios 5:11-21 para aprender más acerca de la reconciliación.

El taller de Dios

Vuélvete, Israel, al Señor tu Dios. ¡Tu perversidad te ha hecho caer! Piensa bien lo que le dirás, y vuélvete al Señor con este ruego: "Perdónanos nuestra perversidad, y recíbenos con benevolencia, pues queremos ofrecerte el fruto de nuestros labios". Oseas 14:1-2

Hay días en que nos sentimos quebrantados, rayados e inútiles. Dudamos que Dios algún día nos pueda usar.

Tenemos que acordarnos que aunque nuestras vidas estén completamente hechas pedazos, se pueden reparar. Dios es el mecánico que compone las vidas que se han vuelto pedazos y las hace sanas. Sus herramientas son la *convicción*, la *confesión*, el *arrepentimiento* y el *perdón de los pecados*. Estas son las herramientas del cambio personal, profundo y permanente de nuestras vidas.

Uno de los hechos peligrosos acerca del pecado es que al crecer, muchas veces le hacemos menos caso. Nos volvemos insensatos a nuestra propia rebelión interna. Necesitamos que nos toque el Espíritu Santo —o amigos que estén dispuestos a hablarnos la verdad— para que estemos conscientes de nuestros pecados. La convicción es la primera gran herramienta en el taller de Dios.

Al darnos cuenta de ser culpables, le debemos confesar nuestros pecados a Dios. Al confesar nuestro pecado, reconocemos con Dios que no estamos sintonizados con Su plan para nuestras vidas. Nuestras confesiones sintonizan el radio de nuestro corazón a la frecuencia exacta para que entre la música claramente a nuestras almas.

Al arrepentirnos, les damos la espalda a nuestras acciones pecaminosas. Admitimos que el problema está dentro de nosotros. Cuando nos arrepentimos, le damos permiso a Dios para que comience las reparaciones.

El perdón de Dios es como la capa de pintura sobre un juguete viejo. Lo hace parecer como nuevo. El perdón nos ayuda a sentirnos útiles. Integra nuestro espíritu. Podemos comenzar a percibirnos como dignos porque somos dignos en la vista de Dios.

✝

Personalizándolo: ¿Qué estás dispuesto a llevar al taller de Dios? ¿Qué estás reacio a llevar? ¿Por qué?

Oración: Jesús, estoy quebrantado. Quiero rendirme a Tus herramientas. Componme para que te pueda servir. Amén.

Lee Jeremías 15:19-20 para palabras de esperanza.

Los pecados habituales

Despojémonos del lastre que nos estorba, en especial del pecado que nos asedia, y corramos con perseverancia la carrera que tenemos por delante. Hebreos 12:1

Todos tenemos por lo menos un pecado que envenena nuestras vidas y que es el punto más débil en nuestro caminar con Dios. Cuando el diablo nos ataca, le encanta dirigirse a ese punto. Pueda ser vergüenza, enojo, desesperación o flojera. Repetidamente cometemos este pecado, aunque luchemos duro para evitarlo. Hay veces que nos sentimos miserables y sin poder. Este es nuestro pecado habitual.

Nuestro pecado habitual nos molesta por todos lados. Nos hace sentir como que el ataque viene de todo lado y todo ángulo. ¿Cómo podemos andar con Cristo y a la misma vez ser tan débiles en la carne? Nos puede alentar el saber que no somos los únicos en luchar acerca de esto. El apóstol Pablo desahogó su corazón sobre sus pecados habituales (ver Romanos 7:14-25).

Podemos hacer varias cosas para luchar contra nuestro pecado persistente. Primero, podemos admitir que verdaderamente odiamos este pecado y que nos acosa. ¿Nos sentimos culpables por un ratito, o verdaderamente queremos deshacernos de él? Segundo, jamás debemos olvidarnos que Dios nos ama a pesar de nuestro pecado asediador. No podemos perder la fe, la esperanza ni la confianza de Su amor incondicional para con nosotros. Y tercero, constantemente debemos recordar que estamos en una guerra, en una batalla espiritual. Las guerras no se ganan rápidamente. Los soldados mueren uno por uno, y así es con nuestros pecados persistentes y habituales. Los soldados obran bajo el mando de un general, y nosotros tenemos al Espíritu Santo guiando la batalla contra nuestro pecado. Pueda ser que la victoria tarde en llegar, pero es inevitable y no se puede parar.

Personalizándolo: ¿Cuáles pecados habituales te asaltan repetidamente? ¿Qué vas a hacer para resistirlos?

Oración: Espíritu Santo, te confieso que estoy rodeado por mi pecado terco. Guíame a la victoria sobre este pecado. Amén.

Lee Romanos 7:14-25 para entender de la lucha de Pablo el apóstol contra el pecado.

Confesar pecados específicos

Pero si vivimos en la luz, así como él está en la luz, tenemos comunión unos con otros, y la sangre de su Hijo Jesucristo nos limpia de todo pecado. 1 Juan 1:7

Piensa en los amigos más íntimos. Son los con quienes hemos compartido nuestra vida. Quizá nos contaron cuando se sentían desesperados, y compartimos algo de nuestra vida para que pudieran continuar. Para estar así de cerca de alguien, tenemos que abrir el corazón y ser honestos con los detalles de nuestra vida. Hablar en generalidades acerca de nuestra familia, nuestro matrimonio, nuestros hijos o los crímenes no es suficiente. Si no confiamos los detalles de nuestra vida con nuestros amigos, no resultará una amistad profunda y llena de sentido. Les podemos mentir para poder acercarnos, pero al fin y al cabo, solo estamos defraudándonos de una verdadera amistad.

Una verdadera relación con Dios —vivir bajo la luz de Su presencia— requiere una honestidad específica y verdadera. Al confesar nuestros pecados a Dios, no podemos deslizarnos sobre ellos como si estuviéramos pintando una casa con un rodillo. Tenemos que hacerlo como si estuviéramos pintando un retrato con un pincel, entrando en detalle acerca de lo que hicimos.

Confesarle a Dios en maneras generales que somos "pecadores" es fácil. Es más difícil admitir nuestros pecados específicos: que somos violadores de niños, asesinos, camellos, prostitutas, contrabandistas, racistas o alcahuetes. Eso requiere valentía. Pero lo debemos hacer. Hasta que no estemos dispuestos a ser verdaderos con Dios, no podremos entrar a la "realidad" para tener una relación con Él que sea significativa, auténtica y de valor.

Quizá pensemos que la confesión es una indicación de debilidad, pero no lo es. La confesión es una indicación de fuerza. Muestra que algo más grande que nosotros se ha apoderado de nuestros corazones. Es el primer paso de andar en la luz con nuestro Dios Todopoderoso.

Personalizándolo: Hoy, confiésale tus pecados específicos a Dios. Ponlos todos a la vista. Confía en Él para que te limpie.

Oración: Dios Padre, escucha esta lista de mis pecados específicos. Lávame. Quiero caminar en la luz contigo. Amén.

Memoriza 1 Juan 1:8-10 como seguridad del poder lavador del Espíritu Santo.

El pecado raíz, el orgullo

Así dice el Señor: "Que no se gloríe el sabio de su sabiduría, ni el poderoso de su poder, ni el rico de su riqueza. Si alguien ha de gloriarse, que se gloríe de conocerme y de comprender que Yo soy el Señor, que actúo en la tierra con amor, con derecho y justicia, pues es lo que a mí me agrada", afirma el Señor. Jeremías 9:23-24

¿Se acuerdan del gigante, Goliat, con quien se peleó el pastorcito David (ver 1 Samuel 17:1-50)? Goliat pensó que era invencible. Jamás había perdido una lucha. Al erguirse, se acobardaban. Era una cosa seria y fea, el mandón de los filisteos.

Pueda parecerse a tu historia. Eras un criminal exitoso y blindado. Derrotaste a docenas y esto impresionó a tus colegas. La policía era problema de los otros. Tu éxito te dio orgullo.

El orgullo es la raíz de todos los demás pecados. Fue "por medio del Orgullo que el diablo se hizo diablo: El Orgullo conduce a todos los otros vicios: es un estado mental completamente contra Dios"[4]. A causa del orgullo, Adán y Eva cayeron de la unión perfecta con Dios. Nuestro orgullo nos aleja de Dios también. Pensamos que somos tan fuertes o tan poderosos o tan sabios que no necesitamos a Dios. Le alzamos el puño en rebelión, y nos coronamos como nuestros propios dioses.

El orgullo nos infecta. Desfila nuestros logros y nos convence de que somos los más importantes o los todopoderosos. Estamos en el centro del universo. Vemos a los que están a nuestro alrededor y pensamos que somos mejores que ellos. Cuando estos pensamientos entran a la mente, el orgullo se ha arraigado.

La Biblia enseña que Dios odia el orgullo (ver Proverbios 16:5). Debemos aprender a odiarlo también. El primer paso en quitarnos el orgullo es admitir que somos orgullosos. Esto es difícil. Pero una prueba sencilla puede confirmar si estás infectado. Si piensas que no eres orgulloso, entonces probablemente sí lo eres.

†

Personalizándolo: Examina tu vida cuidadosamente. ¿Qué cosas te dan orgullo, vanagloria y arrogancia? Admitirlas es el primer paso hacia la sanidad.

Oración: Dios Padre, púrgame del orgullo en mi vida. Te cedo todo. Amén.

Lee Proverbios 8:13, 11:2, 13:10, 16:18 y 29:23 para pensamientos acerca del orgullo.

Libre de la culpa

Tan lejos de nosotros echó nuestras transgresiones como lejos del oriente está el occidente. Salmo 103:12

Cintia está en la cárcel y sabe el sentir de la culpa. Pueda ser que no le admita a nadie que tiene culpa de nada, pero cuando apagan las luces del pabellón y no hay nadie que escuche, su corazón revela sus sentimientos de culpa.

Al diablo le gusta mantenernos en la esclavitud de la culpa. Satanás nos cuchichea en el oído que no valemos nada al recordarnos de lo que hicimos. Nos pone el dedo de la acusación. Miente para que pensemos que Dios jamás nos amaría por nuestros crímenes y el dolor que causamos durante nuestra vida. No escuches esas mentiras. Acuérdate que Satanás es un mentiroso y asesino.

Dios no nos abandona en el pecado (ver Salmo 34:21-22). Jesús nunca pasa el pecado por alto, pero tampoco permite que nuestras acciones pecaminosas se vuelvan una barrera a Su amor (ver Juan 8:1-11).

No podemos resolver nuestra culpa a solas. No nos podemos engañar en pensar que si no más vamos a la iglesia suficientes veces, o restituimos o vamos a las clases de ofensor sexual, nuestra culpa desaparecerá. Tenemos que llegar cara a cara con Jesucristo, caer a las rodillas, y aceptar Su cariñoso perdón. Al enfrentarnos con Jesucristo, nos vemos en Su luz. Solamente entonces podemos ver como nuestro pecado obstruye Su propósito para nuestras vidas. Cuando caemos a las rodillas aceptamos el perdón cariñoso de Cristo; Él nos quita el pecado y la culpa.

El versículo de hoy nos enseña que Él nos quita el pecado tan lejos como el este está del oeste, una distancia infinita e inimaginable. Por medio de Su gracia y misericordia, Dios nos declara "no culpables" y "justos". Nos prepara para que le sirvamos.

✝

Personalizándolo: ¿Contra cuáles inquietudes de culpa estás luchando? ¿Qué harás hoy para dejar tu culpa a los pies de Jesús?

Oración: Jesús, gracias porque me has perdonado. Toda mi culpa se ha ido. Aleluya. Amén.

Lee Hechos 13:38-39, una de las primeras enseñanzas del apóstol Pablo acerca de la culpa y el perdón.

El poder positivo del fracaso

Porque por gracia ustedes han sido salvados mediante la fe; esto no procede de ustedes, sino que es el regalo de Dios, no por obras, para que nadie se jacte. Efesios 2:8-9

Todos somos pecadores. No hay chance que vivamos en este mundo caído con nuestro carácter defectuoso sin que nos falle la puntería. En vista de esa verdad, es un asombro que no nos arrastramos a la celda, hacemos bolita y chupamos el dedo en desesperación.

Hablando en serio, jamás debemos caer en ese tipo de desesperación. El fracaso puede servir de algo positivo en nuestra vida diaria. Como cristianos, tratamos de mantener nuestra vida limpia, la mente pura y nuestras acciones ejemplares. Pero nunca podemos confiar en que esas cosas nos salven. Demasiadas veces caemos en la "trampa de la religión" o la autojustificación. Autojustificación es una palabra grande para decir que hay veces que nos tratamos de salvar por medio de vivir bien y de las buenas obras. Mantenemos el pensar que si hacemos una lista de las buenas cosas que hicimos y los pecados que evitamos durante la semana, y le presentamos la lista a Dios, Él a la fuerza nos tiene que amar.

Nuestro pecado nos recuerda constantemente que no nos podemos salvar a nosotros mismos. Tiene un propósito positivo en nuestro andar cristiano. Es como el aguijón eléctrico para el ganado que nos da un golpe rudo a nuestro orgullo y que refuerza la verdad que no importa qué tan virtuosos seamos en nuestro andar con Dios, jamás seremos suficientemente honrados para pagar la deuda por nuestros pecados.

Chambeamos duro para evitar el pecado porque Dios nos enseña que destruye nuestra vida y lastima nuestro andar con Él. Evitamos el pecado como resultado del sentido de gratitud a Jesús por tomar nuestra condena a muerte para que pudiéramos vivir. El resultado del pecado nos debe recordar de nuestra posición ante Dios: pecadores salvados por la gracia. ¡Es el regalo que Dios nos da gratis!

Personalizándolo: ¿Cuáles "trampas religiosas" alimentan tu orgullo y te dejan pensar que te estás salvando a ti mismo?

Oración: Señor Jesús, fuiste inocente pero tomaste mi condena a muerte para que yo, que soy culpable, pueda ser libre. ¡Gracias! Amén.

Memoriza Efesios 1:7 para recordarte de lo que Dios ya hizo por ti.

Resiste el mal

Resistan al diablo, y él huirá de ustedes. Santiago 4:7

El cómico Dennis Miller dijo en una famosa crítica: "La culpa es nada más la manera en que Dios te dice que te estás divirtiendo demasiado". Hay verdad en ese dicho, pero Dios tiene un mejor propósito para la culpa en nuestra vida. Dios pone el sentido de la culpa en nuestra conciencia moral con un propósito bueno.

Muchos vendimos nuestro cuerpo en el afuera. Estábamos solos, con frío y con hambre, y nos pareció que era la única alternativa. Para los hombres, fue una experiencia deshonrosa pero aun así algo placentero. Nos odiamos por hacerlo y aún más porque nos gustó un poquito. Para las mujeres, a veces resultó en un embarazo. Unas escogimos el aborto. Vivimos con la culpa de esas decisiones tan duras. Pero Dios nos perdona y puede usar esas experiencias para dirigirnos en la debida dirección.

La culpa puede servir de freno. Al endrogarnos, nos sentimos culpables. Esos sentimientos nos avergüenzan ante Dios. Al ser tentados de nuevo, Dios usa las memorias de vergüenza que sentimos para frenarnos de caer en el pecado otra vez. Frenar, al practicarse seguido, se vuelve en disciplina. Como el músculo que se hace más fuerte al levantar pesas, nuestra determinación en evitar el pecado se vuelve más fuerte al resistir al diablo y darle la espalda a la tentación.

El dolor y la culpa sirven para motivar igual que frenar. Al comprender completamente que Jesucristo caminó ese último kilómetro del corredor de la muerte para perdonarnos por nuestros pecados, nos motivará a arrodillarnos y dar gracias a Dios. Podemos mostrar nuestras gracias por medio de nuestras palabras y las cosas que hacemos. El darnos cuenta de que Dios nos da este regalo tan maravilloso nos lleva a un lugar donde aceptamos la gracia y el perdón de Dios.

Personalizándolo: Piensa duro: ¿dónde está usando Dios tu culpa para frenar al mal? ¿Cómo vas a responder y resistir el mal hoy?

Oración: Jesús, no dejes que el diablo use mi culpa para matar la esperanza. Usa mi culpa para dirigirme hacia ti de nuevo. Dame las fuerzas para resistir el poder del diablo y mandarlo al calabozo. Amén.

Lee Proverbios 14:9, 16 para sabiduría acerca de la culpa y evitar el mal.

El callejón oscuro del pecado

Porque desde la creación del mundo las cualidades invisibles de Dios, es decir, su eterno poder y su naturaleza divina, se perciben claramente a través de lo que él creó, de modo que nadie tiene excusa. [...] Además, como estimaron que no valía la pena tomar en cuenta el conocimiento de Dios, él a su vez los entregó a la depravación mental, para que hicieran lo que no debían hacer. Romanos 1:20, 28

En los lugares donde nos formamos había lugares bonitos como parques y lagunas. También había lugares feos y peligrosos. Podíamos escoger, y muchos escogimos esos callejones oscuros aunque sabíamos que había mejores lugares. Siempre había problemas en los callejones oscuros. No pasaba nada bueno en un callejón oscuro.

Hay de escoger entre Dios y el mal. Sabemos que Dios existe. Vemos la creación y sabemos que un Creador tuvo que ver con eso. Pero muchos escogemos el camino del pecado y del mal, sabiendo que es malo.

Al escoger el mal en vez de a Dios, las malas cosas ocurren naturalmente. Al escoger los callejones oscuros de la vida, "nos volvemos como los dioses que servimos. El castigo del pecado no está en una intervención directa por la cual Dios disciplina a los ofensores, sino en las consecuencias que brotan naturalmente de una vida sin ley"[5]. El terreno pantanoso de una vida de pecado conduce al caos… y muchas veces a la prisión. El enojo, los celos y la violencia son síntomas de haber escogido los callejones oscuros de la vida. En sus últimas etapas, la vida sin ley se da cuenta de la oscuridad del desagrado de Dios, pero no tiene ningún resultado positivo sobre nuestro comportamiento. Estamos perdidos.

Jesucristo vino al mundo por esta razón. El pecado es una enfermedad seria. Se tiene que curar el pecado, y se tiene que pagar la multa por nuestro pecado. Estamos tirados en la suciedad y la mugre de nuestros corazones pecadores, y gritamos: "¿Quién me rescatará?". La respuesta es Jesús.

✝

Personalizándolo: ¿Vives en el lado oscuro de la vida? ¿Es tan bueno como pensabas que iba a ser, o quieres salir de ahí?

Oración: Señor Jesús, levántame de este desagüe y riégame con Tu manguera. Amén.

Lee Romanos 1 por completo para comprender lo profundo que es tu pecado.

La punta de Dios

Ciertamente, la palabra de Dios es viva y poderosa, y más cortante que cualquier espada de dos filos. Penetra hasta lo más profundo del alma y del espíritu, hasta la médula de los huesos, y juzga los pensamientos y las intenciones del corazón. Hebreos 4:12

En las salas de espera de muchas prisiones hay mostradores con varios tipos de puntas (navajas) que se han confiscado. Se hacen de todo tipo de material. Parte de una cama de metal fue pulida hasta tener filo como una navaja de afeitar. Un cepillo de dientes fue derretido y moldeado en una punta capaz de ponchar un riñón o un corazón. Hasta un libro con tapa dura fue convertido en una punta mortal.

La mayoría de los convictos que se agarran con puntas alega que es para defensa propia. Pero en general, esto es mentira. Las puntas se hacen para atacar a otros. Se hacen para desquitar y para venganza contra alguien que ha mostrado irrespeto para una pandilla u otra. Pueda ser el desquite para alguien por algo que ocurrió afuera, antes de que los dos hayan entrado a la prisión. Cualquiera sea la razón, las puntas cortan, exponen y le causan dolor a la otra persona.

La Biblia es la punta de Dios, pero la usa para nuestro bien, y no para causar dolor o en venganza. Su Palabra nos corta hondo en el corazón. Sin temor, nos dice que todos hemos pecado y no llegamos a la medida gloriosa de Dios (ver Romanos 3:23). Si vivimos en rebeldía acerca de nuestra vida de pecados, la punta de Dios corta nuestro negar en tiras con estas palabras: "Si afirmamos que no tenemos pecado, nos engañamos a nosotros mismos y no tenemos la verdad" (1 Juan 1:8). La Palabra de Dios nos pica donde vivimos en pecado. No aliviana los puñetazos en exponer nuestro comportamiento indebido. Mira la lista. Incluye inmoralidad sexual, afán por placer sexual, hostilidad, furia y celos (ver Gálatas 5:16-21).

La Palabra de Dios nos corta para exponer nuestro pecado. Así como vamos con el médico cuando nos damos cuenta de una enfermedad, la exposición de nuestro pecado nos hace buscar el perdón. Al conocer y admitir nuestro pecado, reconocemos que necesitamos a Dios.

✝

Personalizándolo: ¿Qué te impide levantar y leer la punta de Dios? Deja que Su Palabra penetre tu corazón.

Oración: Dios, quita el pecado para que pueda vivir para Ti. Amén.

Lee Gálatas 5:19-26 para aprender cómo librarte de pecados específicos tuyos.

La sala de operaciones de Dios

No son los sanos los que necesitan médico sino los enfermos. Y yo no he venido a llamar a justos sino a pecadores. Marcos 2:17

Durante la cirugía a corazón abierto, el cirujano abre el pecho desde el cuello al ombligo. Se apartan las costillas para exponer el corazón. El médico usa el escalpelo para cortar las arterias obstruidas y las reemplaza. El resultado es un corazón sano que bombea la sangre al resto del cuerpo.

Después que la punta de Dios corta y expone el pecado de nuestro corazón, tenemos que tratar con el pecado que está adentro. Todos los que estamos en el bote, cristianos o no, necesitamos cirugía a corazón abierto. Nuestras arterias están obstruidas con el pecado.

¿Cuáles pecados obstruyen las arterias espirituales de nuestro corazón? Tenemos orgullo de nuestros delitos. Victimizamos a los más débiles del pabellón en cobrarles renta o hacerles chanchullo con su "canteen" o tienda. Nos entregamos a la desesperación y perdemos confianza en Dios. El cuchillo de Dios tiene que cortar para quitar estos obstáculos que bloquean nuestra salud espiritual.

¿Cómo nos inscribimos para la sala de operación de Dios, para someternos a Su cirugía? Primero, tenemos que admitir nuestro pecado después de que Dios lo expone con Su punta. No nos escondamos detrás de una pared del rechazo. No miremos alrededor para engañarnos en pensar que no somos peores que los demás. Eso no vale con Dios. Los otros condenados no son la regla con la cual Dios nos juzga. Al ponernos serios con nuestro pecado, lo debemos confesar inmediatamente a Dios y pedirle Su perdón (ver 1 Juan 1:9). ¡Y debemos dejar de hacerlo!

Al tomar estas decisiones en nuestra vida, estamos listos para que nos preparen para la sala de operación de Dios. Él nos enviará hermanos y hermanas para apoyar nuestra decisión. Tendremos sed por Su Palabra y sentiremos Su paz y Su garantía. El escalpelo de Dios es filoso. Puedes confiar en Sus promesas; son verdaderas. ¿Estás listo?

†

Personalizándolo: ¿Qué te impide enfrentar tu pecado? ¿Qué va a ser necesario para que dejes que Dios te lo quite de tu vida?

Oración: Dios, hay veces que amo a mi pecado, pero sé que tengo que desecharme de él para ser sanado. Vuélvete mi cirujano. Amén.

Lee Salmo 119:33-40, una oración para el que busca.

Nuestra esperanza inmediata

En mi corazón atesoro tus dichos para no pecar contra ti. Salmo 119:11

¿Hay alguna esperanza inmediata para nosotros que luchamos con la adicción a las drogas dentro de la Colonia de Hombres en Obispo? ¿De dónde viene la esperanza diaria para las que tenemos pensamientos violentos y furiosos en la Central California Women's Facility en Chowchilla, Califas?

Los pensamientos son esenciales para nuestras acciones. Al darnos gusto de los malos pensamientos, son seguidos por las malas acciones, igual como los caminos obstruidos le siguen a una tormenta de nieve. Lo opuesto también es verdad. Sentimientos sanos producen acciones buenas. Buenos pensamientos expulsan a los malos.

Para batallar y prevenir que los pensamientos violentos entren a la mente, podemos memorizar pasajes de las Escrituras para resistir las artimañas del diablo. Memorizar pasajes que se dirigen específicamente a nuestros deseos pecaminosos nos permite recordar los versículos para vencer a la tentación. El escritor del Salmo 119 preguntó: "¿Cómo puede el joven llevar una vida íntegra? Viviendo conforme a tu palabra. [...] En mi corazón atesoro tus dichos para no pecar contra ti" (vs. 9 y 11). Memorizó la Palabra de Dios y se la recordó en tiempos de necesidad.

Esta es la esperanza inmediata que cargamos a la unidad de control y a nuestra celda. Podemos memorizar Filipenses 4:8: "Por último, hermanos [y hermanas], consideren bien todo lo verdadero, todo lo respetable, todo lo justo, todo lo puro, todo lo amable, todo lo digno de admiración, en fin, todo lo que sea excelente o merezca elogio". Cuando los pensamientos violentos comienzan a provocarnos, podemos pedir el poder del Espíritu Santo y llenar la mente con pensamientos puros, dignos, amables y admirables. Podemos batallar contra pensamientos maliciosos. Con la ayuda del Espíritu Santo, podemos agarrar la esperanza inmediata que Dios nos ofrece.

✝

Personalizándolo: ¿A cuáles promesas de la Biblia te puedes agarrar para resistir las tentaciones del diablo?

Oración: Señor, te confieso que a veces me dominan los pensamientos destructivos. Los entrego a Ti. Me comprometo en guardar Tu Palabra en mi corazón. Quiero resistir al diablo. Gracias, Jesús. Amén.

Lee y memoriza Salmo 51:10 y Romanos 7:21-25 para resistir pensamientos sexuales, y **lee Santiago 1:19-20 y Proverbios 29:11** para resistir el enojo destructivo.

El pecado

Estas preguntas tienen que ver con las meditaciones en las páginas 74–85:

Respondan en conjunto:

1. ¿Por qué muchas veces puede ser peligroso aceptar un regalo de otro preso? ¿Qué tipo de condiciones lo acompaña en la mayoría de los casos? ¿Cómo es el regalo que no merecemos de la gracia de Dios diferente del regalo de un preso? ¿Qué te impide agarrar Su regalo? ¿Verdaderamente quieres tener las "nuevas libertades" que ofrece la gracia (la libertad para amarnos a nosotros mismos; para dejar de compararnos con otros; para ser libres de la esclavitud de las opiniones de los demás)? ¿Cuáles otras "nuevas libertades" puedes añadir a la lista?

2. Examinen las herramientas que Dios usa para sanar nuestras vidas quebrantadas: la convicción, la confesión, el arrepentimiento y el perdón. ¿Cuáles tareas específicas hace cada herramienta para reparar tu vida? ¿Cómo son eficaces contra los pecados que te molestan constantemente? ¿Por qué se necesita paciencia para tratar con el pecado que te acecha?

3. ¿Quién está en el centro de tu vida si eres orgulloso? ¿Por qué es el orgullo competitivo al núcleo? ¿Por qué es difícil identificar el orgullo en tu vida, pero tan fácil de verlo en otros? ¿El orgullo te impide arrodillarte ante Dios y aceptar Su gracia? ¿Cómo y por qué? ¿Cuál es el remedio para el orgullo?

4. Cuando pecas, el remordimiento que sientes ¿es por amor herido de ti mismo? Considera y habla si tu vergüenza pueda ser enfado contigo mismo por tu debilidad cuando pensabas que eras fuerte espiritualmente. ¿Cómo es diferente la oración del recaudador de impuestos —"¡Oh Dios, ten compasión de mí, que soy pecador!" (Lucas 18:13)— en comparación con tu remordimiento y vergüenza?

Exploren la palabra de Dios en conjunto:

1. **Lucas 22:54-62** nos cuenta de cuando Pedro negó a Cristo. Ocurrió que Jesús se volteó y miró directo a Pedro. Al hacerlo, Pedro se acuerda de repente de las palabras anteriores de Cristo. ¿Qué significaba la mirada penetrante de Jesús? ¿De qué manera pueda Cristo estar mirándote ahorita? ¿Cómo vas a responder?

2. **Gálatas 2:20** nos habla de ser crucificado con Cristo. ¿Cómo puedes ser crucificado detrás de los muros? Hablen acerca de cómo el ser unido con Cristo debe cambiar tu actitud acerca del servicio, el sacrificio y la abnegación, aun si te condenaron injustamente.

3. **Deuteronomio 8:19-20** es una advertencia fuerte. Comparte qué te dice esta advertencia. ¿Cómo te casi destruyó el postrarte ante otros dioses? ¿Destruyó a otros? ¿Cómo es (puede ser) diferente tu vida con el verdadero Dios en el centro?

Oren juntos

1. Oren juntos en silencio, confesando sus pecados específicos ante Dios. Eviten tópicos y clichés. Háganlo real con Jesús.

2. Oren por sus enemigos, ¡día tras día!

3. Hagan un registro de oración, y oren sobre la lista hoy y en cada sesión. Lleven la cuenta de las oraciones contestadas por Dios.

Comprométanse a la **confidencialidad**…

… **respétense** unos a otros

… **oren** unos por otros

… **anímense** unos a otros

… **ríndanse cuentas** unos a otros.

Oración para los amantes del pecado

Dios, te confieso que amo el pecado.
Hay veces que mi amor por deseos pecadores
me aplasta como una ola enorme y
me jala el corazón como un imán gigantesco.
Amo el pecado porque es más fácil:
la ley del menor esfuerzo.
Pero al terminar de hacer lo que mi corazón quería,
siento vergüenza y enojo
porque no tengo la voluntad para resistir.
Pero eso es solo mi enojo hacia mi propia debilidad,
una emoción egocéntrica.

Verdaderamente te necesito a Ti y
a Tu poder trasformador.
Por favor transforma mis deseos de apostar,
por las drogas, relaciones homosexuales y
el poder en algo que te dé orgullo.
¡Dame un espíritu que llore cuando peco y
un corazón que se quiebra por las cosas que
quiebran a Tu corazón!

Señor, aunque ame al pecado, lo odio también.
Me siento sucio y como necesito una buena lavada.
Señor Jesús, verdaderamente no me queda otra
alternativa, pues todo lo que he intentado es un fracaso.
¿Me lavas? ¿Me llevas muy al fondo de Tu alma para
mostrarme una manera mejor?
Tómame, Señor, ahorita, antes de que me acobarde. Te
rindo mi vida.

Amén.

†

Parte 3
La salvación

Jesucristo es la provisión de Dios
por nuestro pecado.

Liberado del pecado y de la muerte

Así que si el Hijo los libera, serán ustedes verdaderamente libres. Juan 8:36

Miriam Mejabe pasó siete años dentro de una prisión para mujeres en Kenia, África. Su hija, Precious, fue encarcelada con ella por cinco de esos años, según la costumbre que los hijos viven con la madre hasta cumplir los siete años.

El imperio de la ley no existe en el área donde vive Miriam, así que nunca tuvo un proceso judicial. No más fue pronunciada culpable por un oficial local y fue condenada a muerte.

Un domingo reciente, Miriam se juntó con trescientas otras encarceladas para adorar y alabar a Dios. Miriam compartió su testimonio ese domingo. Se paró y ajustó su uniforme anaranjado y rosa. Les contó a las mujeres que la iban a ejecutar en quince días. Las ejecuciones en esa prisión no son rápidas ni sin dolor. Cuelgan a las mujeres con un lazo, y las dejan que luchen por su último respiro. Es una muerte que da miedo.

Pero ese día, Miriam no tenía temor. De hecho, estaba radiante con felicidad. "Hace dos años Jesucristo me libró del pecado. Dios mismo se agachó para cuidarme. Lavó mi corazón del odio y del mal. Cuánto le doy gracias. Cuánto le alabo. Hoy, soy libre. Dentro de poco, enfrentaré el lazo. Le quitará el respirar a mi cuerpo, pero Jesús me ha liberado".

Mientras caían las lágrimas sobre los cachetes de Miriam, las demás mujeres se levantaron de las bancas, alzaron las manos al cielo y gritaron: "Te damos gracias, Jesús. Has liberado a nuestra hermana. Bendecimos tu nombre, Jesús". Lloraron y cantaron alabanzas.

Quince días después, terminó la vida de Miriam en esta tierra. Pero ese no fue el fin de su historia. La muerte de Jesús en la cruz la liberó: la liberó del castigo del pecado mientras vivía en la tierra y la liberó para vivir eternamente con Él al morir.

✝

Personalizándolo: ¿Qué puedes hacer para tener ese tipo de paz? ¿Cómo te ha liberado Jesús del pecado y la muerte?

Oración: Dios, gracias por dar un modo de rescatarme del pecado por medio de Tu Hijo, Jesús. Amén.

Lee Romanos 6:22 para palabras acerca de la libertad y la vida eterna.

Jesús: el único camino a Dios

Porque hay un solo Dios y un solo mediador entre Dios y los hombres, Jesucristo hombre. 1 Timoteo 2:5-6

En la página VI de la introducción, resumimos un bosquejo de las cuatro "Leyes Espirituales", que nos dan un conocimiento directo del mensaje del Evangelio. La tercera ley espiritual dice: "Jesucristo es la única provisión de Dios para el pecador. Solo en Él podemos conocer el amor y el propósito de Dios para nuestras vidas". Decir que Jesús es la *única* manera de llegar a Dios enoja a la gente, especialmente porque la sociedad ha hecho un dios de la tolerancia y ser políticamente correcto. Les gusta decir: "Si Jesucristo te sirve, está bien. Pero no me lo impongas como la única manera de llegar a Dios". ¿Cómo defendemos el punto de vista que Jesús es la única manera, y a la misma vez no parecer con aires superiores hacia las otras religiones?

La exclusividad puede ser buena. Nadie le echa agua al tanque de gasolina y espera que el carro funcione normalmente. Los carros se fabricaron para usar *solamente* gasolina. Nadie se queja.

Hay otro modo de verlo: si un veterano de buena fama nos advierte tener cuidado con un preso que es un bato loco, le escuchamos. Le creemos porque tiene autoridad sobre el tema. Es lo mismo al hablar de la exclusividad de Jesús. No es nuestra *interpretación* de la Biblia que dice que Jesús es el único camino al Padre. Jesús mismo lo declara. Jesús afirma ser uno con el Padre (ver Juan 14:9-14). Afirma poder perdonar el pecado —no el de Él— el de todos (ver Mateo 9:1-7). Y afirma ser el *único* camino al Padre (ver Juan 14:6).

Al examinar la vida, muerte y resurrección de Jesús, lo vemos como vemos a ese veterano. Creemos en que Jesús tiene la autoridad (la repu) para hacer estas aseveraciones. Porque creemos en Su repu, creemos que lo que Él nos enseñó acerca de sí mismo es la verdad. No lo inventamos. Un tipo en que confiamos lo dijo, y le creemos, a base de la evidencia. No es arrogancia; es un hecho.

†

Personalizándolo: Estudia y luego decide quién es Jesucristo en la historia y en tu vida.

Oración: Jesús, Tu insistir en ser el único me suena arrogante a mí. Por favor, muéstrame el camino correcto. Amén.

Lee Juan 14 para escuchar lo que Jesús dice de sí mismo.

La salvación hecha sencilla

[La] justicia de Dios llega, mediante la fe en Jesucristo, a todos los que creen. De hecho, no hay distinción. Romanos 3:22

De una manera, la salvación es algo sencillo. Al confiar en que Jesús nos quita los pecados, nos arregla las cosas ante la mirada de Dios. C. S. Lewis dijo: "La creencia central cristiana es que la muerte de Jesucristo de alguna manera nos ha arreglado con Dios y nos ha dado un nuevo estreno"[6].

De otra manera, la salvación es algo serio; le costó la vida a Jesucristo para librarnos del pecado. El pecado de Adán y Eva causó un barranco profundo entre un Dios perfecto y la humanidad imperfecta. No podemos tender un puente a solas. Necesitamos ayuda, igual que un endeudado necesita que alguien con dinero pague la deuda.

Dios mandó a Jesús al mundo para que pagara nuestra deuda y para que fuera la única manera de reconciliarnos con Él. Jesús pagó el castigo por nuestro pecado para que tuviéramos una relación profunda con Dios otra vez.

Pero ¿por qué Dios no tronó los dedos para que desapareciera el pecado? Dios es un Dios justo. Se tenía que pagar la deuda por el pecado en el mundo. Jesús vino a la tierra para pagar ese precio. Murió en la cruz por nuestros pecados. Después de tres días en el sepulcro, Jesús resucitó de entre los muertos y apareció ante muchos testigos. Se había pagado la deuda. "El sentido del valor infinito de una sola alma, y el poderse recuperar a un hombre en su más pésima condición, son regalos de Cristo. El estar libre de la culpa y el perdonar de los pecados vienen de la Cruz de Cristo; la esperanza de la inmortalidad proviene de la gracia de Cristo"[7].

La salvación cambia nuestra vida. Nos libera de la culpa, el remordimiento, la vergüenza y el temor. Todos hemos escuchado el dicho: *Cambia la conducta y cambiarás a la persona.* Pero la mayoría sabe que el dicho está boca abajo. La verdad es: *Cambia a la persona, y la conducta cambia.*

✝

Personalizándolo: ¿Le has dado tu vida a Jesús? Si no, decide dársela hoy y ser salvo.

Oración: Jesús, si la salvación es verdad, quiero que sea la verdad para mí. Amén.

Lee Romanos 10:8-13 para aprender más acerca de la salvación.

Rescate y liberación

Él nos libró del dominio de la oscuridad y nos trasladó al reino de su amado Hijo, en quien tenemos redención, el perdón de pecados. Colosenses 1:13-14

Jacobo estaba cumpliendo una condena por haber matado a una joven. Después de doce años, rindió su vida a Dios, pidiéndole perdón y reconciliación. Jacobo se dio cuenta de que su crimen le había robado la vida a la niña, y le había vaciado el gozo a la familia. El peso de su culpa era tan grande que comenzó a ir a un estudio bíblico y luego a una clase intensa de entrenamiento bíblico. Al graduarse de la clase de entrenamiento, una mujer se le acercó mientras bajaba del escenario. Le dijo que era la madre de la joven que había matado. Llena de lágrimas, compartió con él cómo, por medio del poder de Jesucristo, le había perdonado a Jacobo. Su corazón Cristo-céntrico deseaba ser una madre/mentora para Jacobo para el resto de su vida. Jacobo se emocionó. Sintió el perdón, y comprendió del amor de Jesucristo. Le cayeron lágrimas mientras él y la señora se abrazaron ante el asombro de la concurrencia. Por medio del poder perdonador de Dios, Jacobo y su nueva "madre" fueron perdonados, librados y soltados[8].

Ser un preso del "dominio de la oscuridad" es darle la última palabra al diablo. Ser rescatado quiere decir que nos suelta de ese calabozo. Ser perdonado es recibir clemencia.

¿Cuántos estamos esclavizados por el orgullo espiritual, aires de superioridad, amor por el pasado o corazón que no perdona? ¿Cuántos verdaderamente queremos ser libres del temor, desesperanza y la esclavitud al pecado? La libertad empieza cuando vemos a Jesús y le pedimos Su poder para reemplazar el poder del mal. Tenemos que vaciar nuestro corazón del agua mugrienta de la ira y la falta del perdón, y debemos reemplazarla con la dulce y pura agua que Jesús nos ofrece.

✝

Personalizándolo: Enfrenta a lo que apesta en tu corazón, y atrévete a pedirle a Dios que lo reemplace con agua dulce, pura y viva.

Oración: Dios, estoy cansado del olor. ¡Lávame! Amén.

Lee Juan 4:4-26 para ver cómo Jesús limpia a la mujer que encontró junto al pozo.

La aprobación

Pero por su gracia son justificados gratuitamente mediante la redención que Cristo Jesús efectuó. Romanos 3:24

¿Quiénes son los mandamases en nuestras vidas? Tenemos un gánster original. Pueda ser una mujer que nos protege en la unidad o un bato quien confía en nosotros para que manejemos su tienda. Nos sentimos seguros en su presencia y nuestra identidad se basa en ser parte de su pandilla. ¿Por qué dejar esto y escoger a Jesús como el quien admiras? Porque un sistema es falso y el otro, verdadero.

¿Qué pasa con nuestra paz y poder al no hacer algo que demanda nuestro mandamás? Nos manda a puntear a alguien. ¿Y si no lo hacemos? ¿Cuánto dura la aceptación del mandamás? No mucho, porque su aprobación se basa en que hagamos lo que ellos demandan. Si nos desviamos, perdemos el poder y la seguridad de su favor. Nos acepta solamente si le obedecemos, y nuestra motivación para obedecer es el miedo.

Jesús trabaja de una manera completamente diferente. Te ofrece identidad, seguridad y aceptación, sin que lo merezcamos. Jesús nos extiende las manos y nos acepta porque nos ama. Ofrece la paz y la seguridad sin que hayamos hecho nada para merecerlas. Son Sus regalos para nosotros. Esto se llama la gracia. Cuando Jesús es nuestro refugio, ya no vivimos en temor de que si la regamos, nos quitará Su amor. Podemos vivir con la confianza de que Su aceptación es inquebrantable. La gratitud, en vez del miedo, será nuestro estímulo de servirle donde sea que andemos.

Temer a líderes que nos aceptan a base de lo que hacemos por ellos es como estar parado al lado de arenas movedizas. Si perdemos nuestro equilibrio nos hundimos bajo la superficie. Vivir en la gracia que nos da Jesús es como pararse en tierra firme. Es sólida y constante. Jesús como un gánster original es un lugar de aceptación verdadera y auténtica.

Personalizándolo: ¿Quién es tu mandamás? ¿Tu lealtad es a base del miedo o la gratitud? ¿Cómo te pareciera si Cristo fuera tu mandamás?

Oración: Señor, acepto que me hayas aceptado, por gracia. Abraza mi corazón, líbrame y derrama Tu paz sobre mí. Amén.

Lee acerca de la paz y el gozo en **Romanos 5:1-11**.

La "primera vida" de Pablo: Saulo de Tarso

Ustedes ya están enterados de mi conducta cuando pertenecía al judaísmo. [...] En la práctica del judaísmo, yo aventajaba a muchos de mis contemporáneos en mi celo exagerado por las tradiciones de mis antepasados. Gálatas 1:13-14

Mucha gente vive dos vidas. En la "primera vida" de Chuck Colson era el que hacía el trabajo sucio del presidente Nixon; después de conocer a Jesucristo en la cárcel, Colson empezó Prison Fellowship, su "segunda vida". San Francisco de Asís era un ricacho que, después de conocer a Dios, dio su dinero y vida a los pobres. Los dos hombres tuvieron dos vidas: una sin Jesús y la otra con Él.

Saulo de Tarso (el nombre del apóstol Pablo en su "primera vida") estaba en la vía rápida. Su familia era gente de billetes. Saulo era un joven, sabio más allá de sus años. Los jefes judíos veían gran potencial en él.

Probablemente Saulo sabía que era una estrella y quizá se puso arrogante. Quizá le gustaba estar en la luz del foco y recibir la atención que conlleva. Odiaba a los cristianos y unió fuerzas con los judíos fanáticos que perseguían a los cristianos. De hecho, les cuidó los abrigos a los hombres que agarraron a Esteban, un creyente lleno de Jesucristo. Lo arrastraron por la calle y lo mataron (ver Hechos 6:8–8:1). El centro de Saulo estaba en sí mismo.

¿Cuántos podemos identificar con la vida de Saulo? Unos también estábamos en la vía rápida, de familias ricas. Tenemos diplomas de la universidad e íbamos rumbo a "la gran ciudad con sus luces brillantes". Éramos arrogantes muchas veces, viviendo bajo el lema "no basta lo demasiado". Pero tropezamos en nuestro egoísmo y caímos en la cárcel. Pueda ser que matamos a alguien mientras conducíamos borrachos o desfalcamos a la empresa. Ahora estamos plantados por un largo plazo. Éramos el centro del universo. Y siempre era el yo, yo, *yo*. Como vaya nuestro centro, así va nuestra vida.

Las siguientes meditaciones examinarán la vida de Saulo/Pablo para ver cómo Jesús lo salvó y cómo le ofreció el perdón, la paz y la esperanza.

✝

Personalizándolo: ¿Qué te importa más? La respuesta te ayudará a identificar tu centro.

Oración: Dios, mi centro soy yo. Necesito un nuevo centro. Por favor, cambia mi rumbo para que te busque a Ti. Amén.

Lee Hechos 26:4-29, el testimonio personal de Pablo ante el rey Agripa.

Saulo, el verdugo

Saulo, por su parte, causaba estragos en la iglesia: entrando de casa en casa, arrastraba a hombres y mujeres y los metía en la cárcel. Hechos 8:3

A los peces gordos jóvenes les encanta que sus superiores se den cuenta. Es muy buena manera de progresar. Para agarrar la atención de los de arriba, hacen algo provocador para destacarse. Pandilleros que balean a un chota o el líder de una pandilla rival reciben reconocimiento. El motociclista que cocina y vende más metanfetamina que cualquier otro llega a la primera fila con el liderazgo de la banda.

La actitud de Saulo probablemente no era diferente. Buscaba maneras de impresionar al liderazgo judío. Buscaba ganar ventaja. ¿Qué mejor manera de recibir el foco que atacar a este nuevo movimiento cristiano? Los cristianos desafiaban el orden establecido. Saulo pensó que si podía lastimar o eliminar estos creyentes molestos, el liderazgo judío quedaría impresionado con él. Parecía ser una estrategia de primera clase para avanzar.

Saulo comenzó a perseguir a la iglesia en Jerusalén. Dentro de poco, los creyentes se dispersaron para escapar el castigo de Saulo y la prisión. Saulo no dejó que eso lo impidiera. El sumo sacerdote le dio permiso de arrestar a los cristianos donde los encontrara. Su plan era de acorralarlos, encarcelarlos y/o matarlos. Saulo aterrorizó a los cristianos en todos lados, de la misma manera que la Gestapo aterrorizó a los alemanes en tiempos de los nazis.

¿Cuántos de nosotros que leemos estas palabras aplaudimos la violencia y destrucción que inflgió el joven Saulo? ¿Nos daría gusto ser como él y aterrorizar a los cristianos? Si es así, somos enemigos de Jesucristo. Si aprobamos a Saulo, el centro de nuestros corazones somos nosotros mismos. La brújula de nuestro corazón apunta hacia la dirección de nuestros deseos. ¡Estamos en un camino peligroso que llega al infierno!

¿Tenemos miedo de llegar a Jesús? ¿Tenemos miedo de soltar nuestra "primera vida"? Sé honesto. Nuestra primera vida fue dominada por el miedo y el egoísmo. Ya es hora de cambiar. Confía en las promesas de Jesús para una mejor "segunda vida".

✝

Personalizándolo: ¿Cómo te está llamando Dios a una vida nueva: una segunda vida? ¿Qué tiene que pasar para que le des chance?

Oración: Dios, reúnete conmigo, en mi pecado… en mi celda. Amén.

Lee Hechos 6–7, la historia del primer mártir, Esteban.

Mirar muy adentro

El ingenuo cree todo lo que le dicen; el prudente se fija por dónde va. Proverbios 14:15

Saulo desperdició su talento y poder intelectual por una reputación de violencia y destrucción. Encontró que se le había definido por lo que estaba *en contra* en vez de lo que él estaba *a favor*. Tenía mucho potencial pero lo usó para propósitos destructivos y su propia ganancia.

Es fácil ser un machón en la yarda cuando la gente nos mira, y afirma nuestro pavoneo. Quizá impresionemos a las otras mujeres en la ranchada con nuestro bravear, pero cuando estamos solos, el elogio de nuestros camaradas se esfuma. Pensamientos acerca de la realidad de nuestra vida salen de las sombras. Nuestras almas pesan, y comenzamos a reflejar.

En este desierto callado, nuestros pensamientos se dirigen a la verdadera calidad de nuestra vida y el desperdicio de nuestros talentos y oportunidades. Nos acordamos de los cumpleaños que fallamos y los funerales a cuales no pudimos asistir. Al penetrar la oscuridad de nuestras almas, concluimos que hasta la fecha nuestra vida ha sido un desperdicio y un fracaso. Sabemos que no somos tan grandes como apantallamos en la yarda. Descubrir esta verdad acerca de nosotros mismos es el primer paso hacia la verdadera transformación en nuestra vida.

Al llegar a este punto, nuestro corazón sabe: necesitamos un centro que no sea nosotros mismos. Tenemos hambre para que alguien nos perdone, y que nos asegure que se puede empezar de nuevo. Alzamos la vista hacia las estrellas y discernimos con confianza que hay un Dios detrás de todas. En la magnitud de la creación, Dios muestra Su grandeza a nuestro íntimo ser. Nos damos cuenta, quizá por primera vez, de que somos pequeños en comparación. También pueda ser que nos demos cuenta de que Dios está ahí para nosotros, si es que lo queremos conocer.

Estamos cabales para dar una vuelta, para una conversión. ¿Es hora de poner a Jesús en el centro de nuestra vida?

✝

Personalizándolo: Mientras escuchas esa voz interna que te dice que ya es tiempo para algo mejor, ¿qué pasos tomarás para efectuar el cambio?

Oración: Jesús, estoy quebrado y quiero algo más grande que yo. Toca mi corazón. Recupera mis años desperdiciados. Amén.

Lee Ezequiel 36:26-27, y recibe un corazón nuevo.

Comenzar de nuevo

Por lo tanto, si alguno está en Cristo, es una nueva creación. ¡Lo viejo ha pasado, ha llegado ya lo nuevo! 2 Corintios 5:17

Un día, mientras Saulo viajaba a Damasco para acorralar a los cristianos y meterlos en la cárcel, le cegó una luz brillantísima. De entre la luz, le habló Jesús al joven instigador: "Saulo, Saulo, ¿por qué me persigues?". Al preguntar el joven asustado: "¿Quién eres, Señor?", la voz le contestó: "Yo soy Jesús, a quien tú persigues. [...] Levántate y entra en la ciudad, que allí se te dirá lo que tienes que hacer" (Hechos 9:4-6).

Saulo se levantó, pero se dio cuenta de que no podía ver. Tres días después, Dios mandó a un hombre llamado Ananías para sanar la ceguera de Saulo y para darle dirección a su vida (ver Hechos 9:7-19). Desde ese momento, Saulo, que luego cambió su nombre a Pablo, se volvió en un defensor entusiasta de Jesucristo. De hecho, ¡tuvo tanta intrepidez que dentro de poco los jefes de los judíos lo persiguieron para matarlo!

Encontrarse con Jesucristo cambió el centro de Saulo. Dios redimió los años desperdiciados y destructivos de Saulo. El apóstol Pablo rindió su enfoque egoísta y se entregó a la obra que Jesús le había dado. Predicó acerca de Jesús. Escribió acerca de Jesús, más de una docena de libros del Nuevo Testamento.

Pocos tenemos una conversión tan dramática como la de Saulo, pero Jesús aun así nos sigue mientras andamos en el camino rumbo a la muerte. Quiere redimir nuestros años desperdiciados y darnos un propósito. Nos sigue llamando: "[*Tu nombre, tu nombre*], ¿por qué te huyes de mí?".

Podemos contestar su llamado y comenzar una vida nueva. Nos hará personas nuevas, igual como lo hizo por Saulo. Ya no nos controlará la grosería, la pornografía, las drogas o el jactar acerca de nuestros delitos. Él nos dará vidas nuevas, un nuevo conjunto de valores.

✝

Personalizándolo: ¿Cómo te hacen sentir esta nueva identidad, estos nuevos valores? ¿Cómo te van a impactar dentro de la prisión?

Oración: Jesús, ayúdame a vivir para Ti, en vez de para mí. Quiero ser una nueva persona. Amén.

Lee Hechos 9, la historia de la conversión de Saulo.

Selecciones peligrosas

Después de muchos días, los judíos se pusieron de acuerdo para hacerlo desaparecer, pero Saulo se enteró de sus maquinaciones. Hechos 9:23-24

Para la mayoría, al decidir por Jesucristo, las consecuencias negativas son menores. Pueda ser que perdamos amigos en la mesa de póquer y nuestros compañeros motorolos. Para otros que se entregan a Jesucristo, el costo puede ser mucho más.

Miembros de los Nazis Low-Riders o la Hermandad Ariana arriesgan su vida al renunciar su lealtad a la banda. Puede llegar a ser una orden de ejecución. Aun así, muchos de estos miembros de estas bandas llegan a Cristo y arriesgan sus vidas.

Saulo tomó esa misma decisión. Luego de reunirse con Ananías y de llenarse con el Espíritu Santo, inmediatamente dio pasos para Jesús. Habló en las sinagogas de Damasco y enseñó elocuentemente que Jesús era el Hijo de Dios (ver Hechos 9:20-23). Los judíos pusieron un contrato de muerte contra Saulo, pero se dio cuenta del peligro y escapó. ¿Cuántos enfrentamos decisiones iguales a las que enfrentó Saulo? ¿Es el temor a la retaliación y la venganza lo que nos detiene en venir al lado de Jesucristo? ¿Es la amenaza de violencia física que nos detiene en tener una relación salvadora con Dios?

Nadie debe disminuir la realidad de la situación horrible en que nos encontramos. Los batos con el "88" tatuado en la espalda son una verdadera amenaza. Pero Dios también es genuino. Aunque no prometa eliminar nuestros enemigos, sí promete acompañarnos en cada situación (ver 1 Juan 4:4 y Hebreos 13:5-6).

Una vida de amenazas y violencia no es una posibilidad agradable, pero una vida sin la relación salvadora con Jesucristo es peor, ¡mucho peor! Podemos buscar a otros expandilleros para fortalecer nuestra resolución de seguir a Jesús. Le podemos pedir al Espíritu Santo que nos proteja. ¡Pero tenemos que desprendernos! Dios es fiel y nos protegerá.

†

Personalizándolo: ¿Qué vas a hacer para desprenderte de lo viejo y venir a Jesús? Supera tu miedo por medio de la oración y la solidaridad con tu nueva familia cristiana.

Oración: Señor, tengo miedo. Dame la fuerza para escoger a Ti. Amén.

Lee Daniel 3, una historia de intrepidez, integridad y liberación.

Dense chance

Cuando llegó a Jerusalén, trataba de juntarse con los discípulos, pero todos tenían miedo de él, porque no creían que de veras fuera discípulo. Hechos 9:26

Los miembros de una banda que piensan tomar una decisión por Cristo no son los únicos con miedo. El miedo también afecta a los que han seguido a Jesús por mucho tiempo.

Los discípulos sintieron el poder del Espíritu Santo el día de Pentecostés. Los efectos de esa experiencia se notaban en su hablar y el poder e intrepidez de su predicar. Se bautizaron muchos conversos nuevos (ver Hechos 2:41). Los jefes judíos estaban asombrados por la valentía con autoridad de estos pescadores ordinarios e incultos (ver Hechos 4:13). Así que, ¿por qué temían estos discípulos valientes a Saulo?

¿Temían por sus propias vidas? Quizá estaban enojados por las vivas memorias de Saulo cargando los abrigos de los que habían matado a su amigo Esteban. Si este era el caso, ¿fue enojo lo que les impidió perdonar, y *no querer* aceptar a este hombre odiado como un seguidor auténtico de Jesús? No sabemos. Solo sabemos que tenían miedo.

Pero sí conocemos a antiguos enemigos y miembros de bandas rivales que se encontraron con Cristo, se arrepintieron y comenzaron a venir a la iglesia de la prisión. ¿Será el que nos puso el dedo y nos mandó al bote? ¿Será el que cortó a un amigo o nos menospreció en la otra penal? ¿Reaccionamos con enojo, miedo o incredulidad? Quizá dudemos si es de verdad. ¿Pero no es mejor darle chance y ser decepcionado que perder la relación porque teníamos miedo de creer que hubo un cambio?

Dios nunca tira la toalla con nosotros. Aunque hayamos vivido por nosotros mismos, Jesús se arriesga por nosotros. Nos ama y nos acepta. Tenemos que vencer el temor y el coraje y aceptar a los nuevos creyentes aunque tengamos malas memorias de ellos.

†

Personalizándolo: ¿El mirar a los nuevos creyentes con los ojos bondadosos y perdonadores de Jesús, cómo cambiaría nuestro juicio de ellos?

Oración: Espíritu Santo, dame el valor para arriesgarme con estos enemigos del pasado. Ayúdame a amarlos como Tú me amas a mí. Amén.

Lee Romanos 5:10-11, y verás cómo Dios nos trató cuando todavía éramos Sus enemigos.

Cauteloso pero obediente

Ananías se fue y, cuando llegó a la casa, le impuso las manos a Saulo y le dijo: "Hermano Saulo, el Señor Jesús, que se te apareció en el camino, me ha enviado para que recobres la vista y seas lleno del Espíritu Santo". Hechos 9:17

Por tres días después del encuentro con Jesús, Saulo se quedó sentado y ciego, probablemente preguntándose qué quería decir ese encuentro. Entonces Dios mandó a Ananías con Saulo. Ananías estaba cauteloso pero jamás vaciló en obedecer el llamado de Dios. Confió en Dios y se fue a Saulo, aunque tenía miedo de este hombre por su reputación de violencia. Ananías recibió a Saulo como un hermano cristiano. Tocó los ojos de Saulo (y quizá su corazón) mientras le explicaba el propósito de Dios. El encuentro nos enseña varias lecciones.

Lección 1: *Ananías estaba dispuesto a servir.* Tenía una relación con Dios y era sensible a Su dirección.

Lección 2: *Ananías estaba cauteloso y no tuvo miedo de cuestionar el llamado de Dios.* Ananías probó su impulso para estar seguro de que verdaderamente escuchaba a Dios (Hechos 9:13-14). Dios invita nuestras preguntas, pero al contestar, requiere obediencia.

Lección 3: *Ananías siguió el llamado.* Ananías probó al Espíritu, y al encontrarlo genuino, se fue inmediatamente a Saulo. Ananías creyó y confió en el mandamiento de Dios, y cuidó a Saulo como a un hermano cristiano. Le impuso las manos y le restauró la vista. Aún más revelador, Saulo se llenó del Espíritu Santo, lo cual creó un nuevo centro en la vida de Saulo.

¿Estamos lo suficientemente cerca al corazón de Dios para escuchar Su voz? ¿Somos suficientemente valientes para interactuar con los que eran enemigos de Jesucristo? ¿Incluye al exjefe racista de la Hermandad Aria? ¿Le pondríamos las manos a este nuevo hermano o hermana? Pueda ser que un previo violador de niños ha conocido a Jesucristo y necesita que le ministremos. ¿Iremos, o nos esconderemos? Dios nos llama para que les ministremos a todos Sus hijos.

Personalizándolo: ¿Qué tomaría para que estuvieras dispuesto a ir con los que eran tus enemigos para amarlos?

Oración: *Jesús, amaste a los que te clavaron en la cruz. Déjame conocer ese tipo de amor y perdón. Amén.*

Lee Lucas 23:34 para ver el ejemplo del perdón de Jesús.

El mandamás llega a Jesucristo

Admito que yo soy el más insignificante de los apóstoles y que ni siquiera merezco ser llamado apóstol, porque perseguí a la iglesia de Dios. 1 Corintios 15:9

¿Qué sería la reacción de los internados en la prisión si el líder supremo del Sindicato Tejano, la Ñeta o de la Familia de la Guerrilla Negra renunciara su membresía en la banda y anunciara que había aceptado a Jesucristo? Las noticias correrían por la prisión como un trueno. Todos, desde el alcaide hasta los presos en el hoyo, lo oirían. El resultado del cambio de lealtad del líder no sería menos dramático que la conversión de Saulo en el primer siglo.

Tal como el líder de una banda importante pueda ser el menos probable de llegar a Cristo, así fue que Saulo era el menos probable de convertirse al cristianismo. Odiaba a los cristianos.

La importancia de que Saulo se volvió un seguidor de Jesucristo no se puede subrayar lo suficiente. Cuando los líderes escuchaban los sermones de Pedro o asistían a los discursos de Juan, estaban impresionados. Pero alegaban que esos hombres querían a Jesús antes de que fuera crucificado, y su testimonio sería naturalmente a favor de Jesús. ¿Pero qué podían hacer con este antiguo enemigo de Jesús? ¿Qué ocurrió para cambiarlo de un asesino de cristianos a un seguidor de Jesucristo? Saulo se abrumó por las razones y la evidencia de la resurrección de Jesús. Saulo se encontró con Jesús y creyó que Él resucitó de los muertos. Saulo vivió el resto de su vida predicando del Cristo resucitado, y por sus esfuerzos finalmente lo mataron.

¿Cómo reaccionarías si la más amargada tacaña en tu instalación se parara en la yarda para declarar su lealtad a Jesús? ¿Te impresionaría esa fe y valentía? ¿Qué otras razones hay para hacerlo, a menos de que verdaderamente creía que era cierto?

Las siguientes meditaciones investigarán la evidencia de la muerte y resurrección de Jesús. ¿Verdaderamente ocurrieron? Saulo estaba convencido. Y nosotros, ¿qué?

Personalizándolo: ¿Has declarado tu fe? ¿Dónde vas a encontrar el valor para hacerlo?

Oración: Jesús, cambiaste el corazón de un hombre que te odiaba. Cambia mi corazón también. Amén.

Lee 1 Corintios 15:30-32 para un comentario acerca del orgullo de Pablo.

Sin lugar a duda razonable

Entonces lo rodearon los judíos y le preguntaron: "¿Hasta cuándo vas a tenernos en suspenso? Si tú eres el Cristo, dínoslo con franqueza". Juan 10:24

Aunque Jesús nos ofrece el regalo gratis de la salvación, unos no creemos que Él vivió, murió y resucitó de los muertos. Quizá, si consideramos la evidencia acerca de Jesús con una mente y un corazón dispuestos, resultarán cambios dramáticos en nuestra vida.

Conocemos directamente el concepto de la *prueba sin lugar a duda razonable*. Aun con falta de un testigo presencial, unos fuimos condenados por evidencia forense (ADN) y circunstancial (motivo, oportunidad: sin coartada). Los hechos amontonados por el fiscal acusador persuadieron al jurado *sin lugar a duda razonable* que éramos culpables. Usa ese mismo criterio en considerar a Jesús.

Jesús vivió hace dos mil años en lo que ahora se conoce como Israel. Nació en Belén y se crió como el ayudante carpintero de Su padre, José. Hizo mesas y construyó muebles, puertas y otras cosas de madera que la gente necesitaba en su vida diaria. La vida de Jesús está documentada en la Biblia y en otros archivos históricos. Su vida es un hecho histórico.

Pero ¿de veras murió en la cruz?¿De veras murió? O ¿solamente fue herido y reanimado? Y ¿resucitó de entre los muertos? En tratar con los hechos con el sentido de *prueba sin lugar a duda razonable*, o nos sacude el mundo y cambia nuestra vida para siempre, o nos deja fríos. Nuestra reacción a estas preguntas o nos llevará al lugar de rendirnos a Dios o nos dejará desinteresados. No hay otra. En cualquier caso, vale la pena examinar la evidencia. Si la evidencia no nos convence, entonces no importa. Pero si evaluamos los hechos y los creemos, entonces ¡no importa nada más! Si Jesucristo es quien dice ser, entonces nuestro mundo está a punto de irse boca abajo.

Personalizándolo: Quítate de las sospechas de Jesús, y abre tu mente a la evidencia de Cristo. ¿Cómo juzgarás?

Oración: Jesús, si eres verdadero, ¡ayúdame a creerlo! Amén.

Lee el Evangelio entero de Juan para un relato de un testigo presencial de la vida de Jesús.

Jesús murió ese viernes

Pilato, sorprendido de que [Jesús] ya hubiera muerto, llamó al centurión y le preguntó si hacía mucho que había muerto. Una vez informado por el centurión, le entregó el cuerpo a José. Marcos 15:44-45

Unos hemos sufrido interrogaciones por parte de la policía que duraron toda la noche. Se diseñaron con el motivo de cansarnos y hacer más fácil extraer la confesión. Unos estamos en la cárcel a causa de confesiones que nos sacaron después de largas noches de interrogación severa.

Después de ser arrestado, Jesús fue sometido a ese tipo de trato. Los guardias romanos lo golpearon. Le escupieron, le pusieron una corona de espinas largas sobre la cabeza y lo torturaron. Le cubrieron la cabeza, le pegaron y luego le retaron a identificar quién fue. Entonces lo azotaron con un látigo que tenía huesitos o pedazos de metal amarrados a las puntas. Esos pedazos puntiagudos arrancaban la piel de Su espalda. Después de ese azotamiento, Jesús tuvo que cargar Su cruz de madera, subiendo el camino hasta llegar al lugar donde los soldados romanos le clavaron las manos y los pies en ella.

Los soldados romanos eran expertos en matar. O cumplían con las órdenes o se les mataba a ellos mismos. Los soldados asignados a una crucifixión estaban entrenados en el proceso de ejecutar la condena a muerte. En toda probabilidad, estos soldados eran más malhumorados y sádicos que los guerreros romanos ordinarios. Si su oficial, el centurión, le dijo a Poncio Pilato que Jesús había muerto, no había equivocación. Jesús murió en la cruz de Calvario.

Pero, como que si eso no fuera lo suficiente, la gente que enterró a Jesús empacó como treinta y cuatro kilos de especies alrededor del cuerpo, suficiente peso para sofocar la vida de cualquier persona herida severamente (ver Juan 19:39-40). *Sin lugar a duda razonable*, Jesucristo murió ese viernes en Jerusalén. Esta es una verdad esencial. Porque si Jesús no murió, no pudiera ocurrir la Resurrección.

✝

Personalizándolo: Piensa acerca de esa serie de hechos. ¿Qué concluyes? ¿De veras murió Jesús?

Oración: Dios, ayúdame a ver y entender la verdad. Amén.

Lee Marcos 14–15 para el informe de la muerte de Jesús.

El sepulcro sellado

Así que ellos fueron, cerraron el sepulcro con una piedra, y lo sellaron; y dejaron puesta la guardia. Mateo 27:66

Cuando Jesús murió en la cruz, los judíos pensaron que habían eliminado al alborotador. Para asegurar de que no se robara el cuerpo, sellaron el sepulcro y pusieron guardias romanos alrededor. La meta era de guardar a Jesús en el sepulcro.

Aún hoy, hay gente que trata de poner a Jesús bajo candado. Después de que comenzara a crecer el movimiento cristiano, los emperadores romanos persiguieron a los creyentes. Por toda la historia, desde Nerón hasta Mao, fuerzas poderosas han tratado de desacreditar la muerte y resurrección de Jesús. Muchos cristianos murieron en el proceso, pero el cristianismo sigue.

Podemos simpatizar. La sociedad edifica prisiones para encarcelar a alborotadores y criminales. Dentro de las prisiones, hay unidades para segregación administrativa, y celdas de máxima seguridad, y otros tipos de encarcelamiento para los que causan problemas.

Personalmente, también hemos tratado de sellar el sepulcro de Jesús de muchas maneras. En el afuera, usamos las rocas del dinero y el poder para sellar a Jesús afuera de nuestros corazones. Si eso no servía, usamos el sexo y las drogas. Si esos no mantenían a Jesucristo bajo candado, entonces intentamos crímenes más grandes y más descarados. Pero nada era lo suficientemente fuerte como para encarcelar al Cristo resucitado, porque a pesar de que nuestras mentes nos trataron de convencer que Dios no existe y que Jesús está muerto, nuestros corazones saben la verdad.

Jesús vive. El amor de Dios se muestra por el regalo de Su Hijo, Jesús. Urgentemente, Dios quiere tener una relación con nosotros. Nos ofrece perdón por nuestros pecados, una nueva esperanza, un nuevo propósito y la vida eterna. Si tratamos de aislar al Cristo resucitado con rocas de poder, drogas, estatus, fama o vigor, fracasaremos. No reconoceremos lo enorme del regalo que Dios nos ofrece. Ya es hora de admitir mentalmente lo que ya sabe nuestro corazón: Jesús vive.

Y eso cambia todo.

✝

Personalizándolo: ¿Estás listo para reconocer que Jesús vive y que quiere captar tu corazón? ¿Si no, qué te detiene?

Oración: Jesús, mi corazón sabe la verdad, pero le tengo miedo. Ayúdame a superar mi miedo. Amén.

Lee 1 Corintios 15:1-11 para saber más acerca de la Resurrección.

Jesús mata los números, nuestros años de condena

Lo cierto es que Cristo ha sido levantado de entre los muertos, como primicias de los que murieron. 1 Corintios 15:20

Al salir del sepulcro, Jesús mató nuestros números. Esto no quiere decir los años que nos quedan en la cárcel antes de ser soltados. Tiene que ver con nuestro pecado y la culpa y el temor a la muerte.

Nos sentenciaron a años en la prisión. Si cumplimos la condena entera, matamos nuestros números. Que nos suelten de la cárcel comprueba que pagamos la deuda a la sociedad.

Al salir del sepulcro, Jesús ya había cumplido Su condena. Había pagado la deuda por nuestros pecados. Eso quiere decir que somos librados. Ya no nos tenemos que avergonzar por el mal que hemos cometido. Jesús nos libera de la esclavitud del odio racial y la aprobación de los demás. Nos libra de la necesidad de obtener nuestra identidad por medio de nuestro crimen, del poder, las drogas o las relaciones. Jesús mata nuestros números en esta vida. Su amor y Su aprobación por nosotros, así como estamos, nos ofrece una verdadera libertad.

Pero Su sepulcro vacío nos indica una libertad aún más significativa. ¡El sepulcro vacío quiere decir que conquistó a la muerte! Jesús mató nuestro terror de morir. Mató el miedo paralizante de qué nos va a pasar al morir. Ya no le tenemos que temer al terror de la muerte. Piensa de esa increíble libertad que es nuestra al ya no tener que tenerle miedo a la muerte. Si no tememos a la muerte, ya no le tenemos que tener miedo a nada.

¿Por qué muchos no nos atrevemos a recibir esta libertad? ¿Estamos tan cómodos en nuestra "institución" que cualquier novedad nos da miedo? O, más probable, ¿es que el pecado en nuestra vida ha estado con nosotros por tanto tiempo que ya no nos pica la conciencia, y nos parece normal? Ese sentirse cómodo es una mentira.

Personalizándolo: ¿Qué significa para ti que Jesucristo resucitó de entre los muertos para matar tu condena? ¿Cómo se sentiría ser liberado?

Oración: Dios Padre, estoy impuesto a mi manera por mucho tiempo. Ayúdame a soltarla para que sea verdaderamente libre. Amén.

Lee 1 Corintios 15:50-57 para conocer los pensamientos de Pablo acerca de la muerte y la resurrección.

Testimonio presencial

Fue sepultado, [...] resucitó al tercer día según las Escrituras, y [...] se apareció a [Pedro], y luego a los doce. Después se apareció a más de quinientos hermanos a la vez, la mayoría de los cuales vive todavía, aunque algunos han muerto. 1 Corintios 15:4-6

Muchos fuimos condenados a causa de testimonio presencial. Testimonio presencial ayuda a comprobar que algo ocurrió, *sin lugar a duda razonable*, más fácilmente. Cuando muchos testigos están de acuerdo con certeza de que vieron ocurrir la misma cosa con sus propios ojos, casi está garantizado el veredicto: ¡Culpable!

Lo más increíble que sea un acontecimiento, lo más que la gente necesita un testigo presencial. En cincuenta años, cuando se le diga a la gente que terroristas secuestraron cuatro aviones de pasajeros y que estrellaron dos contra las Torres Gemelas en Nueva York, matando a más de tres mil personas, quizás algunos duden que tal horrible acontecimiento haya ocurrido. Pero si los escépticos hablaran con las mismas personas que se escaparon de los edificios en llamas ese día, pueda ser que cambien de pensar. Sería un testimonio presencial convincente.

Es igual con la resurrección de Jesús. Muchos testigos presenciales vieron a Jesucristo después de su resurrección: mujeres, los discípulos y más de quinientos otros creyentes. Cuando el apóstol Pablo escribió la carta dirigida a la iglesia en Corinto veinticinco años después de la resurrección de Cristo, les dijo que no tenían que aceptar su palabra acerca de la resurrección; podían hablar con otros que habían visto al Jesús resucitado. Muchos probablemente lo hicieron.

Consideren el poder del testimonio presencial en nuestras vidas. Ahora compáralo al testimonio presencial acerca de Jesús. Una vez fuimos condenados por el testimonio; ¿se nos declara culpables de nuevo? Si Jesús resucitó de entre los muertos, entonces Él es el Señor.

Personalizándolo: Si Jesús verdaderamente resucitó de entre los muertos, ¿qué diferencia hace en tu vida?

Oración: Señor Jesús, muéstrale a mi corazón que Tú eres verdadero. Quiero creer. Amén.

Lee Hechos 4:33, y pregúntate si eso se puede decir de ti.

De temeroso a intrépido

Los gobernantes, al ver la osadía con que hablaban Pedro y Juan, y al darse cuenta de que eran gente sin estudios ni preparación, quedaron asombrados y reconocieron que habían estado con Jesús. Hechos 4:13

Tan convincente que sea el testimonio presencial, nada supera la experiencia de primera mano. Es una cosa escuchar los detalles de un motín contado por los encarcelados que lo vieron; es otro asunto si nosotros mismos estuvimos en medio del motín. Para verdaderamente entender el caos y sentir el miedo, tendríamos que estar ahí.

Los discípulos experimentaron el miedo de primera mano. Después de la muerte de Jesús estaban aterrorizados que los jefes judíos los iban a tratar de matar también. Se escondieron detrás de puertas con candado en un cuarto frente a un callejón en Jerusalén. Cada toque a la puerta los asustaba. Entonces Jesús les apareció en su escondite. Le tocaron las heridas de las manos y los pies. Comieron con Él. Su temor comenzó a disminuir.

Después de que Jesús subió al cielo y el Espíritu Santo llegó el día de Pentecostés, los discípulos fueron trasformados. Los discípulos sonaban como gente educada al predicar eficazmente a miles. Sus predicaciones tuvieron tanto éxito que fueron arrestados y llevados ante los jefes judíos. Los líderes estaban asombrados por la trasformación de estos hombres ineducados.

Para comprender completamente acerca del cambio en los discípulos, imagínate a dos presos alegando un caso satisfactoriamente ante la Corte Suprema. O imagínate a dos reos analfabetos enseñando en el Tecnológico de Monterrey acerca de los detalles de los derechos legales.

Este es otro comprobante que Jesús resucitó de entre los muertos. Y ¡es importante! Los discípulos fueron trasformados por el poder del Jesús resucitado, manifestado por el poder del Espíritu Santo. Jesús resucitó y volvió al Padre, y el Espíritu Santo de Dios se presentó. Ninguna otra cosa explica el cambio drástico de los discípulos. Jesús vive, el Espíritu Santo está activo y la nueva vida en Jesucristo lo espera a todo que la busque.

†

Personalizándolo: ¿Qué evidencia necesitas para que sueltes tu miedo y le pidas a Jesús Su fuerza para cambiar tu vida?

Oración: Jesús, trasforma mi vida. Necesito Tu ayuda. Amén.

Lee Hechos 2–4, y verás los apóstoles trasformados en acción.

El máximo mandamás

El Hijo es el resplandor de la gloria de Dios, la fiel imagen de lo que él es, y el que sostiene todas las cosas con su palabra poderosa. Después de llevar a cabo la purificación de los pecados, se sentó a la derecha de la Majestad en las alturas. Hebreos 1:3

Jesús resucitó de entre los muertos, conquistó al pecado y ahora está sentado a la derecha de Dios el Padre. ¿Cómo afecta esto nuestras vidas?

¿Quién puede ayudarnos más en nuestra situación actual? ¿Será el presidente, o el gobernador, o el encabezado de la mesa de libertad condicional o un famoso abogado? Imagínate tener acceso directo con esa persona… ¡todo el tiempo! Si esa persona trabajara sin descanso a favor nuestro, ayudándonos de maneras que no podemos imaginar, nos haría sentir bastante significantes.

Todos tenemos a esa Persona a la mano. Jesucristo refleja el carácter idéntico de Dios. Jesús controla el universo entero por medio del poder de Su palabra. Para ilustrarlo, piensa en esto. Si la distancia entre el sol y la tierra (150 millones de kilómetros) fuera tan grueso como esta hoja de papel, entonces la estrella más cercana estaría a más de veinte metros. Lo ancho de la galaxia sería 480 kilómetros, y nuestra galaxia es un puntito en comparación al universo entero. Jesús lo controla todo ¡con solo el poder de Su palabra![9]

Jesús no es cualquier lépero incumplido que ignoramos. Jesús no se puede descartar solamente como un profeta interesante o un sabio. Afirma ser uno con Dios. O es quien dice ser, o está loco. ¡No hay otra opción! Si nos desentendemos de Él, *escogemos rehusarlo*. No hay posición neutral con Jesucristo. ¡O estamos con, o estamos en contra! Debemos tomar una posición acerca de Jesús y de quién verdaderamente es. Lo tenemos que poner como el máximo mandamás de nuestra vida. Nos ofrece perdón, salvación, propósito, paz y libertad. Merece nuestra lealtad.

Personalizándolo: Si Jesús es un fraude, ¿por qué lo sigue la gente?

Oración: Jesús, eres el máximo mandamás. Abro mi vida a Tu poder cambiador. Amén.

Lee Salmo 118 para fortaleza y seguridad de Dios en tu vida.

¿Morir por una mentira?

Difícilmente habrá quien muera por un justo, aunque tal vez haya quien se atreva a morir por una persona buena. Romanos 5:7

Nadie de nosotros iría voluntariamente al pabellón de la muerte por algo que sabe ser mentira. Supón que otra miembro de la banda convenció a la chota para que fuéramos cargados con un asesinato que ella cometió. Si tenemos información ligándola con el crimen, lo revelaríamos inmediatamente en vez de enfrentarnos al corredor de la muerte a causa de sus mentiras. Este hecho de sentido común ayuda a comprobar la resurrección de Cristo.

Como leímos en una meditación reciente, los discípulos se escondieron después de que Jesús fue crucificado. Les tenían miedo a los jefes judíos. Pero Jesús apareció, aunque las puertas estaban bajo candado. Pusieron los dedos en los hoyos donde habían estado los clavos. Experimentaron a primera mano la verdad que Jesús vive. Había resucitado de entre los muertos. Sabían que era la verdad.

Luego, después de que los discípulos fueron ungidos por el Espíritu Santo el día de Pentecostés, salieron a predicar esta historia de la Resurrección. Hablaron con denuedo acerca de esta experiencia asombrosa.

Pero no es el fin del cuento. Todos murieron por sus esfuerzos. Todos sufrieron muertes horribles. La historia de la iglesia nos dice que todos los discípulos, excepto Juan, fueron mártires. Pedro fue crucificado boca abajo. A Pablo lo decapitaron, mientras que otros discípulos fueron atados a caballos y despedazados.

Pueda ser que pienses: *¿Y qué?* Muchos mueren por sus causas. Eso no comprueba nada. El hecho que los discípulos murieron, en sí, no comprueba nada. Lo que importa es *la creencia* que los llevó a la muerte. Estos seguidores de Jesús habían visto y experimentado al Cristo resucitado. Estaban convencidos de que Jesús había resucitado de entre los muertos. Por eso murieron voluntariamente. La gente no muere voluntariamente por una mentira. Mueren por lo que saben es la verdad. Jesús es la Verdad. Venció nuestro pecado, resucitó de entre los muertos y vive hoy.

Personalizándolo: Si Jesucristo verdaderamente murió y resucitó, ¿qué quiere decir en tu vida?

Oración: Jesús, ven a mí. Déjame conocer la verdad. Amén.

Lee Hebreos 11:35-40, acontecimientos de personas que murieron por la Verdad.

¿Puede el jurado llegar a un veredicto?

Mira que estoy a la puerta y llamo. Si alguno oye mi voz y abre la puerta, entraré, y cenaré con él, y él conmigo. Apocalipsis 3:20

Hemos pasado unos días examinado la evidencia que nos requiere tomar una decisión. No podemos estar en este jurado, escuchar la evidencia de la vida, muerte y resurrección de Jesús, sin rendir un veredicto. ¿Es Jesús verdaderamente el Hijo de Dios, o es un fraude?

Repasemos un poco de la evidencia:

Prueba A: Jesús era una verdadera persona, quien la historia registra como nacido de María y José.

Prueba B: Jesús afirmó ser el Mesías, uno con Dios el Padre y con el poder de perdonar los pecados de todos.

Prueba C: Jesús fue crucificado y murió a los treinta y tres años.

Prueba D: Jesús fue sepultado en el sepulcro de José de Arimatea.

Prueba E: El sepulcro fue sellado con una roca grande.

Prueba F: Los soldados romanos guardaron el sepulcro para asegurar que los discípulos no robaran el cuerpo de Jesús.

Prueba G: Al tercer día después de la muerte de Jesús, la roca se había quitado, los soldados quedaron como muertos y el sepulcro estaba vacío.

Prueba H: Jesús le apareció personalmente a María y comió con los discípulos.

Prueba I: Jesús apareció otra vez en persona a más de quinientos otros creyentes.

Prueba J: Los discípulos fueron trasformados de temerosos a guerreros.

Prueba K: Saulo el perseguidor se encontró con Jesús y se volvió en Pablo el líder cristiano.

Prueba L: A pesar de numerosas y feroces persecuciones, el movimiento cristiano ha prosperado por más de dos mil años.

La evidencia nos dice que o Jesús estaba loco, o Él es quien afirmó ser: el Hijo de Dios.

✝

Personalizándolo: ¿Cuál es tu veredicto?

Oración: Dios Padre, ayúdame a ver las pruebas con claridad. Amén.

Lee Marcos 15:33-41 para escuchar el veredicto del centurión romano.

¿Mentiroso, loco o Señor?

"Yo soy el camino, la verdad y la vida —[dijo] Jesús—. Nadie llega al Padre sino por mí. Si ustedes realmente me conocieran, conocerían también a mi Padre. Y ya desde este momento lo conocen y lo han visto". Juan 14:6-7

¿Cómo reaccionarías si alguien se parara durante la comida y gritara que es dios, que perdona pecados y que morirá y resucitará de los muertos? Le dirías que se calle la boca y tome su medicina.

Pero eso fue lo que afirmó Jesús. ¿Es un mentiroso? Si es mentiroso, también es un hipócrita puesto que predicaba honestidad e integridad.

Pueda ser que Jesús es un chiflado, tú sabes, loco. Si tu comadre dijera que es una osa polar, pensarías que está loca. Jesús afirmó ser algo más grande: Dios. Pero si Jesús estaba loco, ¿por qué aún lo sigue la gente después de tantos años? Hay muchos mesías falsos que atraen seguidores por un par de años, ¿pero más de dos mil? Lo dudo.

"Estoy tratando de prevenir que alguien diga la cosa absurda que la gente muchas veces dice acerca de Él: 'Estoy dispuesto a aceptar a Jesús como un gran maestro ético, pero que no acepto Su afirmación de ser Dios'. Esa es la única cosa que no debemos decir. Un hombre que simplemente fuera un hombre y dijera ese tipo de cosas que Jesús dijo no sería un gran maestro ético. O sería un lunático —al nivel de alguien que afirma ser un huevo tibio— o sería el Diablo infernal. Debes decidir. O este hombre fue, y es, el Hijo de Dios: o si no, es un loco o algo peor. Le puedes callar como un tonto, le puedes escupir y lo puedes matar como un demonio; o te puedes caer ante sus pies y llamarle Señor y Dios. Pero no lleguemos con la locura indulgente de que es un buen maestro. No nos dejó esa opción. No intentó dejarla"[10].

Personalizándolo: ¿Qué has decidido acerca de Jesús? Si no has tomado la decisión todavía, ¿qué te está deteniendo?

Oración: Dios, habla a mi corazón para que sepa de seguro que eres verdadero. Amén.

Lee lo que Jesús dice acerca de sí mismo en **Juan 15:1-17**.

Una esperanza viva

¡Alabado sea Dios, Padre de nuestro Señor Jesucristo! Por su gran misericordia, nos ha hecho nacer de nuevo mediante la resurrección de Jesucristo, para que tengamos una esperanza viva. 1 Pedro 1:3

Juanito Chávez, de dieciocho años, está condenado por vida sin libertad condicional. Era listo en la escuela, pero los otros chamacos se burlaban de él por su sobrepeso. Estuvo en un negocio de drogas que se puso feo. Un detective secreto fue herido y murió. Le echaron el caso encima de Juanito aunque no era el pistolero. Nunca saldrá de la prisión para ver a su hijita, bailar en su quinceañera, graduar de la prepa ni casarse. ¿Ya se terminó su vida? ¿Hay alguna esperanza?

Desde la Penal en Tutwiler en Alabama hasta el Centro Correccional en Fairbanks, Alaska, las celdas están llenas con chavalos que pasarán el resto de su vida en la prisión, haciendo estas preguntas. ¿Hay esperanza para estas vidas? Es peligroso tener esperanza en la cárcel. Tener esperanza quiere decir que crees que Dios tiene un plan para tu vida. Sin un futuro significativo, la vida no tiene sentido. ¿Así que, qué futuro significativo podemos esperar sirviendo una condena por vida sin libertad condicional dentro de una celda de dos por tres metros?

El apóstol Pedro escribió que Dios, en Su gran misericordia, "nos ha hecho nacer de nuevo [...] para que tengamos una esperanza viva". ¿Cómo puede tener sentido para nosotros que estamos cumpliendo la condena por vida? Primero, pueda ser que no salgamos de la prisión, pero podemos confiar en un futuro eterno con Jesús. Esa realidad está asegurada y es segura. En práctica, podemos vivir sirviendo a otros dentro de los muros, y experimentar la paz y la esperanza en Cristo por medio del espíritu de amor y compasión hacia otros. Adentro, podemos experimentar la vida que marca la diferencia, a Dios y a los demás.

¡Jesucristo vive! Cristo vive para nosotros. Su resurrección nos da la esperanza para un futuro con Él.

✝

Personalizándolo: ¿A qué se pareciera una vida en el servicio al nombre de Jesús? ¿Cómo cambiaría tu actitud hacia tu futuro el servir a otros?

Oración: Señor, hay veces que ando bien desanimado. Hoy escojo aferrarme a Ti como mi esperanza viva. En el nombre del Señor resucitado. Amén.

Lee Salmo 62 para ver cómo el salmista desesperado encuentra esperanza en medio de la desesperación.

La salvación

Estas preguntas tienen que ver con la meditaciones en las páginas 90–113.

Respondan en conjunto:

1. En Juan 14:6, Jesús declara ser el único camino a la salvación. Hablen acerca de cómo esta afirmación de Jesús no es exclusiva. Discutan si Jesús excluye a cualquiera por su color, crimen o clase. ¿Qué condiciones pone Jesús para darnos Su gracia? ¿Cuáles obras debemos hacer para merecer Su gracia? O ¿es la gracia un regalo gratis? Respondan juntos.

2. ¿Has recibido la gracia de Dios de una manera extraordinaria? Cuéntanos tu historia. ¿Cuál fue (es) tu respuesta a la gracia de Dios? ¿Qué significan para ti el amor incondicional y la gracia de Dios?

3. Ralph Waldo Emerson escribió: "Es imposible que un hombre sea engañado por un ajeno sino por sí mismo". Hablen acerca de lo que quería decir en vista de sus vidas ahora y cuando estaban en la calle. ¿Qué parte tomó tu autodecepción en tus circunstancias actuales? Si no has decidido acerca de Jesús, ¿te sigues engañando?

4. ¿Cuál es tu respuesta a la pregunta, "¿Quién es Jesús?" ¿Te deja Jesús nombrarlo simplemente como "un buen hombre"? ¿Qué declaraciones hace Jesús acerca de quién es? ¿Quieres tener una relación con Él, pero solo bajo tus condiciones? ¿Por qué no sirve eso?

Exploren la palabra de Dios en conjunto:

1. El **Salmo 27:11** hace resaltar la fe y confianza en Dios. ¿De qué manera te guía al "camino correcto" la luz del Señor en la prisión? La prisión es peligrosa y da miedo. ¿Cómo le habla el versículo a tus temores y cómo te consuela?

2. **Isaías 55:1** habla de la "sed". ¿Qué tipo de sed nos indica el escritor? A nivel personal, ¿qué te quitaría la sed? Noten la inclusión de la invitación a tomar. Gratis es buen precio. Considera la gracia de Dios a la luz del texto de Isaías. ¿Cuál es la única realidad que puede satisfacer nuestra sed más profunda?

3. En una paráfrasis de **Lamentaciones 3:25-27** el escritor nos habla de esperar ansiosamente, buscar con cuidado y anhelar tranquilamente la salvación de Dios. Es probable que te has sentido igual mientras esperabas la visita de alguien que amas. ¿Cómo se aplican estos sentimientos a tu relación con Dios? ¿Por qué dice el autor del libro de Lamentaciones que es bueno confiar en Dios desde joven? ¿Eso cómo hubiera cambiado tu vida?

4. **Filipenses 2:12** nos dice que nos esforcemos para demostrar los resultados de nuestra salvación. ¿Cuáles son algunos de los resultados de nuestra salvación en nuestras actitudes, comportamiento en público y tiempo a solas? ¿Hay algo que se tenga que ajustar? ¿Qué quiere decir Pablo por "profunda reverencia"? ¿A qué se parecería en tu vida?

Oren juntos:

1. Oren en silencio al principio, apreciando la comunión callada que el tiempo a solas con Dios te ofrece.

2. Luego oren juntos para verdaderamente sentir la gracia y el poder de Dios para inundarlos y guiarlos durante su tiempo adentro.

3. Oren para que el amor incondicional de Dios borre todo sentimiento de no ser perdonado y no perdonar.

Comprométanse a la **confidencialidad**…

  … **respétense** unos a otros

    … **oren** unos por otros

      … **anímense** unos a otros

        … **ríndanse cuentas** unos a otros.

Oración para los que buscan la salvación

Jesús, ¿por qué morirías por mí?
Esa es la pregunta más difícil que hago cuando
me acerco a pedir que entres en mi corazón
y a recibir Tu regalo, que es gratis.
¿Cómo me puedes amar?

Aunque he leído, Jesús, de cómo amaste a David
cuando cometió adulterio y asesinato premeditado.
¡He hecho peor!
Amaste a Saulo mientras atormentaba a los cristianos,
y lo cambiaste a alguien con valor.

Añoro ser de valor para alguien.
He abandonado a mis hijos, he decepcionado
a mis padres y te he decepcionado a Ti.
¡Pero no más! Hoy me comprometo a Ti y
acepto Tu regalo que me ofreces, gratis
—Tu gracia— para mí.

Gracias por amarme tanto que moriste por mí.
Al decir estas palabras, se levanta mi espíritu.
Siento Tu presencia y el poder
del Espíritu Santo venir sobre mí.
Gracias, Jesús.

†

Parte 4
El plan de Dios

Individualmente debemos recibir
a Jesucristo como Salvador y Señor;
así podemos saber y experimentar
el amor y el plan de Dios
para nuestras vidas.

¡Decide!

Si confiesas con tu boca que Jesús es el Señor, y crees en tu corazón que Dios lo levantó de entre los muertos, serás salvo. Porque con el corazón se cree para ser justificado, pero con la boca se confiesa para ser salvo. Romanos 10:9-10

En la página vi de la introducción, compartimos el bosquejo de las cuatro "Leyes Espirituales" que nos dan un entendimiento directo del mensaje del Evangelio.

La cuarta Ley Espiritual dice: "Debemos individualmente recibir a Jesucristo como Salvador y Señor; solo así podremos experimentar el amor y el plan de Dios para nuestras vidas". Hay veces que nos tenemos que comprometernos. Ahora es una de esas veces.

Hemos estudiado acerca del amor de Dios para nosotros. Aprendimos acerca de Su plan para nuestras vidas y del sacrificio de Jesucristo, que pagó por nuestros pecados. Entendemos que Jesús resucitó de entre los muertos y nos ofrece vida eterna. ¡Ahora, tenemos que tomar la decisión! ¿Seguiremos a Jesús?

Podemos abrir nuestro corazón a Su Palabra y el Espíritu Santo, y orar la oración a continuación y comenzar una nueva vida en Él. Podemos ser libres del egoísmo y del miedo. Podemos dejar la culpa y la vergüenza atrás y vivir por Él y por otros. Podemos aceptar el perdón ahorita y descubrir el gozo al abrazar el regalo de Jesús: la gracia.

Padre, sé que he quebrado Tus leyes y que mis pecados me han separado de Ti. Estoy verdaderamente arrepentido, y ahora quiero darle la espalda a mi vida de pecado en el pasado y mirar hacia Ti. Perdóname, por favor, y ayúdame a evitar pecar otra vez. Creo que Tu Hijo, Jesús, murió por mis pecados, fue resucitado de entre los muertos, vive y escucha mi oración. Invito a que Jesús se vuelva el Señor de mi vida, para que rija y reine en mi corazón de hoy en adelante. Por favor manda a Tu Espíritu Santo para que me ayude a obedecerte y cumplir con Tu voluntad por el resto de mi vida. Oro en el nombre de Jesús. Amén.

Personalizándolo: Volverse una nueva persona es duro en la prisión. Los otros encarcelados saben cómo has sido y quizá no crean que eres una nueva persona en Cristo. ¿Te arriegarás? Dios es fiel y no te fallará.

Oración: Jesús, me comprometo contigo. No me dejes colgando. Amén.

Lee el Salmo 91, un salmo de esperanza para cuando tengas miedo.

El funeral blanco

"De veras te aseguro que quien no nazca de nuevo no puede ver el reino de Dios", dijo Jesús. Juan 3:3

Ir a un funeral no es una de las más deseadas cosas en ninguna de nuestras listas. Los funerales indican que hemos perdido a alguien que conocemos o queremos. Experimentamos dolor y pena, igual que lágrimas y llantos. No es nada divertido, generalmente.

Pero para que nos arreglemos con Dios, tenemos que ir a lo que Oswald Chambers llamaría nuestro propio "funeral blanco", el entierro de nuestra vida pasada. Le llamamos un funeral blanco porque nuestra naturaleza vieja —el conocimiento callejero que nos metió en la cárcel— tiene que morir. La mayoría de los que conocemos a Jesucristo como nuestro Salvador personal se acuerda de la fecha y la hora exacta cuando fue a su funeral blanco. Nuestras necesidades se cambiaron de desear alcohol, drogas y encuentros sexuales a desear una relación con Jesús. Es como si nos volviéramos adictos a Dios. El Espíritu Santo jaló nuestros corazones como un imán. Nos volvimos personas nuevas desde adentro.

Para los que no tenemos una relación con Jesús todavía, nos falta un funeral blanco: nacer de nuevo. Pueda ser que nos asombremos, no sabiendo lo que quiere decir. Lo que quiere decir es esto: cuando llegamos a ese lugar donde nuestro corazón le grita a Dios y lo abrimos a la presencia del Espíritu Santo, entonces Jesucristo entra en nuestro corazón. Si verdaderamente le pedimos a Dios que nos cambie nuestra vida de una manera trasformadora, nuestra vieja naturaleza muere y la nueva nace. Recibimos la libertad de la culpa, el miedo, el enojo y el corazón sin perdón. En lugar hay un corazón que reconoce el pecado y comprende el sacrificio asombroso de Jesús para nuestro beneficio. Nos volvemos recién nacidos: nuevas creaciones en Jesucristo (ver 2 Corintios 5:17). Nuestros seres pecaminosos mueren, y comenzamos una nueva vida en Cristo, por el poder del Espíritu Santo.

Personalizándolo: ¿Has tenido un "funeral blanco"? ¿Confiarás en Dios lo suficiente para dejar lo que conoces —tu vieja naturaleza— y cambiarla por Su promesa de algo mejor?

Oración: Dios Padre, quiero un corazón nuevo, una nueva vida; quiero nacer de nuevo. Ven a mi corazón ahorita. Amén.

Lee Juan 3, el relato de Jesús y Nicodemo.

¿Cómo puedo ser salvo?

[El carcelero] los sacó y les preguntó: "Señores, ¿qué tengo que hacer para ser salvo?". Hechos 16:30

Después de la conversión de Pablo el apóstol, él y Silas viajaron y predicaron en varias ciudades. Un día ordenaron que un demonio saliera de una esclava joven, así enojando mucho a sus amos. Sus dueños arrastraron a Pablo y a Silas ante un juez y le mintieron. Como resultado, los dos misioneros fueron condenados, les arrancaron la ropa, les pegaron y los metieron a la cárcel. En vez de quejarse de la injusticia, Pablo y Silas pasaron el tiempo cantando y orando en el calabozo. Esa noche, Dios mandó un terremoto, que abrió las puertas de la cárcel y soltó las cadenas de los presos. Pensando que todos los presos se habían escapado, el carcelero angustiado estaba a punto de matarse. Pero Pablo lo detuvo y le dijo que todos los presos todavía estaban ahí. Se le salvó la vida al carcelero, porque si se hubieran escapado los presos, se le hubiera puesto a muerte.

En Pablo y Silas, el guardia vio algo que quería para sí mismo. Los dos tenían confianza y tranquilidad obvias. Así que el carcelero hizo una pregunta que todos debemos preguntar antes de morir: "¿Qué tengo que hacer para ser salvo?".

Pablo le contestó la pregunta al carcelero con estas palabras: "Cree en el Señor Jesús; así tú y tu familia serán salvos" (Hechos 16:31). Después de que Pablo y Silas le enseñaron al hombre y su familia acerca de la salvación por medio de Jesucristo, el hombre creyó. Más tarde esa noche se bautizaron el hombre y su familia entera. El carcelero tomó la decisión más importante de su vida. Decidió creer en Jesucristo.

Hoy, ahora, tenemos la misma oportunidad. ¿Qué tenemos que hacer para ser salvos? Creer que Dios nos ama tanto que envió a Jesús para que muriera por nuestros pecados.

†

Personalizándolo: ¿Has tomado esa decisión de creer? Si es así, ¿qué te causó creer? Si no, ¿qué te detiene?

Oración: Señor Jesús, decido creer en Ti. Gracias por todo lo que has hecho por mí. Amén.

Lee Hechos 16:16-40 para la historia entera de la experiencia de Pablo y Silas en la cárcel.

¿Qué crees?

¿Tú crees que hay un solo Dios? ¡Magnífico! También los demonios lo creen, y tiemblan. Santiago 2:19

Mucha gente cree en Dios. Ven las montañas y los mares y confiesan que existe un Creador. Vemos cómo el cuerpo humano se recupera después de tres balazos por un tiroteo a volada, y nos maravillamos. Atestigua del Creador. Si le preguntáramos a cada preso en el tambo si cree en Dios, la mayoría diría que sí. Pero ¿qué creemos? ¿Qué queremos decir al decir que creemos en Dios?

Cuando pasábamos el rato con nuestra banda de bandidos en motos, muchas veces decíamos que confiábamos unos de otros. Mirábamos alrededor del chante de la banda y chocaleábamos las cheves para afirmar las cuerdas de hermandad. Los que servimos en las Fuerzas Especiales de los EE. UU. creíamos unos de otros, especialmente al necesitar que alguien nos cuidara la espalda durante operaciones encubiertas. Pero ¿qué queríamos decir al decir que creíamos en nuestros compas?

Queríamos decir algo más de que nuestros amigos existían. Afirmábamos que creíamos en su lealtad, confiabilidad e integridad. Creíamos en su palabra y en su amor para con nosotros.

Al decir que creemos en Dios, ¿decimos la misma cosa?¿Creemos que Dios promete perdonar nuestros pecados? ¿Creemos que nos dará un nuevo comienzo, no importa donde estemos? ¿Creemos que Dios redimirá nuestras vidas y que las llenará con propósito y sentido, aunque estemos en la Unidad Segregada? O ¿no más decimos que Dios existe, en algún lado?

Al recibir a Jesús como nuestro Salvador, decimos que creemos que Él murió por nosotros… personalmente. Decimos que confiamos en que Él sabe nuestros nombres y que quiere una relación personal con nosotros.

Personalizándolo: ¿Qué te está deteniendo de tener una relación personal con Jesús y Su amor que cambia tu vida?

Oración: Jesús, gracias por amarme tanto que aunque yo fuera la única persona viva, te hubieras ido a la cruz por mí. Eso es amor. Gracias. Amén.

Lee Juan 3:31-36 para descubrir las ricas recompensas para los que creen en Jesús.

Señálales a Jesús

"No teman lo que ellos temen, ni se dejen asustar". Más bien, honren en su corazón a Cristo como Señor. Estén siempre preparados para responder a todo el que les pida razón de la esperanza que hay en ustedes. Pero háganlo con gentileza y respeto. 1 Pedro 3:14-16

Llevar nuestra fe en Jesús a la yarda es algo intimidante. Nos consideran debiluchos por creer en Jesús, y nos enfrentan con preguntas duras. La gente quiere saber por qué un Dios "cariñoso" permite hambre en el África o grandes terremotos en países pobres o un asesino que mata niños de seis años en la escuela. Nos consideran intolerantes y arrogantes por creer que el cristianismo es la única manera de llegar a Dios.

Podemos confirmar sus preguntas y mostrar el corazón de Jesús, lleno de compasión y entendimiento, pero debemos evitar la trampa del diablo. No dejes que esas preguntas te intimiden ni que te distraigan de proclamar la verdad. Así que ¿cómo podemos evitar esa emboscada y compartir nuestra fe? ¡Señálales a Jesús!

Jesús no es una religión. Es una persona. Hay una gran diferencia. Él es el cimiento que se tiene que discutir antes de hablar de cualquier otro asunto. Como sabe cualquier albañil, el cimiento es lo más importante de hacer como se debe. No ayuda hablar de gabinetes en la cocina hasta cuadrar el cimiento.

La gente tiene que decidir quién es Jesús. Se les tiene que dar la oportunidad de examinar Su vida y Su ministerio para que puedan decidir si es un mentiroso, un disparatado o el Señor del universo. Si los otros presos rehúsan creer en las afirmaciones de Jesús, entonces es una pérdida de tiempo hablar de Dios con ellos. Si llegan a aceptar a Jesús como Señor, entonces los asuntos difíciles están puestos dentro del contexto de un Señor cariñoso que dio Su vida por nosotros.

Si el centro de la rueda es como es de esperar, la rueda entera funciona como se debe. Al llevar nuestra fe a la yarda, debemos llevar a nuestros hermanos o hermanas inquisitivos para introducirlos al Señor resucitado. ¡Todo lo demás concuerda al arreglarse con Jesús!

✝

Personalizándolo: ¿A quién le vas a dirigir a Jesús? ¿Cuándo? Debes conocer tanto a Jesús que estás listo para compartir con los demás acerca de Él.

Oración: Espíritu Santo, dame las palabras debidas para dirigir a alguien a Jesús. Amén.

Lee Juan 14:6-7, un recuerdo acerca de quién es Jesús.

La vida nueva

Por lo tanto, si alguno está en Cristo, es una nueva creación. ¡Lo viejo ha pasado, ha llegado ya lo nuevo! 2 Corintios 5:17

Al aceptar a Jesús como nuestro Salvador, nos volvemos unas nuevas personas completamente. Se va nuestra vida antigua en cadenas, y empieza una nueva vida en libertad.

Muchos conocemos la esclavitud. Unos estábamos (o aún estamos) en esclavitud a las drogas. Conocemos el miedo y cómo es sentirse verdaderamente miedoso. Muchos fuimos abusados y ahora nos sentimos tomados como rehenes por los sentimientos del abandono y del rechazo. Todavía sentimos el pellizcar de los grilletes de la desesperación alrededor de las muñecas y los tobillos de nuestras vidas.

Cargamos las cadenas del orgullo y egoísmo que nos impiden pedirle a Dios que nos abra los grillos de la desesperación. Unos tenemos miedo de confiar en Cristo porque no creemos que verdaderamente puede arreglar nuestras vidas. Caemos en la trampa de pensar que la vida en Cristo tiene que ver con reglas y reglamentos. No es así. Algo que enfatiza reglas y reglamentos como una manera de llegar a Dios puede ser una religión, pero no es una relación. No es el verdadero cristianismo. Cuando Jesús nos salva, nos salva para una vida de libertad; no libres para pecar, sino que libertad para hacer lo debido.

Las llaves de nuestro Salvador abren nuestras cadenas. Nuestras vidas viejas —con sus esclavitudes y sus mañas— desaparecieron. Empieza un proceso de cambio. Nuestras vidas viejas son como una pecera sucia que apesta el cuarto cuando el filtro de agua está descompuesto. Al aceptar a Jesús como nuestro Salvador, Él nos pone un nuevo filtro de agua en la pecera de nuestra vida. Suelta un par de pastillas de cloro en la reserva de nuestro corazón. El resultado es agua pura y dulce que promueve vida, salud y esperanza.

Personalizándolo: ¿Cómo se sentiría tener agua pura en tu vida? ¿Confiarás en Jesús para que te haga una nueva persona?

Oración: Gracias, Jesús, por darme vida nueva, por hacerme una nueva persona. Límpiame, y úsame para edificar Tu reino. Amén.

Lee Colosenses 3:1-10 para una descripción de la vida nueva en Jesucristo.

Creer es solo el principio

¿Quién es el que me ama? El que hace suyos mis mandamientos y los obedece. Y al que me ama, mi Padre lo amará, y yo también lo amaré y me manifestaré a él. Juan 14:21

Aunque Dios desea nuestra fe, Él quiere que vayamos más allá de la fe hacia la obediencia. Los que aceptamos a Jesús como Salvador y Señor debemos profundizar y ampliar nuestro entendimiento de quien es, y luego actuar a base de esas creencias.

Por ejemplo, si verdaderamente creemos que darle lustre de gran brillo a las botas de la prisión diariamente nos va a quitar diez años de la condena, gastaremos el cepillo. Si supiéramos de seguro que lucir ropa bien planchada, cabello rizado y uñas pulidas nos adelantaría la libertad condicional, lo haríamos.

¿Y qué de nuestro creer en Jesús? ¿Podrá cambiarse de simplemente reconocer a un ser supremo a una verdadera fe en un Dios que conoce nuestros nombres y sabe nuestro número de preso? ¿Estamos dispuestos a estudiar la Palabra de Dios y verlo como el "manual del propietario" para nuestra vida? ¿Estamos dispuestos a entregar nuestra vida a Jesucristo como nuestro Señor, nuestro Amo? ¿Estamos dispuestos a desear Su voluntad y obedecer lo que Él quiere que hagamos con nuestra vida? ¡Ya vamos entrando a fondo!

¿Qué quiere decir que recibimos a Jesucristo como Señor de nuestra vida? Quiere decir que Él está a cargo. Él es el jefe. Dios dice de sí mismo: "Crean en mí, y entiendan que yo soy. Antes de mí no hubo ningún otro dios. […] Yo, yo soy el Señor, fuera de mí no hay ningún otro salvador" (Isaías 43:10-11).

Obramos en conjunto con el Señor, pero nuestro papel es de obedecer con gozo. Para los que tenemos problemas con la autoridad, tenemos que acordarnos que Jesús es un Señor cariñoso, no un Jefe egoísta en busca del poder. Podemos confiar en darle nuestra vida.

✝

Personalizándolo: ¿Cuál paso de obediencia tomarás hoy?

Oración: Dios, no quiero contentarme con no más saber de Ti. Quiero conocerte por medio de hacer lo que Tú dices. Amén.

Lee Jonás 1–3 para aprender lo que le pasó a Jonás por no obedecer a Dios, y luego qué pasó cuando sí lo hizo.

Sanado por el tocar del Señor

Cuando [Jesús y los discípulos] llegaron a Betsaida, algunas personas le llevaron un ciego a Jesús y le rogaron que lo tocara. Él tomó de la mano al ciego y lo sacó fuera del pueblo. Después de escupirle en los ojos y de poner las manos sobre él, le preguntó: "¿Puedes ver ahora?". El hombre alzó los ojos y dijo: "Veo gente; parecen árboles que caminan". Entonces le puso de nuevo las manos sobre los ojos, y el ciego fue curado: recobró la vista y comenzó a ver todo con claridad. Marcos 8:22-25

En meditaciones anteriores dijimos que Jesús no es un Maestro mandón ni sádico. Es un Señor compasivo y cariñoso. Las siguientes meditaciones tendrán que ver con este pasaje en Marcos 8 para ver qué nos dice acerca del carácter de Jesús.

Jesús era un hombre muy ocupado. Ya que se daban cuenta de los milagros que Él hacía, el gentío lo acosaba. Uno pensaría que se molestaría por la multitud después de un rato, y que querría mandar a la gente a casa. Pero no es así nuestro Señor. Cuando le trajeron a un ciego, Jesús se acercó al hombre y se interesó personalmente. Jesús pudiera solamente haberle dado un consejo. O solamente dado una palabra para sanarlo. Pero Jesús no es así. Tomó el tiempo para estar con el hombre. Lo tocó y lo tomó de la mano.

Entonces Jesús hizo algo sorprendente. Usó Su saliva para tocarle los párpados. Eso es bastante íntimo. Nuestro Señor no se alejó; se involucró personalmente en la dificultad del hombre.

Ese es el tipo de Señor que servimos. Tiene compasión. Quiere que estemos completos. Cuando tenemos problemas, no se aleja de nosotros. Se acerca y se involucra personalmente para sanar lo que nos limita o nos debilita.

✝

Personalizándolo: ¿Dónde necesitas que el Señor te toque? ¿Dónde necesitas ser completado?

Oración: Señor, tócame para sanarme. Necesito que me hagas completo. Amén.

Lee Mateo 8:1-15, historias de cómo nuestro Señor tocó con compasión la vida de gente que tenía que ser restaurada.

Ceguera espiritual

[Jesús] le preguntó: "¿Puedes ver ahora?". El hombre alzó los ojos y dijo: "Veo gente; parecen árboles que caminan". Entonces le puso de nuevo las manos sobre los ojos, y el ciego fue curado: recobró la vista y comenzó a ver todo con claridad. Marcos 8:23-25

Este cuento es de interés en que Jesús no sanó al hombre todo de una vez. Lo hizo en dos tandas. ¿Por qué lo hizo así? ¿No tenía suficiente poder Jesús para sanarlo la primera vez?

Esta historia tiene dos niveles de sentido: uno tiene que ver con la ceguera física, y otro tiene que ver con un mensaje más profundo acerca de la ceguera espiritual. No es que Jesús no tenía el poder para sanar al hombre con el primer tocar. Le quería enseñar al hombre —y a nosotros— acerca de la curación más profunda de la ceguera espiritual.

Muchos acontecimientos en nuestra vida tienen un nivel físico (visible) y un nivel espiritual (invisible). Nuestros ojos físicos nos permiten ver lo visible: cosas como la gente, el cielo, el arco iris, el pasto. Nuestros ojos espirituales nos permiten ver cosas invisibles: cosas como el amor, la gracia, la verdad, la misericordia, la santidad. Si estamos ciegos espiritualmente, solo vemos parte de la realidad. Es como tratar de ver a través de una ventana sucia. No vemos la imagen completa, la verdad entera.

La ceguera espiritual nos impide ver el amor de Dios para con nosotros, Su reconocimiento o Su perdón. Si estamos ciegos a estas realidades, terminamos con sentimientos de desesperación y menosprecio. Si estamos ciegos a nuestra protección por Dios, vivimos en temor. Si estamos ciegos a su mano estrechada para guiarnos, vivimos sin dirección.

Como el hombre del cuento, tenemos que llegar a Jesús y permitir que nos toque los ojos espirituales para que se abran y para que podamos ver todo claramente.

✝

Personalizándolo: ¿De qué maneras estás ciego espiritualmente? ¿Cómo se sentiría si Jesús te sanara?

Oración: Señor Jesús, te pido hoy —ahorita— que comiences el proceso que me deje verte a Ti y a otros claramente. Amén.

Lee Mateo 20:30-34 y Marcos 10:46-52, historias de ceguera que fue sanada.

¿Qué vemos?

El ciego fue curado: recobró la vista y comenzó a ver todo con claridad. Marcos 8:25

El pasaje nos dice que cuando la vista del hombre fue restaurada, podía ver todo claramente. Pero ¿qué vio? Lo primero que vio fue a Jesús.

Lo mismo ocurre cuando recobramos nuestra vista espiritual. Comenzamos a ver claramente las circunstancias en nuestra vida, sin sombras. Y vemos a Jesús. Vemos Su cara, llena de compasión. Vemos Sus ojos llenos de amor, que nos miran y dicen: "Tu eres mi hijo(a)". Vemos Sus manos cicatrizadas por los clavos, que nos recuerdan que colgó en la cruz por nuestros pecados. Vemos claramente que es Jesús quien nos ha restaurado nuestra vista espiritual. Él es el que nos completa. Con nuestra vista espiritual agudizada, veremos a Jesús en cada vuelta de nuestra vida, guiándonos en el camino, guardándonos del peligro, llevando nuestras cargas e introduciéndonos a personas que necesitan que les contemos acerca de nuestro Salvador.

La segunda cosa que el hombre vio al recobrar la vista fueron sus amigos, las personas que lo habían llevado a Jesús. Si el hombre estaba ciego de nacimiento, nunca había visto las caras de sus amigos. Debía de haber estado muy agradecido con ellos. Es lo mismo con nosotros. ¿Quién nos trajo a Jesús? ¿Quiénes fueron los amigos que reconocieron que estábamos ciegos y quienes nos condujeron a Jesús? Piénsalo. ¿Quién fue el primero en hablarnos de Jesús? ¿Quién nos amó y nos reflejó el carácter de Jesús?

O piénsalo de esta manera: ¿Quiénes son los "ciegos" que conocemos? ¿Quién necesita que Jesús les toque los ojos y les dé visión espiritual? ¿Estamos dispuestos a ser los amigos que tienen suficiente fe en la habilidad de Jesús de restaurar la visión para llevarle nuestros amigos?

Personalizándolo: ¿Quiénes son las personas que te trajeron a Jesús? ¿Cómo puedes agradecerles?

Oración: O Señor, ya que me has dado vista, muéstrame las personas que debo traerte. Amén.

Lee Efesios 2:1-10, el relato de Pablo acerca de la gracia de Dios hacia nosotros.

No aceptes la vista borrosa

Después de escupirle en los ojos y de poner las manos sobre él, le preguntó: "¿Puedes ver ahora?". El hombre alzó los ojos y dijo: "Veo gente; parecen árboles que caminan". Marcos 8:23-24

Cuando la gente nos ayuda, pero no hace buen trabajo, nos da desgana decirle. En el restaurante, la mayoría le dice a la mesera que la comida está "muy buena" aunque no lo sea.

Pero mira al hombre quien Jesús ayudó. Cuando primero le preguntó si veía algo, el tipo contestó que tenía borrosa la vista. Le informaba a Jesús que la vista estaba mejor pero aún no completamente clara. ¡Ay! ¿Cuántos tendríamos las agallas para decirle a Jesús que su cura era "buena, pero no excelente"? La mayoría estaríamos agradecidos solo por ver sombras. Pero este hombre no lo estaba.

El Dr. Tim Keller sugiere que tenemos todo el derecho, y la responsabilidad, de sentirnos "santamente insatisfechos" con nuestro nivel de vista. Demasiadas veces aceptamos un cierto nivel de relación con Jesús. Reconocemos que somos pecadores y que Jesús murió por nuestros pecados, pero aún no vemos el cuadro entero. Hay veces que pensamos que vale tener borrosa la visión espiritual. Pero ¡no es así! Si el hombre no hubiera sido franco con Jesús, se hubiera andado tropezando.

Tampoco está de acuerdo Jesús que tengamos la visión borrosa. Pueda ser que estaba probando al hombre, queriendo saber si iba a estar satisfecho con lo "suficientemente bueno". Jesús quiere que nuestra visión sea 20/20. Quiere que veamos la verdad claramente.

No nos conformemos con lo "suficientemente bueno". Sigamos confrontando a Dios para que nos enseñe dónde estamos agarrados al autoamor y el egoísmo que empeoran nuestra visión. Debemos exigir que Jesús siga tocando nuestros ojos para que lo podamos ver claramente.

✝

Personalizándolo: ¿Cómo está tu visión? ¿Si está borrosa, qué vas a hacer para corregirla?

Oración: Jesús, no estoy satisfecho con la vista borrosa. Toca mis ojos de nuevo y otra vez más… hasta que te pueda ver claramente. Amén.

Lee Génesis 32:22-30, el cuento de la lucha de Jacob con Dios.

Los amigos nos ayudan a ver

Cuando llegaron a Betsaida, algunas personas le llevaron un ciego a Jesús y le rogaron que lo tocara. Marcos 8:22

Si queremos ser sanados de la ceguera espiritual, necesitamos otras personas. No basta con buscar alivio de la ceguera espiritual a solas. Necesitamos la ayuda de otros que ven a Jesús claramente. En la cárcel, se nos enseña a "cumplir nuestra propia condena". Pero esta historia nos demuestra que el código de los condenados está fuera de línea con la Palabra de Dios. Los amigos del ciego lo llevaron a Jesús. Le rogaron a Jesús que lo sanara. Ellos podían ver a Jesús, y querían que su amigo lo viera también. Cuando buscamos a un hermano o hermana en Cristo y les pedimos que nos ayude con nuestra vista espiritual, pasan tres cosas.

Uno, demostramos humildad en admitir que estamos ciegos espiritualmente. Jesús vino a la tierra como humano, humillándose para que nos pudiera salvar. Su ejemplo nos guía fuera de la ceguedad espiritual. Al ser humildes, podemos ver.

Dos, entregamos nuestro problema. Al entregarnos, admitimos derrota y nos damos a algo más grande que nosotros. Solo al ser destruida nuestra naturaleza rebelde, podremos comenzar a observar las cosas que Dios quiere que veamos.

Tres, estamos dispuestos a rendir cuentas. Encontramos a un cristiano maduro que ande con nosotros. Así le demostramos a Dios y a los demás que estamos dispuestos a someternos a la autoridad de Dios.

Si estas tres cosas nos causan inquietud, entonces nuestro ídolo de autosuficiencia está vivo y fuerte. La confesión confidencial es un buen comienzo, pero a veces nos deja quedar agarrados a nuestros ídolos. La confesión privada, junta con la humildad pública, entrega declarada y responsabilidad transparente producen una combinación con éxito para quitar la ceguera espiritual.

Nosotros que le damos tanto valor a la privacidad ¿estamos dispuestos a abrir nuestros corazones a otros, para que Jesús nos pueda abrir los ojos hacia Él?

✝

Personalizándolo: Pídele a Dios para que te mande a un amigo en quien puedas confiar con lo íntimo de tu corazón, y lo hará.

Oración: Señor Jesús, tengo miedo de exponer mis pensamientos a otro. Ayúdame a sobrepasar mi temor. Amén.

Lee Mateo 8:5-13, el cuento de un soldado que pide ayuda.

Jesús como Salvador y Señor

Estas preguntas tienen que ver con las meditaciones en las páginas 118–129:

Respondan en conjunto:

1. El cantautor Bob Dylan escribió: "Tengo que servir a alguien", una canción acerca de cómo todos tenemos que servir a algo. ¿Qué adoras, y a quién le has dado tu más alta devoción? Compartan abiertamente las cosas que compiten con tu lealtad a Jesús. ¿Qué te impide someterte a Él?

2. ¿Crees en Jesús? (¡El diablo sí cree!) ¿Qué crees acerca de Jesús? ¿Has creado a Jesús a tu propia imagen, o aceptas lo que Él declaró acerca de sí mismo? Hablen acerca de cómo el creer en Jesús combina consentimiento intelectual y la rendición de tu voluntad a Dios. ¿En qué maneras específicas debería tu vida dentro de los muros reflejar tu creencia?

3. Muchos hemos escuchado el dicho: "Saber un poco es más peligroso que saber nada". ¿Qué quiere decir eso? ¿Qué tiene que ver con tu conocimiento de Jesús y tu testimonio ante los demás en la prisión? ¿Cómo podría un entendimiento nublado de Jesús servir como algo para esconderte y no escuchar las palabras claras acerca de tu vida? ¿Por qué es la visión clara de Jesús tan convincente? ¿Qué dice la Biblia que es la cura para una visión borrosa?

4. Al hablar con otros acerca de Dios, ¿por qué es tan crítico llegar a un acuerdo acerca de quién es Jesús? ¿Al hablar con incrédulos, cómo te guarda el enfoque en Jesús de las desviaciones a asuntos importantes pero más polémicos?

Exploren la palabra de Dios en conjunto:

1. **Habacuc 2:18-19** hace preguntas muy agudas acerca de los ídolos. ¿Qué forma toman los ídolos en la prisión? Hablen acerca de cómo los perdones, las conmutaciones, los nuevos juicios o mejores abogados se pueden volver en dioses. ¿Cómo hacer que *algo bueno* sea *lo máximo* para ti trasforma esa cosa buena? ¿En qué se vuelve?

2. **Mateo 12:43-45** es un retrato poderoso. ¿Qué quiere decir Jesús al hablar de una casa barrida, arreglada y *desocupada*? ¿De qué manera te da qué pensar este mensaje? ¿Qué debes cambiar para llegar a ser una casa barrida, arreglada y *ocupada*? ¿Ocupada con qué?

3. **Efesios 4:17-24** describe a personas que han cerrado su mente y endurecido su corazón hacia Dios. ¿Cómo vive esa gente? ¿Cómo interactúa con los demás alguien con corazón endurecido? ¿Qué pasa cuando alguien oye de Jesús? Contrasta tu "vieja naturaleza" con tu "nueva naturaleza" en Cristo.

4. ¡**Josué 24:15** nos reta a tomar una decisión! ¿Cómo has decidido? ¿Titubearás al volver a la calle? ¿Cómo puedes animarte con la declaración atrevida de Josué? ¿De qué manera te conduce a la paz mental el escoger definitivamente?

Oren juntos:

1. Oren para que Dios les dé una visión clara acerca de cualquier ídolo que hayan erigido en su vida.

2. Oren para que sean generosos y llenos de gracia, con espíritus humildes y bondadosos hacia los demás.

3. Oren para paz mental en medio de la noche.

Comprométanse a la **confidencialidad**…

… **respétense** unos a otros

… **oren** unos por otros

… **anímense** unos a otros

… **ríndanse cuentas** unos a otros.

Oración para los salvos

Señor Jesús, ¡gracias por amarme!
Gracias por volverte una persona que fue
tentado igual como yo he sido tentado.
Alabo Tu nombre por no haber caído en la tentación,
como yo lo he hecho tantas veces. Gracias, Jesús,
por estar dispuesto a ir a la cruz para que yo,
que debería ser crucificado por mi pecado,
no tengo que sufrir. Gracias, Jesús,
por obedecer a Tu Padre y quitar
no solo mi pecado sino el pecado del mundo.

Gracias, Dios Padre, por enviar a Tu Hijo
para que muriera por mí. Cuánto te debía haber dolido
verlo sufrir. Qué amor verdaderamente tienes por mí:
¡amor increíble! Algún día seré libre.
Algún día terminará mi condena aquí en la tierra,
y comenzaré la orden de VIDA contigo para la eternidad.
Por favor, acepta mi alabanza y gratitud hacia Ti.

Espíritu Santo, haz conmigo lo que Tú quieras mientras
Dios me dé respiro dentro del cuerpo,
dentro de estas paredes y
entre estos hombres y mujeres.
Déjame sentir Tu callada presión sobre mi espíritu,
y dame la voluntad para obedecer cada de Tus
mandamientos para mi vida.

Amén.

✝

Buena Noticia, no buen consejo

Esta es la Buena Noticia acerca de Jesús el Mesías, el Hijo de Dios. Marcos 1:1, NTV

Cada prisión tiene sus programas de autoayuda para tratar la furia violenta, las adicciones y otras anormalidades de comportamiento. Clases para ofensores sexuales chocan con las de los doce pasos de AA y NA. Los presos hablan del libro *Los 7 hábitos de la gente altamente efectiva* por Stephen Covey. La mayoría de estos da buen consejo. Pero no confundamos buenos consejos por la Buena Noticia de Jesús.

Jesús declaró que Él es el Hijo de Dios y el único camino al Padre. Él es Aquel que se hizo carne, fue crucificado y resucitó de entre los muertos. Jesús es el puente entre la humanidad pecaminosa y un Dios perfecto. Cristo se volvió pecado para todos nosotros para que pudiéramos vivir con Dios eternamente. Él pagó nuestra deuda.

La Buena Noticia de Jesús se parece al *New York Times* en que el periódico comparte relatos de acontecimientos verídicos: hechos, no ficción. Jesús no es un gurú de autoayuda. Ver a Jesús como un siquiatra de la antigüedad sería perder Su poder y Su misión de cambiar vidas.

Muchos preferimos la versión autoayuda de Jesús porque nos deja escoger cuáles consejos seguir. Nos permite seguir las reglas que nos gustan y descartar las que complican nuestro estilo de vida. Nos deja tratar de salvarnos a nosotros mismos, en vez de rendirnos a Jesucristo como Señor de nuestra vida.

Es bueno imitar los mandamientos y estilo de vida de Jesús, pero no es suficiente. Él quiere que nos entreguemos, no que lo imitemos. Doblar la rodilla en entrega completa a la persona viva de Jesús como Salvador y aceptar Su gracia es el único camino a la salvación. Esta es la piedra angular de las lecciones de la vida de Jesús.

Personalizándolo: ¿Quieres a un Señor y Salvador personal o un Jesús de autoayuda?

Oración: Señor Jesús, quiero que seas mi Salvador, no un gurú de consejos. Toma el control de mi vida. Amén.

Lee 2 Corintios 5:21 y compara tu opinión actual de Jesús con la opinión de Pablo.

Un completo cambio de rumbo

Pues la clase de tristeza que Dios desea que suframos nos aleja del pecado y trae como resultado salvación. No hay que lamentarse por esa clase de tristeza; pero la tristeza del mundo, a la cual le falta arrepentimiento, resulta en muerte espiritual. 2 Corintios 7:10, NTV

Muchos nos sentimos mal por nuestros crímenes. Nos sentimos mal porque nos agarraron, fuimos convictos y nos sentenciaron a calendarios múltiples en la prisión. Algunos verdaderamente lamentamos el dolor que nuestros crímenes les causaron a nuestras víctimas y sus familias. Podemos lamentar el dolor que les causamos a nuestras familias, si es que todavía tenemos familia. Estamos penitentes.

Pero no confundas la penitencia con el arrepentimiento. Jesús predicó un mensaje de arrepentimiento. El verdadero arrepentimiento siempre es algo más que la penitencia. Requiere un cambio de rumbo completo, una vuelta de 180 grados a una nueva dirección. El verdadero arrepentimiento requiere una mente nueva. Es como una revolución. El arrepentimiento es difícil de lograr, pero es necesario y fundamental para un verdadero cambio espiritual.

El arrepentimiento genuino nos aleja del pecado, lejos de nuestro antiguo modo de pensar. El arrepentimiento tiene que ver con el abandono completo del orgullo, del egoísmo y de la rebelión. Debemos estar dispuestos a sacrificar nuestros pecados cuidadosamente escondidos. Tenemos que desechar pecados engañosos como el farisaísmo, el juzgar al ajeno y la arrogancia.

Demasiadas veces, nuestras actitudes de prepotencia nos conducen a despreciar a los cuyos crímenes nos desagradan. Los vemos en la capilla de la prisión y los juzgamos. Pero acuérdense: solo Dios puede juzgar el corazón. ¿Y si los otros presos están buscando libertad en la iglesia? ¿Pero si darles la espalda los hace sentir que sobran y por eso no oyen la Palabra de Dios? ¡Dios guarde!

Nada menos una vuelta en "U"—el arrepentimiento— se necesita para crear un cambio radical en nuestra actitud, comportamiento y modo de pensar.

†

Personalizándolo: ¿Te sientes mal por tu delito, pero sigues caminando por el mismo rumbo?

Oración: Dios Padre, necesito una nueva dirección. Dame la valentía para voltear y andar por un camino nuevo. Amén.

Lee 2 Pedro 3:9 para entender el deseo de Dios para nuestro arrepentimiento.

Tocar a los leprosos

Un hombre con lepra se acercó, se arrodilló ante Jesús y le suplicó que lo sanara. […] Movido a compasión, Jesús extendió la mano y lo tocó. […] Al instante, la lepra desapareció y el hombre quedó sano. […] "No se lo cuentes a nadie. En cambio, preséntate ante el sacerdote y deja que te examine". Marcos 1:40-44, NTV

¿Y si el más odiado y despreciado preso en tu prisión iría al más poderoso mandamás de la yarda a pedir protección y estatus?

Eso fue lo que ocurrió cuando el leproso se acercó a Jesús a pedir que lo sanara. La sociedad evitaba a los leprosos; nadie podía hablar con ellos. Se les despreciaba físicamente; a nadie se le permitía tocarlos sin ensuciarse. Eran espiritualmente rechazados; no podían asistir a los cultos de adoración.

Jesús quebró todas las reglas de "la yarda".

Jesús estiró la mano para tocar al leproso con compasión y amor incondicional. Esto fue un hecho radical. Y el leproso fue sanado inmediatamente. Según la ley judía, Jesús se ensució al tocar al leproso. Pero Jesús no fue con el sacerdote. ¿Por qué? Porque Jesús es la limpieza. Cuando nos rendimos ante Él, nos volvemos limpios y sin mancha solamente por Él. Todos somos leprosos con la necesidad de ser limpiados por el tocar del Salvador.

¿Estamos dispuestos a ir a Jesús para pedirle que nos sane de nuestra ira, desaliento y amargura? ¿Cómo respondemos si Jesús nos toca con Su amor incondicional?

¿Estamos dispuestos a arriesgar la seguridad de la vida anónima en la prisión para tocar a otros leprosos en el nombre de Jesús? ¿Estamos dispuestos a ser marginados al asociar con estos marginados de la prisión? Este es un llamado a la acción radical en respuesta al amor profundo e incondicional.

Personalizándolo: ¿Puedes reconocerte como un leproso que necesita ser limpiado? ¿Qué vas a hacer al respecto? ¿Qué pasa con tu orgullo al sentirte leproso?

Oración: Señor, me da miedo responder de manera radical a Tu amor radical. Dame las fuerzas de seguir Tu ejemplo. Amén.

Lee Juan 4:1-26, otro ejemplo del amor radical que Jesús tiene para los marginados.

Un equilibrio delicado

Leví dio un banquete en su casa, con Jesús como invitado de honor. Muchos de los cobradores de impuestos, compañeros de Leví, y otros invitados comieron con ellos. Así que los fariseos y los maestros de la ley religiosa les reclamaron severamente a los discípulos de Jesús diciéndoles: "¿Por qué comen y beben con semejante escoria?". Jesús les contestó: "La gente sana no necesita médico, los enfermos sí. No he venido a llamar a los que se creen justos, sino a los que saben que son pecadores y necesitan arrepentirse". Lucas 5:29-32, NTV

Este es un pasaje conocido que contiene el mensaje obvio de que Jesús ama a los pecadores, ¡la escoria! La sociedad muchas veces considera a los presos como escoria, y hay veces que nos sentimos igual acerca de nosotros mismos. Pero este relato nos anima y dice lo opuesto.

Hay otra lección escondida en el pasaje. Jesús enseña de una manera tan cariñosa que los pecadores se sienten cómodos en comer con Él. La "escoria" en la cena de Levi no se esconde en temor de regaño. No se encoge bajo el ojo devastador del juicio. Se sienta a compartir la cena y escuchar Su mensaje completo de amor y arrepentimiento.

Jesús nos enseña a amar incondicionalmente. Pero aun siendo lo cariñoso que es, también nos enseña la necesidad del arrepentimiento. No separa Su amor hacia nosotros de nuestra necesidad de voltear del pecado. Esa separación parece estar creciendo hoy en día en comunidades cristianas. Nos concentramos en ser tolerantes e inclusivos, ¡pero nos encogemos de la entera verdad en dejar de predicar el Evangelio de revolución espiritual! Jesús da el mensaje completo a Sus escuchas.

¿En nuestra iglesia, estamos tan enfocados en el amor y la tolerancia que olvidamos la necesidad de arrepentirnos de nuestro pecado? ¿O estamos tan enfocados en el pecado que no vienen pecadores por temor de disgusto y juicio? Debemos ser cariñosos en nuestro acercamiento pero firmes en los fundamentos. Es un equilibrio delicado.

Personalizándolo: Examina tu corazón. ¿Estás más inclinado hacia la tolerancia o el juicio?

Oración: Señor Jesús, ayúdame a encontrar ese equilibrio. Amén.

Lee Oseas 6:1, un pasaje de quebrantamiento y reparación.

Sintiendo nuestro dolor

Luego el Espíritu llevó a Jesús al desierto para que allí lo tentara el diablo. Mateo 4:1, NTV

Al faltar al entierro de nuestra madre, puede ser que el diablo use nuestro autodesprecio y dolor para tentarnos a cachar drogas para bloquear el dolor. Podemos evitar esa trampa si estamos dispuestos a compartir el dolor con otro preso o capellán que ha sufrido una pérdida semejante. Jesús también fue tentado por el diablo, y resultó victorioso. Su victoria es el mensaje de esperanza para nosotros.

Al aceptar a Jesús, sentimos el gozo de la nueva libertad y del perdón. Pero dentro de poco los contratiempos de la vida encarcelada se amontonan. La desilusión del encierro nos tumba. Comenzamos a dudar nuestra fe. El diablo susurra: "¿De qué vale tu fe? ¿Qué bien te ha hecho?". Nos preguntamos si es un fraude total. El diablo nos desilusiona más con el desfile de nuestra "buena vida" antigua en repaso. Se burla de nosotros para que veamos lo que nos "perdimos" con esta tontería de Jesús.

¿Cómo combatir este asalto contra nuestra fe? Primero, ser valiente, porque Jesús comprende. Él enfrentó todo tipo de tentación. Segundo, mantener estado de alerta, dejando la ilusión que seguir a Jesús es fácil. Jesús nunca prometió una vida sin problemas. Dijo lo opuesto (ver Juan 16:33). Tercero, llenar nuestra mente con versículos bíblicos que vencen a nuestro enemigo. Cuarto, reclutar las armas poderosas de oración y compañerismo con el cuerpo de Cristo. Y finalmente, estar conscientes de que muchos ataques vienen cuando estamos solos y aislados. Rendir cuentas ante una hermana o un hermano hace una "cuerda triple" que no se rompe fácilmente (ver Eclesiastés 4:12). No se puede evitar la tentación. Rendirse sí se puede evitar.

Personalizándolo: ¿Cómo vas a resistir al diablo y ponerlo en su lugar, si se está burlando de ti?

Oración: Señor Jesús, gracias por enfrentar al diablo. Dame las fuerzas para hacer lo mismo. Amén.

Lee 1 Pedro 4:12 para entender mejor el sufrimiento cristiano.

Jesús, el loco

Cierta vez, Jesús entró en una casa y las multitudes empezaron a juntarse nuevamente. Pronto ni él ni sus discípulos encontraron un momento para comer. Cuando sus familiares oyeron lo que sucedía, intentaron llevárselo. "Está fuera de sí", decían. Marcos 3:20-21, NTV

Comportamiento anormal es normal dentro de la prisión. Apodos como "El Rabioso" son comunes. El oír gritar: "Esa puta está loca" no va a conmocionar en la Kentucky Correctional Institution para mujeres. Muchos caímos en la cárcel porque alguien pensó que estábamos "fuera de sí".

La familia de Jesús tenía razón para pensar que Él estaba fuera de Sí. Sus declaraciones acerca de Sí mismo eran increíbles. Decía de Sí que era el "Hijo del Hombre". Afirmaba perdonar pecados y ser el cumplimiento de las Escrituras (ver Mateo 26:63-64; Marcos 2:10-11). Si nuestros amigos declararan ser Dios, pueda ser que llamaríamos a los psicopateadores de una vez.

Así que, ¿quién es Jesús? Sus declaraciones acerca de Sí mismo eliminan la opción de que es un "hombre bueno" o un "profeta alivianado". O es un lunático, o es el quien afirma ser. Debemos elegir y declarar quién es Jesús.

Alguna vez dentro de la prisión ¿te han llamado "loco por Cristo"? ¿Vivimos tan drásticamente por Jesús que dicen que estamos locos o que perdimos la cabeza? A medida que vivimos por fe, nuestras actitudes, acciones y decisiones personales deben revelar una mentalidad que es drásticamente distinta a la de los otros presos. En la presencia de comportamiento agresivo, ¿nos mostramos tranquilos? ¿Alejamos la ira con las palabras suaves? ¿Compartimos estampillas, suministros o compañerismo con los demás? Nuestro amor para con Dios ¿se extiende a los marginados en la prisión? ¿Estamos lo suficiente chiflados para llevarlos el Evangelio, como lo hizo Jesús con los leprosos, los samaritanos, los cobradores de impuestos y las prostitutas?

✝

Personalizándolo: ¿Quién es Jesús para ti? ¿Un loco? ¿Un Salvador? ¿Cómo puedes superar el temor a ser llamado loco?

Oración: Jesús, dame Tu fuerza para seguir Tu camino, aunque significara que la gente piense que estoy chiflado. Amén.

Lee Hechos 26 para otra historia acerca de una persona a quien le llamaban "chiflado" por su amor a Jesús.

Despide a la gente

"Despide a la gente". Marcos 6:36

Al ser sentenciados, el juez nos dijo a unos: "Te vamos a despedir". Esas fueron palabras frías. Representaron la exasperación de la sociedad con nuestro comportamiento. Se sentía como que la sociedad nos estaba tirando a la basura como una cajetilla vacía de cigarrillos.

En el pasaje de hoy, los discípulos de Jesús también estaban exasperados. Estaban molestos con la gran muchedumbre que seguía a Jesús; dijeron las mismas palabras desdeñosas: "Despídelos".

¿Has usado esas palabras? Hay muchas cosas que nos molestan en la prisión. Comida asquerosa, locdauns, reglas banales y correo devuelto o retrasado, entre muchas otras cosas. Después de un día largo, nos molestan las preguntas de los otros presos acerca de casi todo. ¿Los ignoramos, tratando de despedirlos?

La reacción de Jesús fue muy diferente. Debía haber estado cansado también. Pero cuando Jesús vio al muchedumbre, "tuvo compasión de ellos porque eran como ovejas sin pastor. Entonces comenzó a enseñarles muchas cosas" (Marcos 6:34, NTV).

Como seguidores de Jesús, debemos superar el impulso de "despedir a la gente". Recordando cómo nos sentimos al ser despedidos y siguiendo a Jesús como nuestro guía, podemos responder con compasión a la pescadita que está aterrorizada en servir su sentencia. Le podemos ayudar al analfabeto entender una carta de su esposa. Podemos mostrarnos pacientes con presos que necesitan dirección.

Cualquiera la situación, no ignoremos a la gente, ni los despidamos. Tenemos que abrazar las interrupciones y las inconveniencias como oportunidades divinas para servir.

✝

Personalizándolo: ¿Cuántas veces has rehusado (o abrazado) una oportunidad divina últimamente? ¿Quién necesita tu compasión y atención hoy?

Oración: Señor Jesús, ayúdame a ver Tus interrupciones y aceptarlas como lo hiciste Tú: con compasión y paciencia. Amén.

Lee Marcos 5:25-34 para ver otra vez que Jesús convirtió una interrupción a un tiempo de sanamiento.

Recursos pasados por alto

"¿Cuántos panes tienen ustedes? —preguntó—. Vayan a ver". Después de averiguarlo, le dijeron: "Cinco, y dos pescados". Marcos 6:38

La prisión nos quita casi todo: nuestros nombres, el poder escoger y nuestra libertad. Muchas veces nos sentimos como que si no nos queda nada. Muchas veces resistimos cuando se nos pide que demos. Cuando Jesús nos pide que cuidemos a otros, le respondemos: "¿Con qué? No tengo nada".

Cuando Jesús les dijo a Sus discípulos que les dieran de comer a la muchedumbre, le contestaron de una manera parecida: "¿Con qué?". Jesús respondió calmadamente a la irritación de los discípulos. Les hizo una pregunta muy sencilla: "¿Qué tienen?".

Entonces les (y nos) enseñó que hemos olvidado dos cosas muy críticas: nuestros propios recursos y el poder de Dios. Todos tenemos dones espirituales (ver 1 Corintios 12:4-11). ¡Hay cinco panes y dos pescados en cada capilla carcelera! Unos hemos recibido los dones de entender y enseñar la Biblia. Otros tienen un liderazgo natural que atrae a otros presos a la iglesia o estudio bíblico. A fin de cuentas, cuando ponemos lo poco que tenemos (aunque parezca nada) en manos de Jesús, él lo bendice, para que sea más que adecuado para lo que él nos ha llamado hacer.

Debemos recordar que "para Dios no hay nada imposible" (Lucas 1:37). Este es el *verdadero* recurso que pasamos por alto. Confiamos en nosotros mismos, olvidando a Aquel que obra por medio de nosotros. Dejamos el poder del Dios viviente en la banda.

Debemos aceptar y abrazar nuestro llamado a usar cualquier recurso que tenemos para darles de comer a las ovejas hambrientas dentro de nuestras instalaciones. Tenemos un poblado voraz con hambre para la Palabra de salvación, ¡aunque no se hayan dado cuenta todavía! Es posible que nunca jamás estaremos en un lugar para tener tan tremendo impacto para Dios. Comprometámonos a darle todo lo que tenemos a Jesús, confiando en Su poder, y a ver qué pasa.

✝

Personalizándolo: ¿Qué tienes? Haz un inventario de tus dones. Tráeselos a Jesús.

Oración: Toma mi vida, y conságrala a Ti, mi Señor. Amén.

Lee Romanos 12:3-21 como el anteproyecto para el servicio espiritual.

El enojo de Jesús

Jesús miró con enojo a los [líderes religiosos], profundamente entristecido por la dureza de su corazón. Entonces le dijo al hombre [con la mano deforme]: "Extiende la mano". Así que el hombre la extendió, ¡y la mano quedó restaurada! Marcos 3:5, NTV

El enojo y el tiempo en la prisión son compañeros de baile. Afuera, en la calle, nuestro enojo nos llevó al crimen como en un vals. Adentro, nuestro baile "hip-hop" bañado con furia nos mueve contra cómplices pasados, testigos mentirosos, abogados flojos y pueda ser hasta nosotros. Generalmente nuestro baile de enojo es pecaminoso, destructivo y lleno de venganza. Pero no todo enojo es destructivo.

Jesús se enojó. Esto solo debería captar nuestra atención. Nos enfocamos comprensiblemente en Su amor incondicional, pero también debemos notar las cosas que enojaron a nuestro Salvador. La ira de Jesús fue dirigida hacia la injusticia, la falta de misericordia, la infructuosidad, el daño de niños y los corazones endurecidos. Jesús mostró Su enojo con los líderes religiosos, santurrones y de corazón duro. Estos líderes estaban atados a la tradición y el mantenimiento de su poder. Su terca prepotencia los cegó a la verdadera necesidad humana.

Las lecciones de Jesús para hoy se concentran no solo en lo que lo puso furioso, sino que también cómo evitar ser el blanco de Su ira. Nuestras vidas deben ser guiadas por la bondad, la misericordia y la compasión. ¿Estamos tan enfocados y exigentes en la forma del culto de domingo que nos olvidamos de las verdaderas necesidades en la yarda? Toda suficiencia con nuestro andar con Dios, o cualquier preocupación por nuestro estatus dentro de la iglesia de la prisión o con los demás debe rebajarse a la humildad para evitar la mirada enojada de Jesús.

Hay lugar para "hombres y mujeres enojados". Debe ser enojo justo, animado por el quebrantamiento del corazón y la ira por las mismas cosas que quebraron y enojaron el corazón de Jesús.

✝

Personalizándolo: ¿Qué te enfuria? ¿Tu enojo es sano o destructivo? ¿Qué puedes aprender de la ira de Jesús?

Oración: Señor, Dios, mi enojo muchas veces me conduce al pecado. Apártame del enojo destructivo por medio de Tu Espíritu Santo. Amén.

Lee Marcos 10:13-16 para aprender por qué Jesús se enojó con Sus propios discípulos.

Lo que necesitamos, no lo que queremos

Mientras [Jesús] les predicaba la palabra de Dios, llegaron cuatro hombres cargando a un paralítico en una camilla. Como no podían llevarlo hasta Jesús debido a la multitud, abrieron un agujero en el techo, encima de donde estaba Jesús. Luego bajaron al hombre en la camilla, justo delante de Jesús. Al ver la fe de ellos, Jesús le dijo al paralítico: "Hijo mío, tus pecados son perdonados". Marcos 2:2-5, NTV

Qué extraño que en vez de sanar al paralítico inmediatamente, Jesús dice: "Tus pecados son perdonados". ¿No vio la necesidad obvia, por la cual sus amigos lo habían traído a Jesús?

Por supuesto que Jesús se dio cuenta de que el hombre estaba paralizado. Pero también vio la necesidad más profunda del hombre: que se le perdonaran sus pecados. Jesús sanó la necesidad, que no era lo que los amigos querían.

De cierta manera, todos estamos paralizados: por la culpa, el enojo, la codicia, la desesperación, la soledad. Nos decimos: "Lo que me falta es una conmutación, un perdón, un mejor abogado o más plata. Entonces mi vida sería perfecta". Confiamos en las cosas que nos salvan. De cierta manera son nuestros "dioses". Oramos y le pedimos que nos dé lo que queremos, no lo que necesitamos.

Pero Jesús nos ama tanto que no nos da simplemente lo que queremos. Él sabe que mucho de lo que queremos no satisface. Quizás nos arruine. Ganadores de la lotería, por ejemplo, tienen un historial de bancarrotas y desperdiciar su dinero en drogas y apuestas.

En Su sabiduría y amor, Jesús nos da lo que necesitamos, no necesariamente lo que queremos. Nos da la restauración espiritual por medio de Aquel que satisface y nos perdona cuando le fallamos.

La historia bíblica termina alegremente. Marcos 2:10-11 nos dice: "Entonces Jesús miró al paralítico y dijo: '¡Ponte de pie, toma tu camilla y vete a tu casa!'" (NTV).

✝

Personalizándolo: ¿De qué manera te está dando Dios lo que necesitas? ¿Cómo compara con lo que quieres?

Oración: Señor, perdóname por tratar de usarte para lo que quiero. Por favor dame lo que necesito. Amén.

Lee Isaías 1:18 para la seguridad del perdón.

Un reino dividido

Los maestros de la ley religiosa que habían llegado de Jerusalén decían: "Está poseído por Satanás, el príncipe de los demonios. De él recibe el poder para expulsar los demonios". Jesús los llamó para que se acercaran y respondió con una ilustración. "¿Cómo puede Satanás expulsar a Satanás? —preguntó—. Un reino dividido por una guerra civil acabará destruido. De la misma manera una familia dividida por peleas se desintegrará. Si Satanás está dividido y pelea contra sí mismo, ¿cómo podrá mantenerse en pie? Nunca sobreviviría". Marcos 3:22-26, NTV

¿Sobreviviría la Mara Salvatrucha (MS-13) como una empresa criminal si sus mandamases estuvieran en guerra unos con otros? ¡Nunca jamás! Organizaciones se desintegran por falta de un propósito unificado.

Los maestros religiosos estaban buscando una manera para desacreditar la autoridad de Jesús sobre los demonios. Su poder para expulsar diablos era impresionante y lo hizo muy popular. El liderazgo de la iglesia se sintió amenazado, así que nombraron los poderes de Jesús brujerías y trucos diabólicos. En decir lo obvio, Jesús revela la necedad de ellos. Si Satanás expulsa a Satanás, entonces Satanás no se quedará mucho tiempo. Un reino dividido no sobrevivirá.

Aquí hay lecciones para la iglesia de la prisión y para nosotros personalmente. El liderazgo de la iglesia que no está unido en Cristo y que no predica el Evangelio con una sola voz arruinará la iglesia. La unidad es crítica para una congregación dinámica. El enfoque debe ser el mensaje de la cruz y la victoria del sepulcro vacío.

De manera similar, si nuestras vidas están comprometidas por una adicción a las apuestas, la pornografía, el enojo, la envidia, los celos o la lujuria, nuestra caminada personal con Jesús llegará a parar. Dwight L. Moody inscribió en la Biblia de un nuevo creyente: "La Biblia te alejará del pecado, o el pecado te alejará de la Biblia". ¡Exactamente! Tenemos que identificar y quitar esas cosas que enfrían nuestro espíritu y congelan nuestra intimidad con Dios.

†

Personalizándolo: ¡Rechaza el rechazo! Sé honesto. Haz una lista de los pecados que están acampando en tu vida. ¡Échalos!

Oración: Señor, deja que verdaderamente capte que la libertad en Ti me da el poder para rechazar el pecado y vivir para Ti. Amén.

Lee Colosenses 3:12-17 como una bendición para la vida diaria.

La familia de Jesús

Jesús respondió: "¿Quién es mi madre? ¿Quiénes son mis hermanos?". Entonces miró a los que estaban a su alrededor y dijo: "Miren, estos son mi madre y mis hermanos. Todo el que hace la voluntad de Dios es mi hermano y mi hermana y mi madre". Marcos 3:33-35, NTV

Muchos queremos a nuestras familias y nos gusta ir a visitarlas. Los aparentemente despectivos comentarios de Jesús hacia Su familia nos hace preguntar si Él se sentía igual. Sin embargo, no hay duda de que Jesús apreciaba a Su familia. Quería mucho a Su madre. Mientras estaba muriendo en la cruz, aseguró que el discípulo Juan la cuidaría.

Las observaciones de Jesús en este pasaje no son tanto un reflejo de cómo veía a Su madre y a Sus hermanos biológicos; los versículos nos indican lo que Jesús dice acerca de prioridades, acerca de cumplir con Su voluntad, y acerca de quién considera ser Su verdadera familia.

Las familias son importantes, pero no deben ser nuestra más alta prioridad. Jesús nos dice que lo más importante es hacer la voluntad de Dios.

¿Cómo conocemos la voluntad de Dios? Podemos orar, pidiendo Su dirección y comprometiendo nuestro camino a Dios. Podemos buscar dirección en las Escrituras. Podemos hacer una lista de las cosas que nos encanta hacer; Dios creó nuestro trabajo específicamente para nuestros talentos (ver Efesios 2:10). Podemos buscar consejo de gente sabia para asegurar que nuestras metas son bíblicas y enfocadas en Cristo. Después de eso, podemos tomar pasos cortos de implementación, caminando el plan, conscientes de que grandes éxitos nacen de los pequeños. Finalmente, al llegar al punto decisivo, podemos tener el valor de hacer lo que creemos es la voluntad de Dios.

Al hacer la voluntad de Dios, nos volvemos hermanos y hermanas de Jesús. Nos volvemos herederos de toda su bondad y pureza. Esta es nuestra máxima identidad y fuente de comodidad y gozo. Somos parte de la familia eterna de Dios.

✝

Personalizándolo: ¿Qué te significa ser considerado un hermano o una hermana de Jesús, parte de la familia eterna de Dios?

Oración: Señor, gracias por haberme dado la bienvenida a Tu familia celestial. Ayúdame a ser responsable con el reto de ese llamado. Amén.

Lee 1 Pedro 1:3-9 para aprender acerca de tu herencia como miembro de la familia de Jesús.

¿Es mejor ser más grande?

Jesús dijo: "¿Cómo puedo describir el reino de Dios? […] Es como una semilla de mostaza sembrada en la tierra. Es la más pequeña de todas las semillas, pero se convierte en la planta más grande del huerto". Marcos 4:30-32

"Más grande es mejor" es el lema del mundo. Hay competencia entre ciudades para ver cuál tiene los rascacielos más altos. Eventos deportivos y estadios se jactan de ser los más grandes o más caros en la historia. Nos identificamos con eso en la prisión. Presos con ciertos crímenes son considerados héroes y reciben respeto. Les damos nombres como Gánster Original, Mandamás o El Macho.

Pero Jesús no piensa así. Comparó el reino de Dios con una semilla de mostaza insignificante, la más pequeña de las semillas. Jesús nunca confundió tamaño con importancia.

Jesús encargó Su misión de cambiar el mundo a un grupo de hombres inexpertos. Cuando Jesús resucitó de entre los muertos, le apareció a las más insignificantes personas del planeta en esa época: las mujeres. Hoy en día, Jesús sigue usando semillitas: ¡nosotros!

Como encarcelados, muchas veces nos sentimos sin poder, sin valor y aislados. Generalmente nos falta la elocuencia. Muchos hablamos con mala gramática. Tenemos miedo y nos falta educación. Pensamos que no valemos nada a la sociedad y que no le podemos ayudar a nadie.

Debemos dejar esa mentalidad. Ciertamente, Jesús lo hace. Al tener la mente de Cristo (ver 1 Corintios 2:16), veremos resultados significantes por nuestros esfuerzos. Pero necesitamos credibilidad. El crecimiento del grano de mostaza depende del andar auténtico con Jesús y de un testigo honesto. Si tenemos eso, el compartir una palabra suave o ayudar a alguien en el nombre de Jesús producirá una cosecha de consecuencias eternas. Al traer a un hermano o a una hermana a la iglesia, o al compartir un versículo favorito, no podemos calcular el tamaño del resultado que vendrá de esa semilla. Nuestra responsabilidad es sembrar la semilla. Le dejamos los resultados a Dios.

Personalizándolo: Mira a tu alrededor. ¿Dónde podrías plantar una semilla de mostaza? ¡Hazlo hoy!

Oración: Señor, ayúdame a sembrar una semilla en la vida de alguien hoy. Confío en Ti para los resultados. Amén.

Lee 2 Corintios 9:6 para ver los resultados de la siembra de semillas.

Armonía del caos

Dando un alarido, [el demonio] gritó: "¿Por qué te entrometes conmigo, Jesús, Hijo del Dios Altísimo? ¡En el nombre de Dios, te suplico que no me tortures!". Marcos 5:7, NTV

Muchos que estamos adentro racionalizamos o damos pretexto a nuestro comportamiento inapropiado al decir que "todos tenemos nuestros demonios particulares". Como si eso justificaría nuestra rebelión. En realidad, solo es una manera de cubrir algo que ya decidimos hacer.

En este relato, Jesús se enfrenta con un hombre verdaderamente poseído por demonios. Los demonios reconocen a Jesús y le hacen la pregunta que muchas veces hacemos nosotros: "Jesús, ¿por qué te entrometes conmigo?". Cuando Jesús les pregunta sus nombres, le contestan astutamente con un nombre inventado para ocultar su identidad. Pero a Jesús nunca se le toma el pelo. Él expulsa a los demonios.

Nuestras cortinas de humo tampoco le toman el pelo. Él ve nuestro verdadero ser. Nuestras cortinas de humo toman la forma del miedo paralizador, la inseguridad interna, la inquietud, el desprecio de nosotros mismos, el enojo, la inmoralidad sexual, las drogas y las mentes inquietas. El odio racial y el amor del poder nos consumen, y nuestros espíritus en conflicto nos atormentan. Negamos y nos aferramos a estos demonios porque creemos que no podemos vivir sin ellos. Pero Jesús escudriña nuestras vidas, "se entromete" con ellas y saca armonía de nuestro caos.

¿Cómo?

Nos da verdadera paz al asegurarnos que podemos confiar en Su voluntad para nuestras vidas. ¿Cuántos le daríamos la bienvenida a la paz de saber que el Dios todopoderoso protege nuestras espaldas? Jesús nos permite descansar y dormir la noche entera, porque demuestra un amor que es incansable y sin condiciones. ¡Podemos descansar en un amor que murió por nosotros! Él unge nuestros corazones con gozo cuando servimos a otros en Su nombre.

Personalizándolo: Nombra a tus "demonios". Ríndeselos a Jesús, y ¡pídele que eche fuera a los sinvergüenzas!

Oración: Padre mío, dame valor, y ayúdame soltar a estos acostumbrados demonios.

Lee 1 Corintios 10:21, y escoge tu camino.

La tierra dura

"Cuando ustedes oigan lo que digo, no entenderán. Cuando vean lo que hago, no comprenderán. Pues el corazón de este pueblo está endurecido, y sus oídos no pueden oír, y han cerrado los ojos, así que sus ojos no pueden ver, y sus oídos no pueden oír, y su corazón no puede entender, y no pueden volver a mí para que yo los sane". Mateo 13:14-15

En las siguientes meditaciones, consideraremos lo que se llama la "Parábola del sembrador" (ver Marcos 4:3-9, 13-20). Jesús cuenta la historia de un agricultor que esparció semillas que cayeron sobre cuatro superficies diferentes. La primera era la tierra dura del camino. Por su dureza fue difícil que las semillas germinaran. Las semillas representan la Palabra de Dios, los pájaros representan el diablo y la tierra representa el corazón humano.

El corazón es representado en la Biblia como el centro de toda personalidad humana. Es el centro nervioso de las emociones, los pensamientos, las palabras y las acciones.

¿Qué causa que un corazón se endurezca? Muchos experimentamos ambientes duros donde el abuso y el descuido ocurrían seguido. Esas condiciones pueden conducir a un corazón frío y cínico. El pecado adentro de cada uno también inclina el corazón hacia la dureza y nos aleja de Dios. El pecado deliberado acelera el endurecimiento, especialmente al ser ayudado por comportamiento rebelde.

¿Somos presos rebeldes los que leemos estas palabras ahorita? ¿Estamos perplejos por lo vacío de nuestros corazones?

Hay remedio para corazones endurecidos. Empieza con abrir los ojos acerca de nuestros pecados, y examinar el amor y el perdón incondicionales de Jesús. Busca a un hermano o una hermana cristiana que se te pueda explicar, a escondidas si es necesario. Jamás deberíamos pensar que es demasiado tarde. La semilla puede germinar y prosperar en tierra dura, como veremos en la siguiente meditación.

Personalizándolo: ¿Cómo se siente tener un corazón tierno? ¿Cómo cambiarían tus acciones si tuvieras un corazón más tierno?

Oración: Señor Jesús, ayúdame a examinar mi corazón. Dame la voluntad y el valor para dejar que lo hagas tierno. Amén.

Lee el Salmo 139:12-13 como tu lema del día.

Terreno duro, corazón duro

Porque para Dios no hay nada imposible. Lucas 1:37

Al sembrar el agricultor, "una parte [de la semilla] cayó junto al camino, y llegaron los pájaros y se la comieron" (Marcos 4:4). La semilla no pudo penetrar la tierra dura, así que los pájaros (el diablo) podían agarrarla fácilmente antes de que germinara. ¿Perdió su tiempo el sembrador? La Biblia nos dice que no. Aunque la cosecha en este ambiente pueda ser poca, puede ser significante.

Antonio era tierra dura vestido en el uniforme común de la prisión. Su tatuaje extendía fuera de las mangas, mostrando relámpagos y alambre de púas. Entre las escápulas, tenía el "88" tintado. Dos lagrimitas estaban tatuadas bajo la esquina del ojo izquierdo. Entre los presos y los oficiales por igual, Antonio tenía la fama de ser un macho muy duro. Así que les fue un shock al poblado de la prisión cuando, después de un evento ministerial en la yarda, Antonio subió al escenario durante una llamada al altar y rindió su vida a Jesús.

La semilla sembrada ese día dio fruto. Antonio dejó sus actividades ilegales. Comenzó a asistir a la iglesia de la prisión, y después de un tiempo, se volvió asistente del capellán. Empezó a estudiar de nuevo y recibió su licenciatura y maestría. Hoy, después de treinta años tras las rejas, Antonio es un líder de un ministerio que ayuda a los recién liberados.

Esta lección es para los sembradores de la Palabra dentro de las prisiones duras. Pueda ser que la cosecha potencial parezca poca, pero considera los resultados de la semilla en la vida de Antonio. Jesús sembró y cuidó la semilla de ese evento en la yarda, y comenzó la trasformación del carácter de Antonio.

Al sembrar semillas dentro de nuestras prisiones, no podemos prejuzgar una conclusión a base de apariencias externas. Debemos sembrar las semillas en todas partes, sin miedo y con la convicción de que para Dios no hay nada imposible.

Personalizándolo: ¿Dónde vas a sembrar la semilla en la tierra dura? ¿Qué efecto tendrá hablar con esos casos duros?

Oración: Señor, dame el entendimiento, la sabiduría y la protección cuando me llames a sembrar semilla en tierra dura. Amén.

Lee Hechos 9:10-19 acerca de la obediencia de Ananías.

Terreno poco profundo y rocoso

Hermanos míos, considérense muy dichosos cuando tengan que enfrentarse con diversas pruebas, pues ya saben que la prueba de su fe produce constancia. Y la constancia debe llevar a feliz término la obra, para que sean perfectos e íntegros, sin que les falte nada. Santiago 1:2-4

En la parábola del sembrador, Jesús llama la atención a la condición de nuestro corazón, que determina nuestra receptividad a la Palabra de Dios. Cuando la semilla cae sobre terreno poco profundo y rocoso, la fe brota con entusiasmo, pero luego se marchita cuando llegan los desafíos.

Los retos a nuestra fe pueden tomar muchas formas. Una es si vemos la vida cristiana como una poción encantada que cura todos nuestros sufrimientos, o como una vara mágica que produce un perdón, un conmutado o una libertad condicional. Si estas cosas no se materializan, nos sentimos decepcionados y desilusionados, y a veces tiramos nuestra fe bajo el bus.

Podemos ser tentados a abandonar nuestra fe cuando se amontonan las tentaciones. En vez de alabar a Dios, como nos instruye el pasaje de hoy, tiramos la toalla y consideramos nuestro compromiso demasiado difícil.

Otro desafío puede ser la persecución o la burla. Si nuestra pareja o familiares se ríen de nuestra recién descubierta fe, pueda ser que abandonemos y cedamos la fe ante la presión del grupo. Cuando los cuates del club nos intimidan con daño personal, algunos nos deshacemos de Jesús. La flojera es otra razón que dejamos la fe. ¿Cuántos fuimos criados en la fe como niños, hasta que nos pegó la flojera y le dimos la espalda?

Debemos examinar nuestro corazón para ver qué tipo de tierra está allí. ¿Cuáles son los pretextos que usamos para no ir a la iglesia, para no estudiar la Biblia y para no andar más cerca con Dios? Estas son preguntas serias, con consecuencias eternas.

Personalizándolo: ¿Qué pretextos te impiden tener un compromiso profundo con Jesús?

Oración: Jesús, ayúdame a darme cuenta de que Tú has vencido los retos y amenazas a mi fe. Amén.

Lee 1 Juan 4:4 para ánimo a profundizarte más en la fe.

Terreno poco profundo y raíces poco profundas

En el camino, Jesús les dijo: "Todos ustedes me abandonarán, porque las Escrituras dicen: 'Dios golpeará al Pastor, y las ovejas se dispersarán'". […] Pedro le dijo: "Aunque todos te abandonen, yo jamás lo haré". Jesús respondió: "Te digo la verdad, Pedro: esta misma noche, antes de que cante el gallo dos veces, negarás tres veces que me conoces". Marcos 14:27, 29-30, NTV

En la parábola del sembrador, "otras cayeron en tierra poco profunda con roca debajo de ella. Las semillas germinaron con rapidez porque la tierra era poco profunda; pero pronto las plantas se marchitaron bajo el calor del sol y, como no tenían raíces profundas, murieron" (Marcos 4:5-6, NTV). Las plantas nos recuerdan de la gente que escucha la Palabra en un ambiente emocional, alzan las manos en el aire y gritan: "¡Aleluya!". Y luego al ser confrontados en sus dormitorios, dejan a Jesús sin ningún gemido. La muchedumbre que saludó a Jesús el Domingo de Ramos es buen ejemplo. Aman a Jesús el domingo, pero los mismos piden Su muerte el viernes.

El pasaje de hoy insinúa que los discípulos son iguales. Jesús predice que al llegar el peligro y la adversidad, los seguidores se dispersarán como ovejas. Aun Pedro negará conocer a Jesús (ver Mateo 26:69-75). Parece difícil de creer. Por tres años los discípulos tuvieron asientos en la primera fila para ver los milagros y escuchar las enseñanzas de Jesús. Pero tropiezan. Las buenas noticias son que se reorganizan después del Pentecostés y profundizan en la fe con el don del Espíritu Santo.

Cuando la fe no tiene raíces profundas, se marchita y muere con los retos de los incrédulos, o cuando la adversidad amenaza nuestra vida espiritual autocomplaciente. Este es un cuento cautelar para los que somos poco profundos, afectados y aparentando un caminar íntimo con Dios. Dios no se fija para ver quién pasa muchas horas en la iglesia, orando y estudiando la Biblia. Dios ve nuestros corazones. Con nuestro rendimiento y la ayuda de Dios, nuestra fe puede crecer, hacerse más fuerte, profundizarse y dar mucha fruta.

Personalizándolo: Escudriña tu corazón, y examina la profundidad de tu fe en Jesús. ¿Cómo puedes hacer que vaya más hondo?

Oración: Señor, muéstrame cuando aparento, y hazme real contigo hoy. Amén.

Lee Hechos 5:1-11 para ver cómo Dios trata a la fe insincera.

Buen terreno con espinos

No amen a este mundo ni las cosas que les ofrece, porque cuando aman al mundo no tienen el amor del Padre en ustedes. Pues el mundo solo ofrece un intenso deseo por el placer físico, un deseo insaciable por todo lo que vemos, y el orgullo de nuestros logros y posesiones. Nada de eso proviene del Padre, sino que viene del mundo. 1 Juan 2:15-16, NTV

Al destacar la condición de nuestro corazón, Jesús describe la tierra que es buena pero que tiene espinos y hierba mala. Cuando la semilla cae sobre esta tierra, las raíces se van hondo. Pero las espinas y la mala hierba —el amor al mundo y nuestros ídolos— la estrangulan, y la buena semilla muere.

Un corazón receptivo contiende con las atracciones de este mundo como dos boxeadores de peso pesado. Los dos tienen cualidades atractivas. Un corazón que responde a la Palabra ofrece una vida abundante y seguridad eterna. El mundo propone gratificación inmediata y placeres carnales. ¿Cuál lado ganará?

Al centro de este pleito está la cuestión de qué vamos a amar. El primero de los Diez Mandamientos nos dice que no tengamos otros dioses o ídolos que tomen el lugar de Dios (ver Éxodo 20:3-4). Las cosas del mundo —dinero, sexo, poder— fueron todas creadas por Dios. En sí mismas, no son pecaminosas. El dinero ayuda muchas causas buenas; el sexo une a esposos con esposas; el poder puede ayudar para que muchas buenas cosas se lleven a cabo. Pero cuando queremos las cosas más que a Dios, se vuelven ídolos. Botamos a Dios de los tronos de nuestros corazones. Eso es pecado.

La tensión entre nuestro deseo por este mundo y nuestro amor por Dios envuelve los tentáculos alrededor de la garganta de nuestra fe que comienza a retoñar y la empieza a estrangular. Al darle honor a las preocupaciones y problemas de nuestra vida diaria en vez de confiar y obedecer a Dios, el espíritu centrado en Dios dentro de nosotros se marchita y empieza a morir.

✝

Personalizándolo: ¿Cuáles ídolos están luchando en tu corazón? ¿Cómo están estrangulando la semilla que está allí?

Oración: Señor, la batalla por mi corazón prosigue cada día. Por favor entra en mi corazón y dame la victoria en Jesús. Amén.

Lee el Salmo 119:34 como oración diaria.

Estrangulado por espinos

Herodes respetaba a Juan y lo protegía porque sabía que era un hombre bueno y santo. Herodes se inquietaba mucho siempre que hablaba con Juan, pero aun así le gustaba escucharlo. Marcos 6:20, NTV

Tierra con espinas es la más peligrosa. Hay peligro porque nos sentimos seguros arraigados en buena tierra. La semilla, que es la Palabra de Dios, germina, pero por último la ahorcan las espinas y la hierba mala: las preocupaciones y las atracciones de este mundo.

Cuando Juan el Bautista estaba en la cárcel, el rey Herodes le tenía miedo por la popularidad de Juan con el pueblo. Herodes estaba viviendo en pecado con Herodías, la esposa de su hermano. Cuando Juan enfrentó al rey acerca del pecado, Herodes no quiso escuchar. Herodes no estaba dispuesto a dejar su placer.

¿Cuántos de los que estamos en la prisión somos como Herodes? Nos gusta venir a la iglesia, cantar las canciones y tener compañerismo con nuestras hermanas y hermanos. Nos gusta estar cerca al Dios viviente. Pero mantenemos pecados secretos muy cerca a nuestras almas. Nuestra fama poderosa dentro de la banda, nuestra relación sexual escondida o nuestro estatus con los mandamases compiten con el llamado de Jesús a nuestros corazones. Al amar estos pecados, se vuelven en espinos que estrangulan las semillas de la Palabra de Dios o matan nuestra disposición y habilidad de dar fruto para Dios.

A fin de cuentas, el amor del mundo —nuestros pecados favoritos— controlará nuestra vida. A menos que los entreguemos a Jesús y nos liberemos, nuestra fe no sobrevivirá. Sería mejor que nunca hubiéramos escuchado la Palabra y acercado en primer lugar. Porque al escuchar la Palabra, y rehusarla, nos quedamos en un lugar más peligroso.

†

Personalizándolo: Haz un inventario interno y despiadado de tus pecados favoritos. Fíjate en cada uno y pregunta: "¿Lo mantendré o lo soltaré?".

Oración: Señor Jesús, quiero mucho estos pecados. Ayúdame a saber que puedo vivir y sobrevivir sin ellos. Amén.

Lee Marcos 10:17-22, la historia de un hombre que no puede soltar su pecado, y que pierde a Jesús completamente.

Buena tierra

Así es, de la misma manera que puedes identificar un árbol por su fruto, puedes identificar a la gente por sus acciones. Mateo 7:20, NTV

La parábola del sembrador (ver Marcos 4:3-9, 13-20) concluye con Jesús describiendo la buena tierra donde las semillas se arraigan para producir una gran cosecha. ¡Dar fruto es un índice esencial de que las semillas han caído sobre buena tierra!

¿Qué pensamos al contemplar la buena tierra? Para algunos, la buena tierra era simplemente donde sembrábamos nuestras semillas de marihuana para maximizar la cosecha. Otros recordamos a nuestras familias como la buena tierra donde jugábamos deportes juntos, donde se nos animaba a estudiar duro y donde sentíamos el amor de una buena madre o padre. Como sean nuestras memorias, hay características específicas de la buena tierra que son la clave para nuestro entendimiento acerca de lo que la buena tierra es para nuestros corazones.

La buena tierra es *fértil*, es decir que las semillas serán nutridas al ser sembradas allí. La tierra es *fácil de arar*, que indica un espíritu humilde, capaz de entrenamiento y dispuesto a recibir las semillas. La buena tierra *requiere mucha atención* para asegurar que se arranque y se deseche la mala hierba. La buena tierra tiene que ser *protegida* contra demasiado viento, sol y lluvia que podrían agotar la efectividad del terreno por sequía o erosión. Y la buena tierra debe ser *repuesta* con una cobertura, que luego es mezclada para fertilizar el terreno para siembras futuras.

Mantenemos la riqueza y receptividad del terreno fértil pasando los tiempos solos con Dios en oración. Se le saca la hierba mala por medio de compartir la fe en comunión con otros creyentes. Y se rellena y protege en evitar el pecado obvio en nuestra vida.

¿Somos buena tierra para la semilla? ¿Somos ricos en Su Palabra y dispuestos para el cultivo? ¿Hemos rociado la buena tierra con oración y servicio hacia otros? ¿Hemos puesto la cobertura? ¿Estamos listos para dar fruto?

✝

Personalizándolo: Si recogieras una manada de la tierra de tu corazón, ¿qué encontrarías? ¿Qué clase de fruto dará?

Oración: Señor, cultiva la tierra de mi corazón para que esté lista a rendir mucha fruta para Tu gloria. Amén.

Lee Lucas 8:15 para seguridad y el plan de acción para la vida diaria.

Buena tierra, buen fruto

Y las semillas que cayeron en la buena tierra representan a las personas sinceras, de buen corazón, que oyen la palabra de Dios, se aferran a ella y con paciencia producen una cosecha enorme. Lucas 8:15, NTV

Como este pasaje nos recuerda, la semilla que cae en buena tierra produce una cosecha enorme. ¿Qué tipo de fruta demostraría que nuestros corazones son buena tierra? Mira la lista en Gálatas 5:22-23:

Amor: Este fruto incluye a todos los demás. Cuando amamos porque Dios nos amó primero (ver 1 Juan 4:19), demuestra que entendemos la gracia y que hemos aceptado el amor de Dios hacia nosotros.

Alegría: Al saber que nuestros nombres están escritos en el Libro de la Vida por medio de Su gracia, entonces nuestro comportamiento al lado de los otros presos será lleno de alegría.

Paz: Al "hacer las paces con Dios" dejaremos la ansiedad. Nuestro fruto será un espíritu calmado y tranquilo.

Paciencia: Este amor "pasivo" se demuestra en un espíritu de tolerancia y de poder aguantar a todo tipo de personalidad con quien nos encontremos.

Gentileza: Este amor "activo" es la muestra más convencedora del amor de Dios hacia nosotros. Al mostrar gentileza, la gente será atraída a la Palabra y a nosotros.

Bondad: La buena gente hace lo debido, aunque nos duela o nos humille.

Fidelidad: Honradez —hacer lo que dijimos que íbamos a hacer— quiere decir que cumplimos lo que decimos.

Humildad: Este fruto fortalece a los débiles y hace humildes a los fuertes.

Control propio: Al mostrar este fruto a los demás, nos respetarán y estarán convencidos de nuestro cambio.

Si damos este tipo de fruto, viviremos la vida abundante y productiva, estemos encarcelados o no.

✝

Personalizándolo: Examina cada fruta en la lista. ¿Se muestra en tu vida? ¿Cómo impacta a los demás?

Oración: Cultiva Tus frutos en mi corazón, Señor Jesús. Amen.

Lee 1 Corintios 13 para reforzar la preminencia del amor.

Sembrando y sirviendo

Por lo tanto, mis amados hermanos, permanezcan fuertes y constantes. Trabajen siempre para el Señor con entusiasmo, porque ustedes saben que nada de lo que hacen para el Señor es inútil. 1 Corintios 15:58

Hay mucha demanda por los abogados carcelados porque siembran semillas de esperanza. Pueden traer la Regla 35 o una orden de habeas corpus en esperanzas de sembrar dudas en la mente del juez, resultando potencialmente en que se nos ponga en libertad o la reconsideración de nuestro veredicto. Casi nunca nos cansamos de apelar o buscar una conmutación.

Debemos perseverar y ser constantes en sembrar las semillas del amor, del perdón y de la gracia de Jesús, tanto como cuando buscamos un perdón judicial. En la parábola del sembrador, el agricultor obró sin descansar para sembrar sus semillas. Ese mismo nivel de energía incansable debe aplicarse a nuestro compromiso a sembrar semillas y de servir a otros si queremos que nuestras vidas dentro de la prisión tengan sentido e impacten a otros. La vida de Jesús era de las dos. Nunca se cansó de sembrar semillas ni de servir a los demás.

A la misma vez que sembramos semillas y servimos a otros, sembraremos semillas con sentido y alegría en nuestros corazones. Y las semillas perdidas a los pájaros y los espinos no desanimarán nuestros corazones. Jesús no midió la cosecha. Él sirvió a la gente, pero no la contó. El cielo se alegra con la salvación de un solo pecador.

En la catedral de San Pablo en Londres, hay un memorial al Canon Samuel A. Barnett, quien obró sin cesar con los pobres en el este de Londres. En la placa de bronce está la imagen de un agricultor sembrando semillas abundantemente sobre las filas. La inscripción dice: "No temas sembrar a causa de los pájaros". Con Jesús, sabemos, igual que Barnett, que aunque los pájaros se coman algunas semillas, otras caen sobre buena tierra y producen mucho fruto. ¡Sigue sirviendo y sembrando!

Personalizándolo: ¿Estás sirviendo y sembrando? Si no, ¿qué te impide servir a Dios por medio de servir a otros?

Oración: Señor, dame el corazón de siervo para poder aguantar y dejarte los resultados de la siembra a Ti. Amén.

Lee Mateo 23:10-12 para el punto de vista de Jesús acerca del servir.

Lecciones de la vida de Jesús

Estas preguntas tienen que ver con las meditaciones en las páginas 133–155.

Respondan en conjunto:

1. Consideren por qué "doblar la rodilla" en rendición a Dios es tan difícil. ¿Por qué es tan difícil aceptar un regalo gratis para personas orgullosas? ¿En qué maneras son tus acciones y actitudes orgullosas? Hablen también acerca de la diferencia entre *penitencia* y *arrepentimiento*. ¿Qué tipo de comportamiento adentro de los muros les anunciaría a los demás presos que te has arrepentido y has dado vuelta hacia una vida nueva en Jesús?

2. Cuando el diablo habla en tu oído diciendo que tu fe te ha decepcionado, ¿qué dices para combatir el ataque? Hablen acerca de qué tan seguido te ataca el diablo, y cómo se siente ser atacado. ¿Cómo te sientes acerca del rechazo? Hablen acerca de una vez que fueron rechazados. ¿Cómo afectó la dirección de tu vida? ¿Cómo es la esperanza en Cristo, y la habilidad de ver en Él tu futuro, el remedio para el rechazo y la desesperación?

3. Hablen acerca de por qué el perdón de Jesús de nuestros pecados triunfa sobre nuestras peticiones de oración mundanas. ¿Por qué piensas que Jesús nos satisface y el mundo no?

4. ¿De qué manera te ha marcado como un loco, dentro la prisión o con tu familia, la relación con Jesús? ¿Hoy, cómo está tu "casa", en orden o dividida? ¿Cuáles cosas, acciones o abusos fueron eliminados o estorban tu enfoque para Jesús?

5. ¿Qué tipo de tierra eres dentro de la prisión? Al ver alrededor, ¿qué clase de tierra es la más común adentro? Si tu corazón está duro, ¿qué harás para ablandecerlo? ¿Estás en una posición adentro para sembrar semillas? ¿Alguna vez has visto a alguien con corazón endurecido dar fruto? Comparte la historia. Hablen acerca de cómo la tierra ha cambiado en tu vida. ¿Cuáles fueron los espinos que ahorcaron la Palabra por tanto tiempo?

Exploren la palabra de Dios en conjunto:

1. **Mateo 11:28-30** comparte el secreto de cómo Jesús le da vida abundante a cualquiera que está cansado y lleva una carga pesada. ¿Qué aprendemos del carácter de Jesús en este pasaje? ¿Cómo sería tu vida si fueras "apacible y humilde de corazón"? ¿Cómo se vería eso en términos reales? La receta de Jesús para paz y "descanso" ¿está loca? ¿Por qué? o ¿por qué no?

2. **Hebreos 5:8** habla de cómo Jesús aprendió obediencia por las cosas que sufrió. ¿Cómo nos enseña obediencia el sufrir? ¿Cómo te han enseñado obedecer tus sufrimientos, o sigues la lucha para obedecer?

3. **Salmo 32:1-2** nos da gran consuelo cuando somos desobedientes y pecamos. Lean este pasaje, y compartan cómo se siente verdaderamente entender que se han perdonado nuestros pecados y desobediencia. ¿Por qué es fuente de verdadero gozo, aun dentro de la prisión?

Oren juntos:

1. Oren una oración de agradecimiento al Dios que nos ama tan extravagantemente que nuestros pecados están cubiertos, y Él ya no los ve.

2. Oren para que el Espíritu Santo los guíe a imitar la vida de Jesús.

3. Oren duro por la facilidad en que viven: por paz, equidad y protección.

Comprométanse a la **confidencialidad**...

   ... **respétense** unos a otros

      ... **oren** unos por otros

         ... **anímense** unos a otros

            ... **ríndanse cuentas** unos a otros.

Feliz y contento

No digo esto porque esté necesitado, pues he aprendido a estar satisfecho en cualquier situación en que me encuentre. Sé lo que es vivir en la pobreza, y lo que es vivir en la abundancia. He aprendido a vivir en todas y cada una de las circunstancias, tanto a quedar saciado como a pasar hambre, a tener de sobra como a sufrir escasez. Filipenses 4:11-12

Marcia tenía un esposo, dos hijas jovencitas... y un amante. Un día, encontraron al esposo muerto por un balazo. La policía arrestó a Marcia y a su novio. Marcia no se puso en contra de su novio porque desconocía algún plan de asesinato. Tenía tanta confianza que él era inocente que se juntó a prueba con él. El jurado los encontró culpables. Recibieron condena de vida sin libertad condicional. Muy tarde, se dio cuenta de que su novio había matado a su esposo. Cuando sus dos hijas se fueron al cuidado de crianza temporal, Marcia se puso desesperada.

Varias décadas más tarde, el espíritu feliz de Marcia se derrama a las miles de mujeres en la instalación. ¿Qué produjo ese gozo y contento? ¿Las drogas, el poder, conexiones sexuales o el favor de la administración? No, es Jesús... y el reconocimiento por parte de Marcia que Él dio Su vida para el perdón de los pecados en la vida de ella. Como el apóstol Pablo, Marcia se dio cuenta de que la felicidad no depende de las circunstancias, sino de la relación con un Dios que nos ama tanto que nos dio Su único Hijo para nuestra salvación (ver Juan 3:16). Ese entendimiento reemplaza cualquier reto cuando verdaderamente comprendemos ese impacto en nuestra vida.

Sí, le dolió a Marcia al pensar de sus niñas y las circunstancias que la llevaron a la prisión. El apóstol Pablo tuvo noches sin sueño al acordarse de sus acciones asesinas. Pero Marcia y Pablo llegaron a ver que Jesús sufrió una prueba injusta y una condena a muerte indebida. Jesús, quien era inocente, fue a la cruz por Su propia voluntad para que nosotros, los culpables, pudiéramos vivir. Cuando requetedeveras nos damos cuenta de esto, nuestras circunstancias no son casi nada. ¡El resultado será el gozo!

Personalizándolo: ¿Has sentido gozo en medio de circunstancias difíciles? Comparte con un amigo.

Oración: Jesús, desesperadamente quiero el gozo en mi vida. Mi corazón está abierto. Por favor haz que ocurra. Amén.

Lee Marcos 15:16-32 para entender el sufrimiento de Jesús por nosotros.

Alegría detrás de las rejas

Doy gracias a mi Dios cada vez que me acuerdo de ustedes. En todas mis oraciones por todos ustedes, siempre oro con alegría. Filipenses 1:3-4

Parte de nuestro propósito, cuando Dios nos salva, es de vivir vidas santas, vidas que reflejan el carácter de Dios. El apóstol Pablo nos da unas de las mejores instrucciones acerca de qué quiere decir vivir una vida santa. En las siguientes meditaciones miraremos la carta que Pablo les escribió a los creyentes en la ciudad de Filipos. Acuérdate que Pablo les escribe desde la cárcel.

Una de las muchas cosas asombrosas de Pablo es que aunque fue encarcelado injustamente, aunque lo hayan desnudado, le hayan pegado y tirado en el calabozo más interno de la prisión romana, él estaba lleno de alegría. Tenía el derecho de quejarse, pero no lo hizo. Mantuvo su vista en los propósitos que Dios le tenía. ¡Optó por el gozo!

Pablo pudo haber dudado del plan de Dios. Dios le había encargado a Pablo con la predicación del Evangelio en tierras extranjeras, y él acababa de comenzar una campaña misionera dinámica. Pero dos años en la cárcel interrumpieron ese plan. De nuevo, en vez de quejarse, Pablo siguió sirviendo a Dios y decidió ver la prisión como su nuevo campo misionero.

Como muchos de nosotros con condenas indeterminadas, como la de 2 a vida por asalto sexual o 25 a vida por asesinato en segundo grado, Pablo no está seguro de que va a salir de la cárcel; pueda ser que muera encarcelado. Pero escucha lo que dice acerca de eso: "Y aunque mi vida fuera derramada [...] [por predicar el Evangelio], me alegro y comparto con todos ustedes mi alegría. Así también ustedes, alégrense y compartan su alegría conmigo" (Filipenses 2:17-18). Para alguien que está en grilletes, esta es una respuesta bastante buena.

Pablo nos inspira. Al estar tentados a quejarnos, podemos escoger el gozo.

✝

Personalizándolo: ¿En qué aspecto de tu vida tienes que escoger el gozo? ¿Cómo vas a hacerlo?

Oración: Señor, quiero reflejar Tu carácter. Ayúdame a escoger el gozo. Amén.

Lee Hechos 16:11-40 para ver cómo comenzó la iglesia en Filipos y saber acerca de una de las primeras veces que Pablo fue encarcelado.

Dios: inversionista a largo plazo

Estoy convencido de esto: el que comenzó tan buena obra en ustedes la irá perfeccionando hasta el día de Cristo Jesús. Filipenses 1:6

Al leer la historia de Marcia, unos nos preguntamos si Jesús es algún tipo de ungüento mágico que sobamos en nuestra vida para que resulte un gozo instantáneo. Ese puede ser el resultado para unos de nosotros (después de todo, la conversión de Pablo fue inmediata y lo botó de su caballo), pero las décadas de la historia de Marcia se han comprimido en tres párrafos y no reflejan adecuadamente el tiempo que Dios invirtió en ella para remodelarla a Su imagen. Dios invirtió en ella y nunca la abandonó hasta que Su carácter brillara por medio de ella a las demás mujeres. Podemos confiar en que Dios será fiel en continuar Su obra en nosotros también.

Los que compran y venden acciones dentro de corto plazo no son inversionistas. Son especuladores o jugadores. Inversionistas sabios, como Warren Buffett, ven a largo plazo, sabiendo que empresas como Amgen, Google o Apple requieren tiempo para madurar y mostrar una elevación en su precio. Las empresas que atraen ese tipo de inversionista informado se enorgullecen del hecho de que ellos hayan invertido y hacen todo lo posible para justificar la inversión. Dios es un inversionista listo y de largo plazo en nosotros. Sabe de nuestras cualidades y valor ocultos. Entiende que las semillas de Su Espíritu puedan tomar unos años para rendir la rentabilidad de la inversión. Nunca nos abandona.

Desde la prisión, Pablo les escribe a los filipenses acerca de esa misma cosa. Les asegura que sus vidas tienen valor, porque Dios ha invertido en ellos. Su mensaje es para nosotros hoy en día también. Cuando Dios invierte en nosotros y desarrolla Su propósito por medio de nosotros, tenemos valor.

✝

Personalizándolo: ¿Cuál "buena obra" ha comenzado Dios en tu vida? ¿Cómo sigue desarrollando esa obra?

Oración: Me da tanto honor que hayas invertido en mí. Ayúdame a ser todo lo que puedo ser para Ti, Señor. Amén.

Lee Éxodo 2:10–4:31 y Éxodo 33:12-33, la historia de la inversión de Dios a largo plazo en Moisés.

El propósito en la prisión

Hermanos, quiero que sepan que, en realidad, lo que me ha pasado ha contribuido al avance del evangelio. […] Gracias a mis cadenas, ahora más que nunca la mayoría de los hermanos, confiados en el Señor, se han atrevido a anunciar sin temor la palabra de Dios. Filipenses 1:12-14

Cuando nos metieron detrás de las rejas, muchos pensamos que la vida se había terminado. Perdimos la chamba, nuestra identidad, nuestra reputación, nuestra familia. ¿Qué quedaba para vivir, excepto la rutina aburrida de la vida encarcelada? La condena sin liberación condicional se sentía como una vida sin propósito.

Así que le pusimos candado a nuestro corazón. Encerramos nuestras esperanzas y nuestros sueños. Nos armamos para poder aguantar la pesadez de los largos meses y años.

El apóstol Pablo, en cambio, nos da una perspectiva muy diferente. También perdió su propósito, su identidad y su reputación cuando lo encarcelaron. Había estado destinado para la obra misionera alrededor del mundo.

Pero Pablo no vio la prisión como un obstáculo. No dejó que la cárcel le impidiera tener propósito. Vio que nada es un accidente, que su experiencia en la prisión en realidad le *ayudó* a cumplir su propósito: compartir las Buenas Nuevas acerca de Jesucristo. Comprendió que a causa de su encarcelamiento, otros crecieron en su relación con Jesús.

¿Se puede decir eso de nosotros? ¿Podemos decir: "*A causa* de mi encarcelamiento, conocen a Jesús los que están en mi unidad"? No termina la vida porque estamos detrás de las rejas. Podemos desencadenar nuestro corazón y dejar que Dios nos dé una vida con propósito para compartir con otros acerca de quién es Él, y qué ha hecho en nuestras vidas.

Personalizándolo: ¿Qué propósito puede tener tu encarcelamiento dentro del plan de Dios para atraer a otros hacia Jesús?

Oración: Señor, perdóname por haber encadenado mi corazón y mis sueños. Déjame ser parte de Tu plan para atraer hombres y mujeres hacia Tu reino. Amén.

Lee Filipenses 1:20-26 para ver la profundidad del compromiso de Pablo con Jesucristo.

Ponte al lado

¿Hay algún estímulo en pertenecer a Cristo? ¿Existe algún consuelo en su amor? [...] Entonces, háganme verdaderamente feliz poniéndose de acuerdo de todo corazón entre ustedes, amándose unos a otros y trabajando juntos con un mismo pensamiento y un mismo propósito. No sean egoístas; no traten de impresionar a nadie. Sean humildes, es decir, considerando a los demás como mejores que ustedes. No se ocupen solo de sus propios intereses, sino también procuren interesarse en los demás. Filipenses 2:1-4, NTV

Seguir a Jesucristo mientras uno está en la cárcel —cumplir *SU* tiempo— puede ser un reto. Como notamos anteriormente, el código de los convictos nos dice que cuidemos del "número uno"; que nos cuidemos "nuestra propia espalda"; "Si tienes que empujar para que otros se quiten del camino en adelantarte, pues hazlo"; "Usa a cualquiera para obtener lo que quieres".

Pero Pablo, quien también vivió encarcelado con un código de convictos, pidió una actitud diferente. Dijo: "Si seguir a Cristo les vale algo, háganme un favor. No empujen para estar enfrente. Pónganse al lado. Ayuden a los demás". La Nueva Traducción Viviente dice: "Sean humildes, es decir, considerando a los demás como mejores que ustedes".

Por el amor de Cristo, debemos dejar la obsesión de nuestras necesidades y darles una mano. ¿A qué se parece eso? Sabemos que hay hombres y mujeres en nuestras unidades que no solo no tienen esperanza, ¡tampoco tienen jabón! Ser la cara y las manos de Jesús puede ser tan fácil como acercarse y ponerles una barra de jabón en la mano.

Acuérdate que jamás podremos amar desinteresadamente bajo nuestro propio poder. Lo podemos lograr solamente al entregar nuestro egoísmo a Jesús y pedir que el Espíritu Santo nos llene.

✝

Personalizándolo: ¿Quién necesita una mano de ayuda hoy? ¿Cómo les vas a ayudar?

Oración: Señor, te confieso mi obsesión con mis propias necesidades. Te entrego mi egoísmo. Lléname con Tu Espíritu para que yo pueda amar a otros y considerarlos como mis superiores. Amén.

Lee Colosenses 3:12-14 para ver la ropa que Dios quiere que nos pongamos.

Deja tus derechos

La actitud de ustedes debe ser como la de Cristo Jesús, quien, siendo por naturaleza Dios, no consideró el ser igual a Dios como algo a qué aferrarse. Por el contrario, se rebajó voluntariamente, tomando la naturaleza de siervo y haciéndose semejante a los seres humanos. Y al manifestarse como hombre, se humilló a sí mismo y se hizo obediente hasta la muerte, ¡y muerte de cruz! Filipenses 2:5-8

Una de las cosas más difíciles en llegar a la prisión es el dejar los derechos como hombres y mujeres libres. Nos gustaban los derechos: el derecho de tomar nuestras propias decisiones, el derecho de reunirnos con cualquiera que queríamos, el derecho de viajar a donde queríamos. Nos quejamos contra el sistema que nos quita estos derechos. Ardemos por dentro y quisiéramos reclamar nuestros derechos. ¿No tenemos el derecho?

En el pasaje de hoy, Pablo nos anima a pensar de nosotros mismos de la manera en que Cristo Jesús pensaba de Sí mismo. Aunque era Dios, no demandó ni se agarró a Sus derechos como Dios. Piénsalo. Mientras estaba en la tierra y la gente lo confrontaba, pudiera haber dicho: "Mira, 'mano, ¿sabes con quién hablas? Soy Dios. Dame respeto". O cuando estaba colgado en la cruz por nuestros pecados, pudiera haber dicho: "Bueno pues, muchá', me pueden poner en la cruz, pero no me tengo que quedar. Al fin de todo, soy Dios. Voy a hacer un milagrito y me voy a bajar".

Pero no lo hizo. Jesús dejó todos Sus derechos como Dios y Él mismo se rebajó. Forzó toda Su divinidad dentro de la forma restringida de un ser humano. Todo, porque nos ama.

Jesús nos dio el ejemplo. Debemos dejar el pensar de que se nos debe y dejar de exigir nuestros derechos. En agradecimiento por lo que Él ha hecho por nosotros, podemos vivir en la obediencia desinteresada a Él.

Personalizándolo: ¿Dónde estás agarrado a tus derechos? ¿Hoy, cómo reflejarás la actitud de Jesucristo?

Oración: Señor, perdona mi actitud de reclamo, en pensar que el mundo —y Tú— me debe. Ayúdame a asumir la actitud de Cristo Jesús. Amén.

Lee Filipenses 2:6-11 para ver cómo Dios recompensó la obediencia de Su Hijo a Su plan.

Deja de quejar y alegar

Háganlo todo sin quejas ni contiendas, para que sean intachables y puros, hijos de Dios sin culpa en medio de una generación torcida y depravada. En ella ustedes brillan como estrellas en el firmamento. Filipenses 2:14-15

Nos guste o no, la gente nos observa. Saben quiénes somos por nuestra manera de actuar. Si hemos escogido seguir a Jesucristo, la gente también puede saber quién es Él por nuestra manera de actuar. Somos un reflejo de nuestro Padre.

¿Qué quiere decir esto? Pablo quiere que seamos reflejos puros del carácter de Dios. Quiere que vivamos vidas limpias e inocentes para que cuando los demás nos vean, tengan una imagen clara y desanublada de quién es Dios.

Interesantemente, la conducta en que aquí Pablo se enfoca es la de quejas y alegatos. Pudiera haber escogido un sinnúmero de otros comportamientos negativos, pero escogió las quejas y los alegatos. ¿Por qué piensas que hizo eso? Al fin y al cabo, quejar y alegar no son tan malos.

Pero quizás ese es el punto. No lo vemos como comportamientos tan destructivos; de hecho, si fuéramos honestos, admitiríamos que nos damos el capricho todo el tiempo. Nos quejamos de la comida. Refunfuñamos que el capellán es un flojo. Criticamos el sistema de teléfono y las horas de visita.

Pero cuando nos quejamos, cuando alegamos, manchamos el reflejo del carácter de Dios dentro de nosotros. Le damos mal renombre a Jesucristo. Pablo quiere que seamos intachables para que nadie pueda rehusar a Jesucristo porque vieron un mal aspecto de Él en nuestra vida.

Si parece difícil, es porque sí lo es. Pero es difícil *solamente si* pensamos que nos cae completamente a nosotros el vivir vidas limpias e inocentes. Debemos de acordar que es solo cuando Jesucristo vive en nuestro corazón, cuando le hemos dado acceso completo a nuestro corazón, que Él puede vivir Su vida por medio de nosotros. Cuando esto ocurre, nuestras vidas son como luces que brillan en un mundo oscuro y perverso.

Personalizándolo: ¿En cuáles situaciones debes dejar de quejar y alegar, hoy?

Oración: Señor, Tú eres puro e intachable. Quiero reflejarte fielmente. Amén.

Lee Tito 2:7-8 para más instrucciones acerca del comportamiento puro.

Espera al porvenir

Sin embargo, sigo adelante esperando alcanzar aquello para lo cual Cristo Jesús me alcanzó a mí. Hermanos, no pienso que yo mismo lo haya logrado ya. Más bien, una cosa hago: olvidando lo que queda atrás y esforzándome por alcanzar lo que está delante, sigo avanzando hacia la meta para ganar el premio que Dios ofrece mediante su llamamiento celestial en Cristo Jesús. Filipenses 3:12-14

Durante los primeros cuatro años de encarcelación de Jaleesha, luchó a diario con las memorias del fracaso del robo y del dueño de la tienda de videos que fue balaceado. Las imágenes chamuscaban su cerebro… y su corazón. Entonces, otra mujer en la instalación la introdujo a Jesús. Al principio, Jaleesha resistió mucho. Afuera, había conocido a hombres que decían conocer a Dios pero que eran abusivos y groseros. Si de eso se trataba el cristianismo, ella no quería ninguna parte.

Pero mientras Jaleesha estaba sentada en la parte trasera de la capilla los domingos por la mañana, escucho acerca de un tal Jesús que tenía compasión de los mendigos y los perdedores. Oyó de un Jesús que perdonaba a los pecadores, hasta dio Su vida por ellos. Eventualmente, ella rindió su vida a ese Jesús.

Y su vida nunca ha sido igual. Por primera vez en diez años, siente la esperanza. Ocasionalmente siente verdadero gozo. Y lo más importante es que ha encontrado el perdón y ha podido dejar su crimen en el pasado.

Todavía no es todo lo que ella sabe que Jesucristo quiere que sea, pero está dejando el pasado atrás y comienza a ver hacia lo que está adelante. Sabe que es posible que nunca salga de la prisión, pero tiene paz con eso. Se está esforzando para correr una buena carrera y para recibir el premio de la eternidad con el Jesús que la llamó, perdonó y lavó, con el Jesús que le dio un futuro.

Personalizándolo: ¿De qué manera sigues cargado por tu pasado? ¿Cómo vas a encontrar el perdón y abrazar el futuro?

Oración: Señor, soy preso de mi pasado, pero Tú me has librado. Ayúdame a dejar mi pasado detrás y volver mi cara hacia mi futuro contigo. Amén.

Memoriza Jeremías 29:11 como la promesa de Dios para tu futuro.

Llénate de alegría

Estén siempre llenos de alegría en el Señor. Lo repito, ¡alégrense! Que todo el mundo vea que son considerados en todo lo que hacen. Recuerden que el Señor vuelve pronto. Filipenses 4:4-5

Unos leemos el pasaje de hoy y decimos: "¿Qué hay para que nos contentemos? Mi cónyuge no me visita. No puedo ver a mis niños. La directiva que concede libertad condicional acaba de rehusar mi apelación. ¿Contento? Yo no. Hoy no".

¿Por qué insiste tanto el apóstol Pablo que estemos llenos de alegría? Hasta se repite: "Insisto: ¡Alégrense!". Estos son mandamientos, no sugerencias. No dice: "bajo ciertas circunstancias, alégrense". Dice que se alegren *siempre*.

Nota que Pablo no dice: "Estén contentos". En vez dice: "*¡Alégrense!*". ¿Cuál es la diferencia?

La diferencia es una de profundidad. Estar *contento* es ese sentimiento que tenemos cuando todo va bien. La vida es buena y estamos contentos. La *alegría* es algo más profundo. La alegría es lo que sentimos aun cuando la vida está de lo peor, cuando todo lo que puede fracasar lo hace.

Acuérdate que Pablo no desconocía el fracaso. Escribió en una de sus otras cartas: "Más bien, en todo y con mucha paciencia nos acreditamos como servidores de Dios: en sufrimientos, privaciones y angustias; en azotes, cárceles y tumultos; en trabajos pesados, desvelos y hambre. [...] Golpeados, pero no muertos; aparentemente tristes, pero siempre alegres" (2 Corintios 6:4-10).

¿Viste eso? "Aparentemente tristes, pero siempre alegres". ¿Cómo puede ser? El secreto de la alegría es que es "alegría en el Señor". Solamente cuando entendemos que esta vida no es todo lo que hay, que la presencia del Espíritu Santo en nuestra vida nos puede levantar de la neblina de la vida en nuestra celda, podemos sentir la alegría en el Señor. A causa de Jesús, podemos conocer una vida que ve más allá de las circunstancias y que tiene alegría. Siempre.

Personalizándolo: ¿Conoces esa alegría? ¿Qué puedes hacer para aumentar el gozo en tu vida?

Oración: Señor, quiero conocer esa alegría que menciona Pablo. Llename con Tu Espíritu. Déjame rebosar con Tu alegría. Amén.

Lee 1 Pedro 1:6-9 para promesas de alegría.

¡No te preocupes!

No se inquieten por nada; más bien, en toda ocasión, con oración y ruego, presenten sus peticiones a Dios y denle gracias. Y la paz de Dios, que sobrepasa todo entendimiento, cuidará sus corazones y sus pensamientos en Cristo Jesús. Filipenses 4:6-7

Para unos de nosotros, que nos digan que no nos inquietemos es como decirnos que no respiremos. Nuestras mentes están llenas de preocupaciones. Nos preocupamos acerca de quién está cuidando a los hijos. Nos inquietamos por nuestra seguridad. Nos preocupamos por cómo aguantar los años en la cárcel.

¿Está Pablo en contacto con la realidad, al decirnos que no nos preocupemos? No nos dice que las cosas que nos preocupan no son verdaderas. Acuérdate que él también sufrió de muchos abusos. Y tampoco nos instruye a *disimular* como que las cosas no nos molestan. No, él nos dice que cuando tengamos la tentación a preocupar, que en vez debemos orar. Otra vez, estas no son sugerencias; son mandamientos. No te dice: "Quizá deberías considerar no preocuparte tanto". Dice: "¡Déjalo ya! No te inquietes por *nada*". Ni una cosa.

Más bien —y esa es la frase clave de este versículo— ora. No de vez en cuando, cuando nos dé la gana. Ora en *toda* ocasión.

¿Por qué usa Pablo palabras tan fuertes? Sabe que la preocupación conduce al mal y nos come de adentro, literalmente. Nos da úlceras. Nos da horribles dolores de cabeza. Nos quita el sueño. Así que nos sugiere otra manera: decirle a Dios de tus necesidades. Ora a Él acerca de todo. Imagínate a Dios con Sus manos extendidas, esperando para que pongas tus preocupaciones en Sus manos. Entonces toma cada inquietud y dásela. Acuérdate que Él es fuerte. Puede sostener una carga pesada.

Luego, después de orar y darle tus preocupaciones a Dios, dale gracias por todo lo que ha hecho. Todo el día, dale gracias. ¿Qué pasará? Pablo nos dice que experimentaremos la paz que sobrepasa todo entendimiento.

✝

Personalizándolo: ¿Cuáles preocupaciones le darás a Dios hoy?

Oración: Dios Padre, quiero dejar de preocuparme hoy. Ahorita, te doy [nombra todas tus preocupaciones]. Gracias por cargar todas mis inquietudes. Amén.

Memoriza Filipenses 4:6-7, y repítelo durante el día hasta que orar sea como respirar.

Las palabras de Pablo desde la prisión

Estas preguntas tienen que ver con las meditaciones en las páginas 158–167.

Respondan en conjunto:

1. ¿Cómo puede tu vida tener propósito —la verdadera razón para existir— dentro de la prisión? ¿Cómo forma confiar en la voluntad de Dios para tu vida una parte clave de tu respuesta? El propósito de Pablo cambió de misionero por fuera a ministro dentro de la prisión. ¿Cómo te relacionas con su situación? ¿Cómo se parece su situación en la prisión a la tuya? ¿En qué maneras puedes ser un ministro dentro de la instalación?

2. Los presos suelen decir: "Haz lo que predicas". ¿Cómo fue el comportamiento de Pablo dentro de la prisión un testimonio poderoso del amor de Dios en su vida? Refleja acerca de tu "prédica" y comportamiento durante las últimas semanas. ¿Fueron un poderoso testimonio para Dios, o algo diferente? Compartan sus pensamientos.

3. Después de aceptar a Jesús y ser salvado (*justificado*), nuestras vidas siguen manchadas con pecado. ¿Cómo puede resultar este hecho en confusión y quizás desánimo? La *santificación* es "el proceso largo de ser apartado y hecho santo". Hablen acerca de la paz que descubren al ver "su camino hacia la santidad" como progreso a largo plazo. ¿Qué señales al lado del camino confirman que estás en la vía debida? ¿Quién de ustedes puede testificar acerca de este proceso? Describe tu viaje.

4. ¿Es razonable el mandamiento de Pablo que no nos preocupemos? Contempla lo que dice Pablo en Filipenses 4:6-7 de dar gracias a Dios antes de saber la respuesta a la oración. Consideren la soberanía de Dios, que "Él se encarga de todo lo que ocurre". Si crees que Dios cuida tu espalda, ¿de qué sirve inquietarse? En el Salmo 37:1-8, ¿qué causa el "irritarse"?

Exploren la Palabra de Dios en conjunto:

1. En **Isaías 49:3-6**, el profeta se pregunta si su labor tenía algún propósito. ¿Cómo luchas contra ese espíritu desalentador al enfrentar la maldad en la prisión? ¿Te has desanimado por la falta de crecimiento de la iglesia en la prisión o tu estudio bíblico? ¿Cómo puedes evitar que este desaliento se vuelva en "pobre yo"? ¿Qué lecciones puedes llevar de las conclusiones de Isaías?

2. **2 Corintios 5:19-21** te comisiona como embajador de Cristo. ¿Qué actitud deberías tomar ante esta tarea tan importante? Dada esta misión, ¿cómo puedes encontrar un verdadero propósito dentro de los muros? Tus acciones pecaminosas, ¿cómo descarrilan este propósito para tu vida en la prisión?

3. **Mateo 6:25-34** comparte las palabras de Jesús acerca de la preocupación. ¿De qué manera tratan estos versículos el miedo y la preocupación por la vida, sus familias y su futuro? Compartan con el grupo cómo es difícil aplicar el mensaje de Jesús a la vida diaria en la prisión. ¿Qué pasos específicos pueden tomar como grupo, para respaldarse unos a otros, día por día?

Oren juntos:

1. Oren por una gran medida de fe y confianza para destrozar la ansiedad y preocupación.

2. Ora para que el Espíritu Santo te dirija a tu propósito específico.

3. Oren específicamente por los que tienen adicción a los juegos de azar, acoplamientos sexuales confusos, enojo, furia, falta de perdón y amargura.

Comprométanse a la **confidencialidad**...

... **respétense** unos a otros

... **oren** unos por otros

... **anímense** unos a otros

... **ríndanse cuentas** unos a otros.

El manantial de la vida

Por sobre todas las cosas cuida tu corazón, porque de él mana la vida. Proverbios 4:23

Un *manantial* es la fuente del agua que fluye a un pozo. Se debe mantener puro. Si una fábrica tira desperdicios químicos en el suelo y esos se infiltran en la fuente original de agua —el *manantial*— ese está contaminado. El desperdicio contaminará el pozo entero y dañará a todos los que usen el agua del pozo.

Es igual con nuestros corazones. Si nuestros corazones —la fuente de todos nuestros pensamientos, palabras y acciones— se envenenan, todas nuestras vidas están contaminadas. Todos sentirán los efectos de ese veneno.

Así que, ¿cómo podemos mantener nuestros corazones puros? En nuestras bandas, jamás dejaríamos que alguien se acercara a los jefes si pensábamos que pudiera lastimar a nuestros amigos. Es igual con nuestros corazones. El corazón es el jefe de nuestra vida.

Debemos guardar contra lo que se acerque a ese manantial. Hablar groserías del sexo con hombres o mujeres contamina nuestro espíritu. Jactarnos de nuestros crímenes nos infecta. No te des el capricho de actuar así. Si el deseo de comunidad y reconocimiento nos atrae a la homosexualidad, tenemos que tomar nuestras Biblias para aprender que Dios nos ama tanto que envió a Su Hijo para que muriera por nosotros (ver Juan 3:16). No hay otro tipo de amor tan puro y gratificante como el amor de Él por nosotros.

Acciones preventivas ayudan a guardar el manantial de nuestros corazones. Mientras que evitar el veneno puede proteger nuestro corazón de la contaminación, estar cerca de fuentes de agua pura que da vida mantiene limpio nuestro manantial. Debemos mantenernos cerca a la fuente más pura: Jesucristo. Tenemos que entrar al conjunto de fe, pasar el tiempo con otros creyentes y contemplar cosas sanas y dignas de las personas que Dios nos hizo.

✝

Personalizándolo: Hoy, ¿qué cosas específicas harás —o no harás— para mantener puro tu corazón?

Oración: Señor, necesito Tu ayuda. No dejes que mi corazón sea atraído por el mal. No permitas que tome parte en los hechos depravados con malhechores. Con la ayuda de Jesucristo. Amén. (Adaptado del Salmo 141:4)

Lee Filipenses 4:8 para aprender cómo Pablo mantuvo su mente pura en su celda.

Guarda tu corazón

Por sobre todas las cosas cuida tu corazón, porque de él mana la vida. Proverbios 4:23

Miremos otro aspecto del versículo de la previa meditación. Todos estamos familiarizados con los guardias. Los vemos cada día, caminando el bloque de celdas, entrometiendo sus linternas en nuestras celdas a media noche, despertándonos, diciendo: "¡Quiero ver piel!". Pero ¿por qué dice la Biblia que nuestros corazones necesitan un guardia?

La Biblia nos dice: "Nada hay tan engañoso como el corazón. No tiene remedio. ¿Quién puede comprenderlo?" (Jeremías 17:9). No es un veredicto bonito, ¿verdad? Pero sabemos que es verdad. La cultura de hoy usa la palabra *corazón* para representar nuestras emociones. Cuando Salomón escribió los Proverbios, la palabra *corazón* tenía que ver con el centro del ser de una persona: lo que era lo más importante. A lo que verdaderamente le damos valor en el centro de nuestro ser (nuestro corazón) es lo más esencial. Salomón sabía que lo que le damos más valor guía nuestros pensamientos, nuestras palabras y nuestras acciones.

Qué está dentro de nuestro corazón mientras caminamos por la yarda y se acerca otro preso y dice: "Oye, ese, ¿estás suato?" Nuestro centro de adentro (el corazón) pueda querer obtener el cris para que nos pongamos locos. El dolor de nuestra situación grita por un escape. Pueda ser que necesitemos revisar nuestra reacción instintiva y examinar lo esencial de nuestro ser, nuestro corazón.

Debemos reflejar sobre lo que se encuentra en medio de nuestro ser. Para la mayoría, hay una guerra entre el amor de Dios y nuestro amor egoísta. El amor de Dios trae perdón y paz; nuestro amor egoísta genera odio, pleitos y depresión. Podemos ganar esa batalla y guardar nuestro corazón del pecado por medio de buscar a los que hacen lo que dicen cuando hablan acerca de Jesús. Podemos edificar un fuerte alrededor de nuestro corazón con lecturas bíblicas diarias y memorización. La oración construye un cerco en perímetro con alambre de cuchillas encima para proteger nuestro corazón del enemigo.

Personalizándolo: ¿Qué clase de alambre con cuchillas vas a poner alrededor de tu corazón hoy? ¿Esta semana?

Oración: Señor, haz en mí un nuevo corazón. Ayúdame a guardar mi corazón de cualquier cosa que me separe de Ti. Amén.

Lee y memoriza Ezequiel 36:26. Ora estas palabras cuando tu corazón esté amenazado.

Toma el tiempo para madurar

El afán [entusiasmo] sin conocimiento no vale nada; mucho yerra quien mucho corre. Proverbios 19:2

Al descubrir algo por primera vez, y cuando nos gusta lo que aprendimos, muchas veces nos entusiasmamos. Nos acordamos del entusiasmo de montar bicicleta o ponernos maquillaje por primera vez. Asimismo, muchos recordamos nuestro entusiasmo cuando primero llegamos a Jesucristo. Experimentamos su perdón y aprobación. Lo queríamos gritar desde los techos.

Muchos creyentes nuevos arden por el evangelismo, y puedan andar impulsivamente en la yarda y confrontar al mandamás. Tan admirable que sea su entusiasmo, la Biblia nos enseña que debemos madurar, permitiendo que cristianos más viejos nos aconsejen. Así como jóvenes de dieciséis años necesitan entrenamiento para manejar al par con sus nuevos privilegios de conducir, los cristianos recién nacidos necesitan tutoría. Los creyentes maduros dentro de la iglesia de la prisión tienen la responsabilidad de reconocer que los nuevos cristianos necesitan ayuda.

En su entusiasmo para Jesús, los nuevos cristianos pueden ser críticos. Pueden identificar el pecado debidamente pero pueden condenarlo severamente en otros, sin el amor y bondad que los más maduros en la fe pueden demostrar. Los cristianos jovencitos pueden exigir mucho en su deseo de ser alimentados. Así como un recién nacido exige alimento, el cristianito insisten en recibir atención. Los creyentes maduros deben enseñar y ofrecer sugerencias para la contemplación, estudios bíblicos personales, oración y adoración colectiva. Deja que maduren los nuevos creyentes antes de elegirlos a posiciones de liderazgo (ver 1 Timoteo 3:6).

El cuerpo de Jesucristo dentro de la prisión tiene muchos miembros, y cada uno debe alimentar al otro. Los nuevos cristianos deben someterse a la autoridad de los miembros maduros, mientras que los maduros no deben sofocar el ardor de los nuevos. En unidad, la obra de Jesucristo adelanta dentro de las paredes.

†

Personalizándolo: ¿Dónde estás en tu caminar con Jesucristo? ¿Cómo fortalecería tu fe el recibir consejo o el aconsejar a otros?

Oración: Oh Dios, gracias por salvarme. Ayúdame a someterme y luego guíame a una relación madura contigo. Amén.

Lee 1 Corintios 3:1-23 para el discurso de Pablo acerca de la madurez cristiana.

La esperanza realista

La esperanza frustrada aflige al corazón; el deseo cumplido es un árbol de vida. Proverbios 13:12

Después de cumplir siete años de condena por homicidio no intencional, Sara tenía grandes esperanzas acerca de su segunda reunión con la mesa directiva. Su carpeta estaba limpia. No contenía reportes escritos. Había sido la oficinista del capellán y líder de estudio bíblico por cuatro años. Parecía favorable. Pero le dieron un retraso de dos años.

Cuando se posponen o se niegan las esperanzas y las expectativas, nos puede mandar en una decaída depresiva y sin esperanza. Unos tratamos con esta posibilidad en abandonar toda esperanza.

Cuando se posponen nuestras esperanzas, es buena hora para examinar para ver si nuestras esperanzas son realistas. Esperar que la convicción de 1979 por violación sexual será revocada a base de evidencia ADN (que ocurriría solo si se encontrara el botiquín de la violación dentro de la bodega del alguacil) pueda ser una esperanza sin validez. Esperar que nuestro esposo o esposa gane la lotería y que contrate el mejor abogado del mundo no es una esperanza razonable.

Necesitamos una esperanza *realista*. En vez de un montón de pesas, que nos ofrece la falsa esperanza de poder y fuerza, debemos confiar en el poder de Dios para resucitar nuestra vida y darle propósito y sentido. En vez de poner nuestra esperanza en el proceso de liberación condicional o el sistema de las cortes, debemos ver hacia el Cristo resucitado como la fuente de la esperanza realista y verdadera para el futuro.

Un futuro con Jesucristo en el centro nos ofrece sentido. Una vida en servicio hacia otros en nombre de Jesucristo llenará nuestro espíritu en vez de desinflarlo. Podemos abrazar el perdón y la victoria sobre el pecado en nuestra vida. La libertad que viene al someternos a la gracia de Dios crea una actitud positiva. Y finalmente, mientras nuestro tiempo encarcelado sigue aumentando, se nos asegura de la esperanza más rica de la vida eterna con Jesucristo en el cielo, una esperanza verdadera, que merece nuestra confianza.

Personalizándolo: Enumera y examina tres esperanzas poco realistas que cargas. Compáralas a la esperanza que te ofrece Jesús.

Oración: Dios, déjame soltar a estas esperanzas falsas, y poner mi confianza en Ti y Tu visión para mi vida. Amén.

Lee Salmo 42:5-11, y aprende del compromiso del salmista de esperar en Dios.

Haciendo la paz

[Cristo,] para reconciliar con Dios a ambos en un solo cuerpo mediante la cruz, [...] dio muerte a la enemistad. Efesios 2:16

¿Te acuerdas de esas tardes calientes de verano, cuando se reunía toda la familia para visitar y comer carne asada? Pero si dos grupos de familia estaban divididos y enojados uno con otro, la reunión se podía volver hostil y desagradable. Se tenían que reunir a los dos grupos para que la familia pudiera vivir en armonía. Desafortunadamente, el orgullo muchas veces impedía que los peleoneros admitieran su culpa para hacer la paz. Es muy parecido con Dios y nosotros.

Dios creó un mundo perfecto. Adán y Eva trajeron el pecado al mundo por medio de la desobediencia y el orgullo (ver Génesis 1–3). Hubo un trastorno en la armonía entre Dios y la humanidad, y ese trastorno sigue hoy. Se tiene que reparar porque la necesidad más profunda de los humanos es la reconciliación con Dios. Cuando estamos en contra de Dios, no tenemos armonía en nuestra vida. Sufren nuestras relaciones familiares. Se deterioran nuestros tratos con las autoridades dentro de las paredes. Requerimos paz con Dios. Pero nuestro orgullo, enojo y egoísmo impiden que hagamos la paz con Él.

La buena noticia es que Dios nos persigue, aun cuando lo ignoramos. Nos manda el Espíritu Santo para que nos siga, tocando a la puerta de nuestro corazón.

Cuando contestamos Su llamada y hacemos la paz, nuestras vidas cambian. En vez de la arrogancia terca, el Espíritu Santo nos da un espíritu cariñoso que tiene paciencia y bondad. En vez de tener una actitud cruel y despiadada hacia los demás en la unidad de control, les extendemos compasión, empatía y oídos atentos. Cuando somos reconciliados con Dios experimentamos la tranquilidad, quizá por primera vez en nuestra vida. Es un paso grande en volvernos hijos e hijas de Dios.

Personalizándolo: ¿Qué tiene que suceder con tu actitud para hacer la paz con Dios?

Oración: Jesús, tengo miedo de ser lastimado otra vez si me extiendo. Dame la fuerza para contestar Tu llamada a mi corazón. Amén.

Lee Lucas 15:3-7, una parábola que cuenta Jesús para demostrar cómo Dios nos regresa a una relación con Él.

¿Cristianos como Peter Pan?

Yo, hermanos, no pude dirigirme a ustedes como a espirituales sino como a inmaduros, apenas niños en Cristo. Les di leche porque no podían asimilar alimento sólido. 1 Corintios 3:1-2

Muchos nos acordamos del cuento de Peter Pan, el niño que rehusó crecer. A Peter, quien vivió en la tierra de Nunca Jamás, le gustaba jugar con sus compañeros, los Niños Perdidos, y encontró la razón por su vida en pelear con el malévolo Capitán Garfio. Peter nunca quiso aceptar las responsabilidades de un adulto. Le gustaba ser un niño y estaba a gusto en su comportamiento juvenil.

Muchos somos cristianos como Peter Pan. Nos gusta ser como niños grandes. Nos permite evitar tomar la responsabilidad por nuestras vidas y acciones. Nos gusta pasar el tiempo con nuestros "niños perdidos". Es un lugar muy agradable. Usamos este comportamiento infantil para disculpar nuestro pecado y rebelión. Evitamos el trabajo de la iglesia dentro de la prisión cuando nos comportamos inadecuadamente.

El problema está en que no podemos vivir de esta manera para siempre si queremos encontrar la verdadera libertad y sentido de Jesucristo. Tarde o temprano, tenemos que masticar el bistec en vez de beber leche.

Sin alimento sólido, no crecemos. Si no crecemos, no podemos ser el tipo de embajador que Jesús quiere que seamos para Él.

¿Qué tipo de alimento sólido necesitamos? Estudio bíblico, oración, tiempo con otros creyentes. Así que en vez de faltar el estudio bíblico para jugar a los naipes, debemos comprometernos al estudio para que podamos crecer. Debemos buscar a los maduros en Cristo para que nos puedan guiar hacia una libertad más profunda con Jesús. Nuestra meta debe ser de quitarnos nuestra vieja naturaleza y movernos hacia una relación madura con el que dio Su vida por nosotros.

†

Personalizándolo: Haz un inventario mental acerca de tu actitud y comportamiento. ¿Cómo eres como Peter Pan en rehusar crecer? ¿De qué manera estás madurándote como un adulto en Cristo?

Oración: Padre celestial, tengo miedo de crecer. Me acuerdo ver abusados a los adultos en mi vida. Ayúdame a confiar en Ti. Amén.

Lee Hebreos 5:11–6:3 para direcciones en cómo madurar.

El amor es el cumplimento de la ley

El amor no perjudica al prójimo. Así que el amor es el cumplimiento de la ley. Romanos 13:10

Jesús les ordenó a todos Sus seguidores en ese entonces —y a ti y a mi hoy— a primero amar a Dios y luego a nuestros vecinos como nos amamos a nosotros mismos (ver Mateo 22:37-39). Ese mandamiento, en conjunto con la enseñanza de Pablo, resume el secreto de la vida cristiana. Si amamos, cumplimos la ley.

Esto es enorme. Cuando vivió Jesús, los judíos pensaban que iban a merecer la salvación en cumplir con los Diez Mandamientos y más de seiscientas reglas adicionales que los jefes judíos habían creado de los primeros diez. La carga estaba pesada. Jesús volteó ese pensar boca abajo al decir que todas esas leyes están satisfechas en amar a Dios y a nuestro prójimo. Es una manera más sencilla.

¿Cómo es posible? Toma cualquier de los Diez Mandamientos, por ejemplo: "No tomarás el nombre de Dios en vano". Si verdaderamente amamos a Dios, ¿cómo podríamos considerar el uso de Su nombre como una mala palabra? Y ¿qué te parece "No hurtarás"? ¿Quién les robaría a propósito a las personas que aman? O: "Acuérdate del día de reposo para santificarlo". Si amamos a Dios, con todo gusto dejaríamos un día de trabajo para darle honor con nuestra alabanza. El amor satisface cada uno de estos mandamientos. En amar, cumplimos con la ley de Dios.

¿Por qué importa? Es verdad que cuando amamos a Dios y a nuestro vecino, resulta que evitamos la pornografía, los juegos de azar, las drogas y el enojo descontrolado. Este nuevo comportamiento es bueno y admirable. Pero nunca debemos pensar que nuestro buen comportamiento tendrá algún impacto en nuestra salvación. No lo tiene. Tener éxito en evitar esas cosas no *merece* el amor de Dios. Nada está más lejos de la verdad. Dios no nos ama porque nos hemos portado bien. ¡Evitamos la pornografía, el enojo, los juegos de azar y las drogas porque Dios *ya* nos ama! Tratar de merecer Su amor no lo logra. Amar a Dios y a nuestro prójimo —porque Él nos ama— sí lo logra.

✝

Personalizándolo: ¿De qué manera estás tratando de merecer el amor de Dios? ¿Cómo amarás a Dios y a tu vecino esta semana?

Oración: Dios Padre, necesito el poder de Tu Espíritu para amarte más y amar más a mi prójimo. Amén.

Lee Mateo 22:37-39, el resumen de la ley de Dios.

La gente te observa

Mantengan entre los incrédulos una conducta tan ejemplar que, aunque los acusen de hacer el mal, ellos observen las buenas obras de ustedes y glorifiquen a Dios en el día de la salvación. 1 Pedro 2:12

Nuestras acciones influyen a otros. Tenemos una responsabilidad de vivir de una manera que refleja el amor de Jesús en nuestro corazón. ¿Por qué importa tanto? Porque todas sabemos que las otras reas en la instalación nos están mirando. Unas nos observan para acusarnos si actuamos de una manera pecaminosa. Muchas veces la gente que hace cosas indebidas trata de evitar su propia culpa al acusar a otros de hacer malas cosas. Les libra la conciencia.

Este fenómeno no es nada nuevo. Los primeros cristianos predicaban "amar uno a otro" y de comer y beber "el cuerpo y la sangre de Jesús" durante la comunión. Por eso se les acusó equivocadamente de incesto y de ser caníbales.

Es imposible vivir una vida perfecta. Todos fuimos salvados por la gracia de Dios, no por nuestras buenas acciones. Pero al actuar por enojo, dañamos la obra del Señor. Le damos munición para el pistolero que quiere derribar a seguidores de Cristo. Jamás nos podemos olvidar que hay más gente cerrada a Jesús por las acciones tontas y a veces pecaminosas de cristianos que por la falta de argumentos persuasivos a favor del Evangelio. Unas personas en el pabellón nunca verán el interior del santuario de una iglesia o capilla de la prisión. Pero nos ven a nosotros.

Así que cuando Dios al fin les llega por la acción del Espíritu Santo, estos reos se acordarán de nuestra bondad. Nuestra disciplina y nuestro testimonio auténtico por Cristo les darán aliento. Al fin verán qué "tan fuerte" tiene que ser un hombre o una mujer para servir al Señor resucitado detrás de las rejas.

✝

Personalizándolo: ¿Cuáles acciones perjudican tu testimonio del amor de Dios? ¿Cómo se los rendirás a Jesús esta semana? ¿Qué cosas amables puedes hacer para atraer la gente a Jesús?

Oración: Señor, ayúdame a ver claramente cómo mis acciones pecaminosas dañan Tu causa, y dame el valor de terminarlas. Amén.

Lee Filipenses 4:13 para descubrir de nuevo la fuente de nuestro poder.

La importancia de la unidad

Que el Dios que infunde aliento y perseverancia les conceda vivir juntos en armonía, conforme al ejemplo de Cristo Jesús, para que con un solo corazón y a una sola voz glorifiquen al Dios y Padre de nuestro Señor Jesucristo. Romanos 15:5-6

Muchos coros de las prisiones son muy buenos. Les caen bien a los oídos porque hay una mezcla unificada entre las voces altas y bajas. Los miembros del coro tienen una meta común, el mezclar sus voces en conjunto para crear la armonía. Los equipos deportivos que ganan campeonatos no siempre son los que tienen los atletas de más talento. Más seguido, son los equipos con pocas súperestrellas, pero que verdaderamente están unidos como equipo. ¿Te has preguntado por qué es así?

Cuando la gente tiene metas en común, como la de una gran armonía o ganar un campeonato, descartan sus propias agendas y trabajan por esa meta. Pero si surge el egoísmo de los individuos, la falta de unidad destruye la armonía. Por eso es que muchos equipos tremendos se despedazan después de ganar un gran partido. Demasiados egoístas quieren homenaje y demandan más grandes contratos. Sin unidad, la meta común queda inalcanzable.

Es muy parecido con la iglesia dentro de la prisión. La iglesia más eficaz es la que tiene el propósito unificado de repartir el amor de Dios. La meta es de predicar las Buenas Nuevas y de cultivar a los que escuchan y aceptan la Palabra.

Cuando nuevos creyentes aceptan a Jesucristo, pueda ser que piensan que con eso basta. Pero los cristianos veteranos saben que el diablo está rondando, en espera para causar el tropiezo del creyente. Es absolutamente necesario que los nuevos cristianos tengan un refugio sano y con armonía donde se les pueda criar y enseñar. Entonces podrán crecer en Cristo.

Debemos comprometernos a la armonía en nuestras iglesias dentro de la prisión para que cada creyente pueda ser un siervo eficaz de Jesucristo.

✝

Personalizándolo: ¿En qué áreas experimenta el cuerpo de tu iglesia unidad o desacuerdo? ¿Qué puedes hacer para promover la unidad y armonía?

Oración: Jesús, déjame poner mi interés propio al lado para que la unidad y la armonía puedan reinar en Tu iglesia cada día. Amén.

Lee Salmo 133, que celebra las bendiciones de la armonía.

Sin ningún temor

En el amor no hay temor, sino que el amor perfecto echa fuera el temor. 1 Juan 4:17-18

El ciclo del temor, para los que estamos en la cárcel, comenzó con el primer arresto por un crimen serio. Estar desnudo, los registros desvestidos y el despiojar fueron diseñados para humillar y degradarnos como seres humanos. Sirvió. Nos procesaron en las cárceles de la ciudad o del condado. Allí, los convictos más viejos nos llenaron la cabeza con cuentos asquerosos y horribles acerca de la presión homosexual y de palizas. Después, en el viaje del camión a nuestra unidad, los demás convictos nos atormentaron con historias. Nos sentimos solos y con temor, sin saber en quién confiar, siendo los "peces nuevos" en la pecera.

Luchamos contra nuestro miedo con nuestras esperanzas por las vistas ante el juez que voltearían nuestro caso boca abajo y nos soltarían. Tratamos de equilibrar nuestro temor con nuestras altas expectativas de abogados que encontrarían una laguna jurídica para obligar que nos soltaran. Para muchos, nuestras esperanzas se agotaron, pero se quedó el terror. Unos escogimos el camino nublado de los medicamentos para tratar con él. Otros enmascaramos el miedo con comportamiento macho o la protección de un predador. Pero nunca verdaderamente perdimos nuestro temor.

¿Dónde podemos encontrar alivio de estos temores que nos incapacitan? Hallamos el antídoto al miedo en el amor perfecto de Dios, que se muestra en la vida y obra de Jesucristo. Su amor dice que no tenemos que preocuparnos por el futuro (ver Mateo 6:25-34). El amor de Cristo nos ofrece la seguridad del perdón y de la verdadera paz y salvación (ver Juan 14:27). Cosas malas todavía pueden ocurrir detrás de las paredes de la prisión, pero el amor de Cristo garantiza que nada que una persona nos haga puede destruir el espíritu y el alma hechos a la imagen de Dios. Al vivir en ese amor, no hay necesidad del temor, porque "el amor perfecto echa fuera el temor".

Personalizándolo: ¿Cómo puedes permitir que el perfecto amor de Dios llene tu vida y ahogue el temor que amenaza con dominarte?

Oración: Jesús, te doy todos mis temores. No los puedo controlar. Me rindo a Tu amor. Ayúdame a sentir Tu paz hoy. Amén.

Lee Mateo 10:28-31 para aprender lo que Jesús les dijo a Sus discípulos acerca del miedo.

¿Qué tan bien oyes?

Entonces el Señor se le acercó y lo llamó de nuevo: "¡Samuel! ¡Samuel!". "Habla, que tu siervo escucha", respondió Samuel. 1 Samuel 3:10

¿Piensas que Dios no nos habla? ¿Te has preguntado por qué?

Se necesita trabajar para verdaderamente entender algo. Si queremos hablar otro idioma, tomamos clases de lenguaje y lo estudiamos. Nos disciplinamos a invertir las horas para aprender. Unos somos buenos pianistas e improvisamos con conjuntos antes de llegar a la cárcel. ¿De repente nos despertamos algún día para tocar un tango en el piano? No es probable. Tomó años de ensayo para lograr la excelencia. Así que, ¿por qué no aplicamos la misma dedicación y disciplina a nuestra relación con Dios?

Dios llamó a Samuel tres veces. Samuel no más era un niño, pero sabía que algo estaba ocurriendo. Samuel oyó la voz de Dios porque sus oídos estaban atentos y entrenados.

¿Por qué no oímos la llamada del Señor en nuestra vida? ¿Será porque lo damos por hecho? ¿Esperamos demasiado de Dios, en pensar que Él, de alguna manera, se hará entender con nosotros? ¿O tenemos flojera, dejando que nuestros oídos se llenen con el ruido del mundo? Para tomar nuestra relación con Dios tan seriamente como la que tenemos con nuestra hermandad motociclista, tenemos que sacar la cerilla del mundo de los oídos. Entonces, cuando nos llama Dios, le podremos oír.

¿Cuáles son los bastoncillos de algodón para limpiar los oídos? Si estamos entremetidos en el pecado, debemos arrepentirnos y dejarlo. Debemos asistir a los cultos de la iglesia dentro de la prisión con fidelidad. No siempre obtendremos beneficio, pero si no vamos, jamás recibiremos beneficio. Además, nuestra presencia puede alimentar a otros. Devociones personales a diario son obligatorias para mantener nuestros oídos espirituales limpios y sintonizados a la voz de Dios en nuestra vida.

Con los oídos limpios, escucharemos el llamado de la voz de Dios.

✝

Personalizándolo: ¿Qué tipo de cerilla está obstruyendo tu oído? ¿Cuáles pasos tomarás para volverte serio en querer escuchar el llamado de Dios? ¿O no más estás charlando?

Oración: Dios Padre, dame la voluntad para limpiar mis oídos para que pueda oír Tu llamado. Amén.

Lee 1 Samuel 3 para la historia completa del llamado de Dios a Samuel.

Le escuchamos a Dios, y ahora, ¿qué?

Entonces oí la voz del Señor que decía: "¿A quién enviaré? ¿Quién irá por nosotros?". Y respondí: "Aquí estoy. ¡Envíame a mí!". Isaías 6:8

Alguien dijo que los verdaderos desastres de la vida ocurren cuando se nos da lo que queremos. Nos podemos identificar con eso. Unas de las mujeres queríamos un hombre, pero al tenerlo, nos abusó y nos echó de la casa. Descubrimos que estábamos mejor sin él.

Aunque ese dicho es verdad bajo ciertas circunstancias humanas, no es verdad tocante nuestra relación con Dios. A veces el problema es que cuando Dios nos habla, nos dice cosas que no queremos escuchar. Nuestra idea de lo que queremos que Dios diga es diferente a lo que Él dice. Nuestro plan pueda ser que Dios nos suelte para que podamos tutelar a jóvenes para ayudarles a evitar los errores que nos metieron en la cárcel. ¡Es una noble ambición! Pero entonces Dios nos habla y nos dice que le ministremos a la comunidad de ofensores sexuales dentro de la prisión. ¡Huy! Inmediatamente pensamos que Dios debe estar equivocado. Lo pensamos duro, buscando una señal de que no le oímos bien. ¡Esto está mal!

Oswald Chambers escribe acerca de tratar de racionalizar que no le oímos correctamente a Dios. "Pero cuando tengo que pesar los pros y los contras y llegan la duda y la controversia, estoy permitiendo que entre en juego un factor que no es de Dios, y llego a concluir que la sugerencia era incorrecta"[11].

Nuestra falta de voluntad a prestar atención a lo que Dios dice nos puede llevar a la desobediencia que desilusiona a Dios. Pero la obediencia nos conduce a una fe más rica y llena. Al oír la voz de Dios, nos debemos mover siguiendo ella y comenzar a obedecer. Deja que la mano de Dios se juegue en Su mesa de juego. Al final, pueda ser que tengamos el privilegio de atestiguar acerca de los resultados de Su obra por medio de nuestros esfuerzos. Si así es, al fin veremos que Él tenía razón.

✝

Personalizándolo: ¿Cuáles actitudes te llevan a descartar tus ideas de lo que *piensas* que Dios ha planeado para tu vida y verdaderamente *escuchar* y *aceptar* Su guía?

Oración: Señor Jesús, háblame hoy y ayúdame a actuar. Amén.

Lee Mateo 14:22-33 para ver la verdadera fe en acción.

Mantener buenos compañeros

No se dejen engañar: "Las malas compañías corrompen las buenas costumbres". 1 Corintios 15:33

Cuando estábamos creciendo, unos conocimos a batos que podían hacerle el puente para que pudiéramos viajar en un carro robado. Eran los mismos que nos vendieron una pistola robada o un reloj Rolex robado. Nos atraía su poder. Pero al acordarnos de su mal impacto en nuestra vida podemos apreciar el papel que el mal carácter juega en nuestra vida.

¿Ya aprendimos las lecciones por la experiencia con los perdedores en nuestra vida? ¿O todavía nos atraen los convictos que saben cómo manipular el sistema? ¿Admiramos a las mujeres que pueden coquetear y engañar a los guardias en el pabellón e influenciar los acontecimientos para su propio beneficio? ¿Pasamos por alto las mentiras y los encubrimientos que requiere operar de esta manera adentro? Si es así, nuestros compañeros nos conducirán al pecado.

La gente con quien pasamos el tiempo definitivamente afectará lo que pensamos acerca de la vida. Amigos que nos parecen atractivos y que nos halagan puedan no ser la mejor influencia sobre nuestras actitudes. Nuestras actitudes hacia nuestra familia, otros convictos, la administración y, al final de cuentas, nuestro propio pecado y la necesidad de arrepentirnos determinan cómo actuamos.

No debemos ser seducidos en penar que podemos mantener malos compañeros y retener el buen carácter y una relación sana con Dios. La luz y la oscuridad no mezclan; una hace desvanecer a la otra.

Tenemos que evaluar a nuestros conocidos para determinar si tienen buena o mala influencia sobre nosotros. ¿Nos promueven a pecar o nos animan a quedarnos cerca de Jesucristo? Tenemos que encontrar otros creyentes que tengan una influencia santa sobre nosotros. Buena compañía promueve buen carácter.

✝

Personalizándolo: Mira bien duro a tus amigos. ¿Cuántos son "malos elementos"? ¿Qué pasos vas a tomar para alejarte de ellos?

Oración: Señor, ayúdame a ver claramente a los con quienes paso el tiempo, verlos con Tus ojos. Ayúdame a rodearme con Tu gente. Amén.

Lee 1 Samuel 18:1-3; 19:1-6; 20:1-42, la historia de la influencia de una buena amistad.

Varios tipos de gracia

Luego dijo: "Jesús, acuérdate de mí cuando vengas en tu reino". "Te aseguro que hoy estarás conmigo en el paraíso", le contestó Jesús. Lucas 23:42-43

Henry Drummond, escritor de devocionales, cuenta una historia acerca de dos santos en el cielo que debatían acerca de quién era "el más grande monumento a la gracia salvadora de Dios". El primer tipo contó acerca de su mala vida de drogas, mentiras y comportamiento cruel. Dios lo salvó en su lecho de muerte. El otro señor le llegó a Jesucristo cuando era niño joven. Había vivido una vida cristiana tranquila. Amaba a su esposa y asistía a la iglesia regularmente. Había anticipado irse al cielo por mucho tiempo.

¿Quién recibió más beneficio de la gracia de Dios? La mayoría de los votos se la ganaría el primer santo, el pecador de por vida. Pero, ¡no! El hombre que vivió una larga vida cristiana fue dado la más grande porción del mérito especial de Dios. La gracia de Dios lo salvó de pecados descuidados en sus años de juventud, le ayudó a evitar los pecados de adulto y le mantuvo su caminada en el camino debido en su vejez. Esta vida llena del favor de Dios fue una mayor porción de gracia[12].

Tomó una camionada de gracia para arrancar el primer hombre del pecado al cielo. Igual que el ladrón en la cruz al lado de Jesús, se le dio gracia *salvadora* al primer hombre y fue librado de la culpa del pecado. El segundo hombre del cuento fue dado gracia *restringente*. El ladrón en la cruz y el primer santo recibieron la gracia para *morir*; el segundo recibió gracia para *vivir*.

Y así es con nosotros. Sin las diarias gracias de Dios, nuestra vida parecería un carro sin alineación de ruedas. Si quitamos las manos de Dios del volante o timón de nuestra vida, las llantas desalineadas nos llevarán cada vez a la zanja de la vida. Debidamente celebramos la *gracia salvadora* de Dios. Es un regalo sin medida. ¡Pero nunca te olvides de apreciar y de darle las gracias a diario por Su gracia para *vivir* y Su gracia *restringente*!

Personalizándolo: Sintoniza tu corazón para sentir la gracia de Dios. Luego, por una semana, cuenta el número de veces que la gracia de Dios toma parte en tu vida.

Oración: Señor Jesús, abre mis ojos para ver todo lo que Tu gracia hace por mí. Amén.

Lee Lucas 23:39-43 para ver la gracia de Dios en acción.

El diablo sonríe

Mientras haya entre ustedes celos y contiendas, ¿no serán inmaduros? ¿Acaso no se están comportando según criterios meramente humanos? 1 Corintios 3:3

El diablo sonríe cuando hay contiendas y riñas dentro de la iglesia de la prisión. Nada lo hace más feliz que oír que una hermana o hermano en Cristo despelleje a otro. Los resultados de este comportamiento son el conflicto y los sentimientos heridos. Es difícil mostrar el amor hacia los presos que no son cristianos cuando los cristianos no se pueden llevar uno con otro. ¡Este tipo de pleito es pecado! Tiene que parar si la iglesia va a ser una testigo eficaz del amor de Cristo.

Pero ¿por qué dividimos el cuerpo de Cristo? El versículo de hoy nos dice que somos controlados por nuestra naturaleza pecaminosa. Casi cada contienda divisiva en el cuerpo de Cristo tiene raíz en motivos egoístas que buscan poder sobre la dirección de la iglesia. Los que gritamos más recio a veces usamos la Palabra de Dios para encubrir y esconder nuestro deseo del poder.

Nuestra naturaleza pecaminosa quiere controlar a los demás. Cuando estábamos en la calle, unas manipulábamos a la gente con nuestros encantos. Otros usábamos pistolas e intimidación física. No usemos la Palabra de Dios para doblar a la gente a nuestra manera de pensar. Esto está mal y es pecado.

La Biblia nos ofrece el plano para nuestras interacciones diarias. Debemos imitar la humildad de Cristo en considerar a los demás mejores que nosotros, y amarlos con paciencia y bondad (ver Filipenses 2 y 1 Corintios 13). Si estos rasgos son parte de nuestro carácter, podemos discutir diferentes opiniones sin lastimar nuestras relaciones. La humildad y el amor prevalecerán. La discordia desvanecerá. Nos uniremos y seremos una frente cristiana fuerte e integrada ante la administración y los presos en la yarda. Solo entonces podremos comenzar la batalla contra el enemigo en la cárcel.

Personalizándolo: Si tienes diferencias con alguien, siéntate y hablen acerca de ellas. Evita la arrogancia, y mira el punto de vista de la otra persona en la situación.

Oración: Ay, Señor, ayúdame a buscar la unidad en Tu ejemplo de bondad. Amén.

Lee Filipenses 2 y 1 Corintios 13 para pensamientos acerca de la unidad y del amor.

Interés compuesto

Luego, cuando el deseo ha concebido, engendra el pecado; y el pecado, una vez que ha sido consumado, da a luz la muerte. Santiago 1:15

Al famoso científico Alberto Einstein le preguntaron cuál pensaba era su más grande descubrimiento. Les contestó: "El interés compuesto". Los usureros saben del interés compuesto y cómo obra. Alguien pide prestado $1,000 del prestamista a 30% de interés por semana. Después de la primera semana, la persona debe $1,300. Si no paga, después de dos semanas, la víctima debe $1,690. Después de tres semanas, $2,197, y así sucesivamente.

El pecado aumenta de esa manera también. C. S. Lewis escribió en *Mero cristianismo*: "Ambos, el bien y el mal, aumentan a una tasa de interés compuesta. Por eso es que las pequeñas decisiones que tú y yo tomamos cada día son de importancia tan infinita. La buena obra más pequeñita hoy es el capturar un punto estratégico que del cual, en unos cuantos meses, puedas avanzar a victorias que nunca soñabas. Y la indulgencia que parece trivial en acceder a la lujuria o el enojo hoy es la pérdida de una cadena de colinas o una línea de ferrocarril o una posición de avanzada en territorio enemigo de la cual el enemigo puede lanzar un ataque que de otras maneras sería imposible"[13].

Tomamos decisiones cada día, sea en el pabellón o en la plataforma de pesas. Echando palabrotas, maldiciendo la administración, planeando un escape o acción contra una banda rival son unos cuantos malos préstamos que obtenemos de Satanás, el último tiburón prestamista. Fanfarronadas siembran una semilla negativa. La semilla crece, y un plan emerge. Ya que un plan de acción está en su lugar, se necesita solamente un momento de locura para que nuestro mundo estalle.

En cambio, cuando intentamos amar a otros como Jesús nos manda, nos encontramos queriéndolos más. Al practicar buenos sentimientos hacia la gente, encontramos que queremos a más gente, incluyendo a los que nunca nos imaginamos que íbamos a querer.

Personalizándolo: ¿Qué semillas siembras para el bien o el mal? ¿A dónde piensas que llegarán?

Oración: Dios Padre, dame ojos para ver las posibles consecuencias de mis acciones. Amén.

Lee Gálatas 6:7-10 para entender la ley de que cosechamos lo que sembramos.

¿Cómo oramos?

Y cuando piden, no reciben porque piden con malas intenciones, para satisfacer sus propias pasiones. Santiago 4:3

Todos tenemos la necesidad de sentirnos conectados con otra persona humana. Los buenos matrimonios prosperan con la comunicación. Sin compartir diariamente, uno de los dos se siente desconectado y solo. Los suicidios ocurren cuando la gente pierde todo contacto tierno con otros humanos. Requerimos conexiones mutuas en nuestras amistades dentro de la prisión. La gente con quienes andamos al comedor o con quienes levantamos pesas nos ofrecen un sentido de comunidad que es esencial para la salud mental y la felicidad.

Pero hay veces que los esposos o amigos abusan de esa conexión en usarnos par su propia ventaja personal. A unas nos ha clavado una "amiga" que nos robó para darle de comer a su vicio. Pueda ser que lo hicimos a otros. Cualquier traición daña la confianza, pero también lo hace más improbable que vayamos a ofrecer ese regalo de conexión otra vez.

Piensa acerca de cómo tratamos a Dios y esa conexión que nos ofrece por medio de la intimidad de la oración. Muchas veces, ¿no tenemos una gran lista egoísta en nuestra oración? Muchas veces, ¿no consideramos a Dios como un gran Santa Claus y no tratamos de regatear con Él? ¡Y luego nos preguntamos por qué nuestras oraciones nunca parecen tener respuesta!

La oración no es una manera de llenar la lista de deseos. En vez, y más importante, la oración es una conexión directa al Creador del universo. Él tiene un plan para nuestra vida, pero como la mayoría de los planes, lo tiene que compartir con nosotros. Sin nuestra disposición de poner nuestras ambiciones egoístas al lado y estar muy quietos y escuchar a Dios hablando con nosotros, jamás aprenderemos lo que Él nos quiere decir.

Al orar, conectémonos con Dios, por medio de usar primero los oídos y luego la boca. Mantengamos nuestros motivos puros, y pidámosle a Dios por las cosas que necesitamos para servirle.

✝

Personalizándolo: Lee tu lista para tu vida. Luego compárala con la lista de Dios para tu vida. ¿Te rendirás a Su lista?

Oración: Señor, purifica mis motivos y alinea mis deseos con Tu Palabra. Amén.

Lee Juan 17, la oración que Jesús oró por Sus discípulos... y por nosotros.

¿Por qué ir a la iglesia?

Vengan, postrémonos reverentes, doblemos la rodilla ante el Señor nuestro Hacedor. Salmo 95:6

Primero, miremos el por qué no vamos a la iglesia. Afuera, podíamos escoger a cuál denominación pertenecer y qué clase de culto (tradicional o contemporáneo) queríamos asistir. En la prisión, no tenemos tantas opciones, así que un servicio tiene que servir para todos. Eso puede ser un problema, pero no lo tiene que ser. Si se predica a Jesucristo y Él es exaltado como el Salvador de la humanidad, entonces las cosas no esenciales y las diferencias denominacionales (como el bautismo de adultos o infantes, el hablar en lenguas o no, aceptar a las mujeres en el liderazgo) no importan. ¡Así es, no importan! Lo que importa es que estamos en la iglesia —cada domingo— alabando a nuestro Dios todopoderoso.

Unos usamos las cosas no esenciales como la razón para dormir tarde y no asistir. Lo que pasa es que no queremos ser confrontados por nuestro propio pecado y nuestra necesidad de entregar nuestro egoísmo a Dios.

Somos creados por Dios, para Dios, y no podemos encontrar verdadera alegría en la vida hasta que estemos en relación con Él. Nuestro pecado bloquea el camino hacia el amor de Dios y Su plan para nuestra vida. Para desbloquear ese flujo de amor y experimentar el plan de Dios para nuestra vida, debemos adueñar nuestro pecado y volver de él, recibiendo a Jesús como el quien se envió para pagar la multa por nuestro pecado. Al recibir a Jesús, nos llenamos de gratitud y queremos alabarle.

La alabanza nos recuerda que pertenecemos en dos mundos: uno terrenal y otro eterno. La alabanza nos permite experimentar un lugar donde no solo buscamos a Dios sino que también Él nos busca a nosotros. Finalmente, alabamos porque nuestro corazón desea conocer a Dios personalmente. Al encontrarlo, nuestra vida cambia y conocemos la verdadera libertad, quizá por primera vez.

Personalizándolo: ¿Qué evidencia hay de que te has comprometido a alabar a Dios en la iglesia? ¿Si no vas, por qué no? Toma la responsabilidad por tus razones.

Oración: Dios Padre, te quiero alabar con otros creyentes. Ayúdame a conocer la verdadera libertad en Ti. Amén.

Lee el Salmo 96, un salmo que celebra la alabanza.

Dios conoce nuestras necesidades

Antes que me llamen, yo les responderé; todavía estarán hablando cuando ya los habré escuchado. Isaías 65:24

Dios es un Dios de anticipación divina y de intervención divina. *Anticipar* quiere decir que pensamos de antemano acerca de lo que alguien necesita. Por ejemplo, podemos saber que otro preso tiene un cumpleaños sin que reciba una tarjeta o visita. Cuando *pensamos* ir a su celda para ofrecer saludos cumpleañeros, *anticipamos* sus sentimientos de soledad. Al *ir* a su celda para ofrecer esa palabra de ánimo, *intervenimos* en la vida de esa persona. Dios hace lo mismo.

Piensa acerca de Josué y la nación de Israel. Antes de entrar a la Tierra Prometida, no sabían cómo iban a cruzar el río Jordán con cientos de miles de personas y todos los animales.

Dios intervino y dio una respuesta. Cuando los sacerdotes que cargaban el Arca del Pacto metieron los pies en el río Jordán, ¡milagrosamente dejó de correr! La gente y los animales cruzaron el río sobre terreno seco (ver Josué 3:15-17).

Dios *anticipó* las necesidades de Su pueblo e *intervino* por ellos. Hace lo mismo por nosotros. En medio de nuestra incapacidad y ansiedad, Dios demuestra Su poder misericordioso.

Dios ya proveyó hombres y mujeres que tienen sentimientos para nuestras familias y para nosotros. Cada comunidad tiene un ministerio a las prisiones o unas sucursales de ministerios nacionales (como Confraternidad Carcelaria) que dan cuidados, transporte y ayuda a los que nos han puesto en libertad. Muchos capellanes y administraciones en la prisión proveen información acerca de todos estos servicios que están disponibles. Le podemos pedir al capellán, a un amigo o a un pariente que busquen en el Internet por "ministerios a prisioneros" o "prison ministries" para saber de organizaciones que nos pueden ayudar. Dios sabe, Él cuida y Él provee. ¡No estamos solos!

✝

Personalizándolo: ¿Dónde ha intervenido Dios en tu vida? ¿Qué evidencia hay de que no estás solo?

Oración: Señor, gracias por anticipar mis necesidades e intervenir por mí. Eres tan bueno. Amén.

Lee 1 Reyes 17:8-24, el cuento de la viuda de Sarepta, para ver cómo Dios anticipó su necesidad, y cómo intervino.

Amistad con el mundo

¡Oh gente adúltera! ¿No saben que la amistad con el mundo es enemistad con Dios? Si alguien quiere ser amigo del mundo se vuelve enemigo de Dios. Santiago 4:4

Este puede ser un versículo confuso, aunque parece ser bastante directo. ¿Quiere decir que como seguidores de Jesucristo, nos debemos separar de todos los placeres y cosas maravillosas que ofrece la Creación? ¿Se nos niega el permiso de participar y disfrutar de las buenas cosas de la tierra? ¡No! No quiere decir eso para nada. Santiago no habla de eso.

Dios creó los cielos y la tierra y consideró que esto era bueno (ver Génesis 1). Él es un Dios muy cariñoso y creativo, y desea que nosotros, Sus hijos, nos demos gusto de lo que ha hecho por nosotros. Él se siente igual en darles placer a Sus hijos a que nos sentimos al llevar a nuestros hijos a un partido de béisbol o cuando les cocinamos un pastel de chocolate. Dios se llena de alegría cuando estamos contentos.

Lo que Santiago quiere decir en el pasaje de hoy con "el mundo" es todo lo que está fuera de la comunidad del pueblo de Dios. Una lista de esas cosas —incluyendo el adulterio, la codicia, el orgullo y el enojo— están enumerados en Gálatas 5. Al consentirnos a este modo mundano de pensar, nos ponemos en contra de lo que Dios quiere para nosotros. La Biblia nos instruye a imitar el carácter humilde de Jesús y a vivir vidas sin egoísmo y en servicio para los demás. Al escoger los modos del mundo, vivimos vidas egocéntricas que muchas veces abusan a los demás. Nos damos el capricho de las drogas, el sexo y el alcohol, y no nos preocupamos por nadie. Al vivir por las normas del mundo, todo tiene que ver con obtener más dinero, más poder para mandar a los demás, más estatus y prestigio. Esas cosas nos identifican y nos definen.

Estas dos distintas visiones del mundo no se acomodan. No hay arreglo a la disposición. Nos engañamos en pensar que podemos tener las dos. No podemos. Es nuestra responsabilidad personal de escoger entre las dos.

✝

Personalizándolo: Decide hoy cómo vas a vivir. ¿Será centrado en el mundo o centrado en Dios?

Oración: Dios, dame el poder para tomar las decisiones debidas. Amén.

Lee Gálatas 5:16-26 para contrastar la vida llena del Espíritu con la vida del mundo.

El ojo de Dios

Pero el Señor le dijo a Samuel: "No te dejes impresionar por su apariencia ni por su estatura, pues yo lo he rechazado. La gente se fija en las apariencias, pero yo me fijo en el corazón". 1 Samuel 16:7

Un acontecimiento en la vida del joven David nos enseña acerca de cómo Dios ve a la gente y cómo debemos verlos también.

Dios no estaba contento con el rey Saúl, así que le dijo a Su profeta Samuel que quería ungir a otro hombre para que fuera el rey. Dios envió Samuel a Belén, a la casa de Isaí. Al llegar Samuel, Isaí hizo lo que cualquier hombre de su pueblo hubiera hecho: le trajo su primogénito a Samuel. Eliab era alto, guapo y fuerte. Samuel vio a Eliab y se dijo: "Sin duda que éste es el ungido del Señor" (1 Samuel 16:6). Pero Samuel se equivocó. Este error nos da una lección importante.

Muchas veces nos equivocamos igual que Samuel. Nos atraen las cosas que son superficiales. Vemos a otras mujeres dentro del bloque de celdas y los juzgamos por su parecer o su crimen. Les rendimos honor a los convictos que son célebres o que tienen poder. Muchas veces se ignora a los débiles. Estamos ciegos a las cosas que ve Dios. El Dr. Martin Luther King Jr. dijo en su famoso discurso: "Tengo un sueño que mis cuatro hijos algún día vivirán en un país donde no serán juzgados por el color de su piel sino por el contenido de su carácter"[14]. El Dr. King hablaba de "carácter de un rey". El carácter de un rey busca *servir* a otros, no de *usarlos*.

Mientras cumplimos la sentencia, no cometamos el mismo error que Samuel. Evaluemos a los hombres y mujeres a base de lo que está dentro de sus corazones, no en sus apariencias o comportamiento o personalidad. Evitemos la trampa que solo ve las cualidades externas de la gente. Miremos hacia las cualidades *eternas* y veamos el valor que no se veía antes.

†

Personalizándolo: Identifica a cinco compañeros que has despedido como débiles y sin valor. ¿Cómo cambiaría tu opinión al verlos por medio de los ojos de Dios?

Oración: Señor, dame ojos para ver a la gente a mi alrededor. Ayúdame ver por Tus ojos. Amén.

Lee Proverbios 20:12.

Podemos huir, pero no nos podemos esconder

Ciertamente, la palabra de Dios [...] juzga los pensamientos y las intenciones del corazón. Ninguna cosa creada escapa a la vista de Dios. Todo está al descubierto, expuesto a los ojos de Aquel a Quien hemos de rendir cuentas. Hebreos 4:12-13

Andamos llenos de secretos dentro de la prisión. Esos secretos nos son una carga pesada. No queremos que nadie sepa de nuestros crímenes. Nos da escalofríos pensar que otros convictos estén completamente conscientes de nuestra vida de acoso, abuso, violación y otros males que hemos cometido. Tememos lo que pudiera pasar si se dieran cuenta de la verdad acerca de nosotros.

Pero Dios sabe todo de nosotros. No le podemos esconder nada. Esto no es un pensamiento espantoso para los que lo amamos. Es un hecho que nos da esperanza y consolación. Dentro de nuestro corazón, queremos que nos conozca completamente y que seamos abiertos y honestos con Él. Anhelamos dejar nuestras ilusiones, exponer nuestras decepciones, enfrentar los hechos de nuestra vida, confrontar nuestros temores y admitir nuestros fracasos. Tenemos ansias de que alguien nos ame que nos conoce, nos acepta por quienes somos y nos perdona por el amor de Cristo.

El amor y el perdón de Dios nos llegan por medio de Jesucristo cuando permitimos que la Palabra de Dios penetre nuestras almas. Entonces exhibimos nuestros corazones por las inmundicias que son y revelamos el pecado que está en los más profundos rincones de nuestro ser.

Para que ocurra esto, debemos confesar a Dios nuestro pecado y darle nuestra espalda. Tenemos que creer que la Palabra de Dios nos protegerá y sustentará. Podemos fortalecer nuestra fe en comenzar cada día con oración y tiempo leyendo la Palabra de Dios. Podemos meditar (o cantar) canciones como "Aquí estoy" o "Entra, Jesús". Estas disciplinas nos sostendrán cuando tengamos la tentación de acobardarnos y darle la espalda a la presencia de Dios.

†

Personalizándolo: ¿Cómo te vas revelar al Dios que ya te conoce y te espera para que le llegues a pedir completo perdón?

Oración: Dios Padre, sabes todo acerca de mí. Gracias por amarme de todos modos. Amén.

Lee Hebreos 4:14-16, una descripción del Sumo Sacerdote que pagó por nuestro pecado.

El poder de la música

Aclamen alegres al Señor, habitantes de toda la tierra; adoren al Señor con regocijo. Preséntense ante él con cánticos de júbilo. Salmo 100:1-2

La música contiene el poder de calmarnos cuando tenemos ansiedad y también de conmovernos. En los despachos de los dentistas, se toca música suave. La música antes de los partidos de la NBA es fuerte y penetrante. Las empresas de anuncios trabajan sobretiempo en crear canciones publicitarias pegadizas para recordarnos de sus productos.

La música también desempeña un papel importante en nuestro caminar con Dios. O nos ayuda a combatir el mal, o nos conduce al mal. Como el timón de un barco, la música nos pone el estado de ánimo y dirige nuestras actitudes y acciones hacia el bien o el mal.

La música que degenera la dignidad del hombre o de la mujer y que glorifica el uso de las drogas envenena nuestra mente. La música y las palabras crean imágenes en nuestro cerebro. Visualizamos cosas vergonzosas en la cabeza. Y lo que pensamos, eso lo hacemos. ¡Cosas malas… en la dirección indebida!

Lo opuesto también es verdad. Levantarnos del catre con la letra del "Él no pereció" en la mente nos ayuda a esquivar el asalto del diablo en la yarda. Cantar "Sublime gracia" en voz baja en camino a comer nos enfoca en el regalo de Dios en vez de la pésima comida. Martín Lutero, quien escribió "Castillo fuerte es nuestro Dios", sentía que la música no era nuestra invención sino que un regalo de Dios. Enseñaba que el diablo la odia porque la música expulsa el mal fuera de nosotros. Lutero tenía razón.

Debemos tener mucho cuidado acerca de la música que entra nuestros oídos y cerebros. No *comemos* basura, entonces, ¿por qué *meterla* en la cabeza por los oídos? Al alimentar el cuerpo con comida espiritual saludable, esperamos tener salud espiritual buena como resultado. Debemos descubrir el poder de la música y sus resultados para el bien o el mal en nuestra vida. Después de comenzar el día en oración y en la Palabra de Dios, añadamos Su música a nuestra alma.

†

Personalizándolo: ¿Qué diferencia hará en tu vida si dejas al lado esa música sucia que invade tu alma, y pruebas la música de Dios por un mes?

Oración: Señor, llena mi alma con Tu música para que expulse esos demonios fuera de mi alma. Amén.

Lee Salmo 95 y Salmo 100, canciones de alabanza.

Libres de nosotros mismos

Pero los que por egoísmo rechazan la verdad para aferrarse a la maldad, recibirán el gran castigo de Dios. Romanos 2:8

¿Has pensado de cómo podemos estar encarcelados en otro lugar mientras ya estamos en la prisión? No hablamos de Segregación Administrativa o la SHU, sino de la prisión que nos envuelve 24 horas al día, 7 días a la semana, 365 días al año, hasta que se nos libre de ella por medio del rendimiento a Jesucristo. Estoy hablando de la Prisión del Yo: el egoísmo, el egocentrismo, vivir solamente para nosotros.

La Prisión del Yo es un lugar oscuro y solitario. Nos volvemos obsesionados con pensamientos espantosos. Cuando estamos en la Prisión del Yo, se aumentan los pensamientos de suicidio, y buscamos modos de escape: drogas, encuentros sexuales y violencia. El ruido y el frenesí del módulo se vuelven una fuente de consuelo porque son más callados que el caos que revuelve dentro de la cabeza. Nos encontramos impacientes, enojados y más agotados al levantarnos que cuando nos acostamos.

¿Dónde podemos encontrar alivio de la Prisión del Yo? Por medio de Dios y de la adoración sincera y seguida a Su Hijo. El filósofo Blaise Pascal dijo que hay en el corazón de cada persona un vacío en forma divina que solo Dios el Creador puede llenar. Sin éxito tratamos de llenar ese vacío con pensamientos acerca de nosotros mismos. Al alabar a Dios el domingo y en los estudios bíblicos durante la semana, reemplazamos nuestro egocentrismo con el gozo y la esperanza de las promesas de Dios. Su propósito divino para nuestra vida se pone en marcha, y se nos suelta de la Prisión del Yo. La alabanza nos quita la mirada de nuestros problemitas y la eleva en alabanza a lo que Dios ha hecho por nosotros y lo que hará por nosotros en el futuro. Escapémonos de la celda del Yo por medio de la alabanza. Ya es hora de escaparnos, ¡hacia la verdadera libertad en Dios!

†

Personalizándolo: ¿Cómo estás atrapado en la Prisión del Yo? ¿Cómo dejarás los vicios cómodos pero destructores del egocentrismo? La alabanza es el primer paso.

Oración: Dios, Padre, le pido a Tu Espíritu Santo que me libre de esta Prisión del Yo. Amén.

Lee Colosenses 3:5-11 para un recordatorio de cómo vivir para Cristo.

Espíritus en conflicto

Porque en lo íntimo de mi ser me deleito en la ley de Dios; pero me doy cuenta de que en los miembros de mi cuerpo hay otra ley, que es la ley del pecado. Esta ley lucha contra la ley de mi mente, y me tiene cautivo. Romanos 7:22-23

Hay gente que se pone visiblemente fea cuando ven a otros prepararse para ir a los servicios de alabanza. Buscan pleito. Su corazón y su mente están en guerra. Tienen espíritus en conflicto.

El conflicto interno resulta de nuestro mantener dos vistas opuestas que son igual de fuertes. Por ejemplo, pueda ser que nos criamos en un ambiente religioso y estricto pero tuvimos una experiencia escandalosa con un ministro o sacerdote. O pueda ser que nuestras madres nos mandaban a la iglesia como niños y luego nos cacheteaban al llegar a casa por no haber estado quietos durante el culto. Estas memorias fuertes y chocantes nos ponen en contra de nosotros mismos. De un lado vemos la hipocresía y el dolor, y concluimos que la fe en Dios es algo falso. Pero entonces nuestro corazón vibra en sintonía con otro ritmo. Nuestro corazón nos dice que Dios es verdadero y que Su Palabra y Sus promesas son verdaderas. Tenemos espíritus en conflicto. ¿Cuál es la verdad?

El apóstol Pablo no desconocía espíritus en conflicto. Conocía la guerra entre el bien y el mal dentro de su corazón (ver Romanos 7:7-25). También sabía dónde encontrar a un Conciliador. Cuando nuestra mente niega lo que nuestro corazón sabe es verdad, la única fuente de una resolución pacífica es Jesucristo. Él sufrió dolores peores que los nuestros, pero nunca se rindió. Jesús resistió la tentación y aguantó la tortura, los juicios injustos y la condena de muerte por nosotros. Con la ayuda del poder de Dios, podemos dejar las heridas y hacer la paz con nosotros mismos y con Dios.

Personalizándolo: ¿Cuáles espíritus están luchando dentro de ti? Aunque tus dolores te han lastimado tanto, suéltalos. Déjalos ir de una vez por todas, hoy mismo.

Oración: Dios Padre, déjame superar estas heridas por medio de entender cuánto Tú sufriste por mí. Amén.

Lee Romanos 7:7-25, el conflicto de Pablo con puntos de vista opuestos.

Vida reverente: Parte 1

Estas preguntas tienen que ver con las meditaciones en las páginas 170–194:

Respondan en conjunto:

1. Tener el corazón en el lugar debido es esencial a la vida reverente. ¿Por qué sugiere Salomón que el corazón es la sede de las emociones, el intelecto, la motivación personal y el deseo? ¿Cómo es cierto? ¿Qué clase de comportamiento indica que el corazón está desequilibrado? ¿Qué ideas, pensamientos y acciones fluyen de un corazón que está bien con Dios?

2. En la película *Cadena perpetua*, el personaje "Red" Redding dice: "La esperanza es una cosa peligrosa. La esperanza nos puede volver locos". Contrasten lo que dijo con las letras de un himno tradicional: "Mi esperanza está basada en nada menos que la sangre y justicia de Jesús" ("My Hope Is Built"). ¿De qué clase de esperanza nos habla Red? Comparen la versión de Red con la esperanza divina expresada en el himno. ¿Cómo y por qué son claramente distintas? ¿Cuál versión traerás a la instalación? ¿Por qué es tan necesaria la esperanza para una vida reverente?

3. La unidad y la armonía son fuerzas poderosas para una vida reverente dentro de una prisión. ¡Pero la unidad puede ser una fuente poderosa para una organización malvada también! ¿Cómo puede combatir la unidad cristiana a la unidad atractiva de la banda? ¿De qué maneras puede satisfacer tu iglesia el hambre del preso para compañerismo, seguridad, propósito en común y aceptación? ¿Qué tan unificada está la iglesia de tu prisión? ¿Dónde se encuentra la unidad? ¿Cuáles problemas amenazan la unión de la congregación? Hablen acerca de cómo reparar el daño al mensaje del Evangelio por tales divisiones.

4. Para crecer, las uvas necesitan un clima adecuado. Las "escarchas asesinas" pueden prevenir el crecer de las uvas. De la misma manera, el "fruto del Espíritu" necesita el clima debido. ¿Qué tipo de "escarcha asesina" mata los retoños del Espíritu Santo en tu vida? Los viñedos también necesitan cultivación para madurar. Discutan acerca de cómo la oración, las devociones personales, el ir a la iglesia y los estudios bíblicos cultivan una vida reverente. ¿Por qué es el obedecer el llamado de Dios fundamental para cosechar los frutos del Espíritu? ¿Cómo y por qué es la obediencia el centro de la vida reverente?

Exploren la Palabra de Dios en conjunto:

1. **Ezequiel 36:26** da esperanza a las vidas quebrantadas. ¿Cuál es tu respuesta al Dios que ofrece perdón, borra los pecados del pasado y nos da un "corazón nuevo"? Contrasta un corazón de piedra con un corazón de carne. ¿Qué dice el profeta acerca de la nueva vida en Jesús?

2. **Gálatas 2:20** resalta la muerte de Jesús y lo que quiere decir para una vida reverente. ¿Qué quiere decir estar "crucificado con Cristo"? La cruz quiere decir muerte. ¿Qué se ha muerto en tu vida? ¿Cómo es diferente tu nueva vida de la vieja? Poner tu fe en Cristo quiere decir que has establecido un nivel de confianza. ¿Qué confías acerca de Jesús? ¿Cómo es Su muerte una acción de amor hacia ti?

Oren juntos:

1. Oren por los engañados, porque creen que nunca tendrán que rendir cuentas por sus acciones.

2. Pídanle a Dios por una efusión especial de Su Espíritu unificador y gracia sobre la iglesia de la prisión.

3. Oren por una bendición especial para todos los niños representados por los padres que están en la prisión.

Comprométanse a la **confidencialidad**…

… **respétense** unos a otros

… **oren** unos por otros

… **anímense** unos a otros

… **ríndanse cuentas** unos a otros.

Abandonado por la familia

Como [los hermanos de José] alcanzaron a verlo desde lejos, antes de que se acercara tramaron un plan para matarlo. [...] Cuando los mercaderes madianitas se acercaron, [...] se lo vendieron a los ismaelitas por veinte monedas de plata. Fue así como se llevaron a José a Egipto. Génesis 37:18, 28

Las siguientes meditaciones considerarán lecciones de la vida de José. No todos saben la historia, excepto que tal vez hemos oído que José tenía una túnica especial, de mangas largas o de muchos colores. En realidad, la vida entera de José fue muy pintoresca. Las cosas que él experimentó son iguales a las que experimentamos nosotros: rechazo, abandono, abuso, trampas, traición, desilusión y prisión. Pero la historia de José también es una de trasformación: cómo un esclavo se volvió gobernador.

No lo hubiéramos querido si José fuera nuestro hermano. Probablemente era un consentido insoportable, un mentiroso y un presumido. Era el hijo preferido de su padre, y muchas veces delató a sus once hermanos. También tuvo sueños en que sus hermanos le hicieron reverencias, y cometió el error de decírselos. Le odiaban porque los hermanos menores no debían ser los encargados.

Un día los hermanos estaban hasta el copete y decidieron matar a José. Pero en vez, decidieron quitarle la túnica de muchos colores y venderlo como esclavo a unos mercaderes que lo llevaron a Egipto... donde lo vendieron, ¡una vez más! José tenía todo derecho de sentirse deprimido y enojado. Se sintió traicionado y sin ser amado.

¿Cuántos nos acordamos de esos sentimientos? Más de unos cuantos fuimos abandonados por nuestra familia, o traicionados por un amigo para la recompensa del dinero. Conocemos ese dolor.

Muchos llegamos al bote rechazados, sin ser amados y sin ser salvos. Estamos perdidos. Pero igual como Dios halló a José, Dios nos encuentra dentro de los muros y nos trasforma. El Salmo 27:10 dice: "Aunque mi padre y mi madre me abandonen, el Señor me recibirá en sus brazos". Qué alivio frente al rechazo y el abuso.

Personalizándolo: ¿Qué vas a hacer para ver más allá de tus circunstancias en el presente para confiar en la visión de Dios para tu vida?

Oración: Dios Padre, convénceme de Tu amor para mí, para que yo pueda confiar en Ti para todas las cosas. Amén.

Lee Génesis 37 para la historia completa acerca del joven José.

Sirviendo a Dios desde adentro

Cuando José fue llevado a Egipto, los ismaelitas que lo habían trasladado allá lo vendieron a Potifar, un egipcio que era funcionario del faraón. […] El Señor estaba con José y lo hacía prosperar en todo. […] Por causa de José, el Señor bendijo la casa del egipcio Potifar a partir del momento en que puso a José a cargo de su casa y de todos sus bienes. Génesis 39:1-5

José era un esclavo —un prisionero— en Egipto. Estaba solo, sin el consuelo de la familia y de los amigos. Pero el Señor estaba con José. Y eso fue la gran diferencia.

No importan qué tan suave el ambiente de José, no estaba libre. Pero no se compadeció de sí mismo. El Señor lo bendijo, igual que al que José servía. La actitud de José acerca de su cautividad fue positiva.

Podemos aprender de la actitud de José. ¿Cómo enfrentamos la posibilidad de encarcelamiento por un largo plazo? ¿Tiramos la toalla y nos inhibimos de la vida y evitamos las responsabilidades? O ¿vemos que Dios nos llama a servirle eficazmente dondequiera que nos encontremos? José nos muestra la respuesta.

Somos los agentes y los embajadores de Dios dentro de estos muros. Él está con nosotros y tiene tareas para nosotros. Los servicios de adoración necesitan coros y equipos que arreglen la capilla antes del servicio. Las capillas necesitan ser limpiadas después del servicio. Los hombres y las mujeres que claramente son débiles, vulnerables y atractivos para los predadores requieren protección. Los capellanes necesitan asistentes y ayuda. Tenemos que adoptar una nueva actitud como la de José.

Al servir a Dios con todo nuestro corazón, como lo hizo José, el Señor nos bendecirá no solo a nosotros sino que también a los que servimos. La presencia de Él será evidente para todos a nuestro derredor. Piénsalo: nuestra actitud positiva de servicio puede trasformar una instalación entera.

✝

Personalizándolo: ¿Qué actitud tienes? Pídele a Dios por el tipo de espíritu que le dio a José.

Oración: Dios Padre, modela mi espíritu en el espíritu de José. Amén.

Lee Hechos 16:23-34, la historia de cómo Dios bendijo a todos dentro de la prisión por la actitud de Pablo y Silas.

El uso apropiado del poder

[Su patrón] se dio cuenta de que el Señor estaba con José y lo hacía prosperar en todo. José se ganó la confianza de Potifar, y éste lo nombró mayordomo de toda su casa y le confió la administración de todos sus bienes. Génesis 39:3-4

¿Cómo definimos el poder dentro de la prisión? Obviamente, los "chapas" tienen poder. Nos pueden reportar y revocar los privilegios de visitas. La administración nos puede despertar a la medianoche y mandar que metamos todas las pertenencias de la vida dentro de una bolsa de basura, y luego ponernos en un camión a otra instalación o hasta a otro estado.

En la yarda, los mandamases y los originales son poderosos. Tenemos influencia si somos guapas o tenemos dinero en las cuentas, o si somos fuertes, notorios o rucos. El oficinista del capellán tiene poder, igual que los líderes de estudios bíblicos o presos con educación. ¿Cómo deberíamos usar nuestro poder?

José fue un esclavo, pero en su papel de asistir a Potifar, José tenía un poder enorme y la oportunidad de enriquecerse. Pudiera haber obligado a los otros sirvientes para su ganancia personal o usado su autoridad para intimidar a los demás y así ganar más control. Pero José no hizo nada de eso. *Usó* el poder pero no *fue usado* por el poder. José pueda haber sido tentado por el poder pero lo usó para el bien. Su poder bendijo a otros.

Si somos los oficinistas del capellán, tenemos que ser imparciales a personas de todas las fes. Si somos fuertes, debemos proteger a los débiles. Si tenemos lana, podemos compartir nuestras botanas. Debemos evitar la arrogancia del poder y debemos tratar con los demás como si fueran mejores que nosotros. Si adoptamos esta actitud de siervos, siguiendo los modelos de José y Jesucristo, bendeciremos a los demás. Entonces alabarán a Dios por Su bondad por medio de nuestro esfuerzo en nombre de Dios.

†

Personalizándolo: Date cuenta de cómo estás usando tu poder. ¿Es para el bien de los demás o para ti mismo?

Oración: Jesús, Tú eres todopoderoso, pero usaste Tu poder para mi salvación. Ayúdame a seguir Tu ejemplo. Amén.

Lee Filipenses 2:1-11 para descubrir cómo veía Jesús al poder.

La tentación sexual

José tenía muy buen físico y era muy atractivo. Después de algún tiempo, la esposa de su patrón empezó a echarle el ojo y le propuso: "Acuéstate conmigo". Pero José no quiso saber nada, sino que le contestó: "Mire, señora: mi patrón ya no tiene que preocuparse de nada en la casa, porque todo me lo ha confiado a mí... ¿Cómo podría yo cometer tal maldad y pecar así contra Dios?". Génesis 39:6-9

Mientras José trabajaba en la casa de Potifar, la esposa del patrón repetidamente demandó que se acostara con ella. Esta fue una gran tentación para José. Al ver cómo José trató con la tentación —lo que *no* hizo— podemos conquistar nuestra propia tentación sexual.

José *no* se entregó al deseo en engañarse a pensar que era la cosa natural hacer. *No* racionalizó que ella lo necesitaba porque Potifar no estaba "haciendo sus deberes" en casa. José *no* se rindió a la autocompasión. Se pudo haber engañado en creer que merecía un poquito de comodidad para compensar por el trato injusto de sus hermanos. Y, *no* se rindió a la ambición. Ella era la esposa poderosa de un hombre poderoso. José pudo haberle dado un impulso a su carrera por medio de los buenos susurros de una mujer influyente a su esposo. ¡Rendirse a la tentación sexual hasta le pudiera haber ayudado a José a ganar su libertad!

José encontró la fuerza para dominar esta tentación sexual por medio de algo más fuerte en su vida, una atracción más poderosa que el sexo: una relación con Dios que trascendió el placer humano. José entendía que su pecado sería un pecado contra Dios. El caminar de José con Dios sin duda involucraba oración y alabanza diaria. Levantó las "pesas de Dios" para fortalecer su fuerza espiritual. Para vencer el pecado sexual, José nos muestra que debemos tener una relación fuerte con Dios antes de que nos tiente el sexo.

✝

Personalizándolo: ¿Estás espiritualmente fuerte o eres un gordinflón flojo? ¿Qué puedes hacer para fortalecerte contra la tentación sexual?

Oración: Señor Jesús, me comprometo contigo hacer ejercicio con Tu Palabra, para que pueda darle la espalda al pecado sexual. Amén.

Lee 1 Corintios 6:18-20 para aprender cómo luchar contra cualquier tentación.

Incriminado

"Entró a la casa con la intención de acostarse conmigo, pero yo grité con todas mis fuerzas. En cuanto me oyó gritar, salió corriendo y dejó su manto a mi lado". [Cuando su marido volvió a su casa,] le contó la misma historia: "El esclavo hebreo que nos trajiste quiso aprovecharse de mí. Pero en cuanto grité con todas mis fuerzas, salió corriendo y dejó su manto a mi lado". Cuando el patrón de José escuchó de labios de su mujer cómo la había tratado el esclavo, se enfureció y mandó que echaran a José en la cárcel. Génesis 39:14-20

A pesar de la integridad de José, lo metieron al bote. Un día la esposa de Potifar le agarró su camisa (su manto), y demandó: "¡Acuéstate conmigo!". José se escapó, pero en el proceso se le cayó la camisa. La esposa de Potifar se quedó con la camisa mientras José salió corriendo de la casa.

Descontenta por haber sido rehusada, comenzó a gritar. Cuando los hombres cerca de la casa llegaron corriendo para averiguar de los gritos, lloró de la violación y acusó a José. Su esposo creyó su historia y tiró a José en la cárcel.

José no hizo nada para merecer la cárcel. Se portó con completa integridad, resistiendo constantemente los avances de la seductora. No hizo nada indebido. Pero fue incriminado. No tuvo recurso. No había sistema de justicia, juicio ni defensor público para abogar su caso.

Unos podemos identificar con José. Unos de nosotros también fuimos incriminados. Pensábamos que el sistema podía calar las mentiras de nuestra examante cuando fuimos acusados de violación, pero la gente creyó que habíamos cometido el crimen. La injusticia nos lastimó más que las mentiras. ¿Cómo tratamos con la injusticia en nuestra vida? ¿Cómo tratamos a la gente que nos han hecho mal? En el famoso capítulo del apóstol Pablo acerca del amor, dice que el amor "no guarda rencor" (1 Corintios 13:5). Necesitamos el poder del Espíritu Santo para poder hacer eso.

Personalizándolo: ¿Cómo estás tratando con las injusticias en tu vida? En específico, ¿qué cosas aprendiste de José?

Oración: Señor, ayúdame a ir más allá del dolor que causaron los que me incriminaron o me tendieron trampa. Necesito Tu habilidad de perdonar. Amén.

Lee Isaías 42:3 para una promesa de cómo Dios tratará con la injusticia.

Las pesas sueltas de Dios

"Hijo mío, no tomes a la ligera la disciplina del Señor ni te desanimes cuando te reprenda, porque el Señor disciplina a los que ama". Hebreos 12:5-6

Los que fuimos convictos con testimonio falso conocemos esos sentimientos tan dolorosos de la injusticia. Cuando se unen con la separación de nuestra familia, nos ponemos a preguntar por qué un Dios cariñoso dejaría pasar tal injusticia.

José se sintió igual. Cuando lo mandaron a la cárcel por hacer lo debido, debe de haber gritado: "Dios, ¿por qué permitiste tal injusticia?". A José ¿se le disciplinaba, o castigaba?

Hoy en día vemos a la disciplina como un castigo. Originalmente, quería decir "amor duro": el poner límites alrededor de nuestras vidas y las de nuestros hijos, y dejarles que se tropiecen contra los límites por su propio bien. La disciplina de Dios es Su plan para debilitarnos para que nos volvamos más fuertes. ¿Qué quiere decir eso?

Hay veces que nos tenemos que hacer débiles para volvernos más fuertes. Piensa acerca de levantar pesas. Hacemos repetidas flexiones de los bíceps y press de banca para ganar fuerza. Pero el resultado inmediato de la sesión es que nos sentimos más débiles, no más fuertes. Tenemos que romper el tejido celular para dejar que se fortalezca a más vigor.

Usando nuestras circunstancias, Dios nos debilita para hacernos más fuertes. Nos deja ir a la prisión, sabiendo que Él usará nuestra experiencia para nuestra salvación y Su gloria.

Nota la última parte del versículo de hoy: Dios disciplina a los que ama. Al sentir la disciplina del Señor en nuestra vida, tenemos que acordarnos que viene de la mano de un Dios que nos ama lo suficiente para querer formarnos para Sus propósitos. Lo que José no sabía era que mientras estaba abatido en el calabozo, Dios usaría el tiempo en el bote como un escalón para avanzar a algo tan bueno que salvaría a una nación entera.

†

Personalizándolo: ¿Cómo dejarás el resentimiento que se te ha pegado como musgo a un árbol? ¿Qué vas a hacer para darte cuenta de la mano de Dios en tu vida y confiar en Su amor?

Oración: Dios Padre, ayúdame a confiar en que Tu disciplina viene de Tu amor por mí. Amén.

Lee Deuteronomio 8:5 y Hebreos 12:10 para ganar ánimo.

El Señor está con nosotros

[El guardia de la cárcel] puso a José a cargo de todos los prisioneros y de todo lo que allí se hacía. Como el Señor estaba con José y hacía prosperar todo lo que él hacía, el guardia de la cárcel no se preocupaba de nada de lo que dejaba en sus manos. Génesis 39:22-23

Aquí se encontraba José, en la prisión, en un lugar duro, un lugar donde no merecía estar. Solo nos podemos imaginar cómo eran las cárceles en esos días: calabozos oscuros, húmedos y fríos, lugares verdaderamente infernales.

Pero el Señor estaba con José en ese lugar infernal. La Biblia dice cuatro veces en la historia de José que "el Señor estaba con él". Y el Señor está con nosotros también. No nos ha dejado en nuestros "calabozos". No se ha dado por vencido con nosotros. Cabal cuando pensamos que se ha "desaparecido en combate", Dios nos sorprende con un nuevo plan y más responsabilidad. No te entregues al desaliento. Dios está con nosotros, obrando de nuestra parte.

José aparentemente no gastó su energía en rebeldía ni depresión. Si leemos entre las líneas de la historia, descubrimos que hizo lo mejor que pudo en cada tarea y cada encargo que le dieron. Su diligencia y actitud positiva captaron la atención del guardia principal, el alcaide, quien lo ascendió y le dio responsabilidades administrativas.

El comportamiento de José en la cárcel era piadoso. Sabía que Dios estaba con él y que Dios usaría sus experiencias para Su buen propósito. José estaba cumpliendo *SU* tiempo. El modo de cómo *reaccionó* José es más importante que lo que le pasó.

¿Se puede decir lo mismo de nosotros? ¿Cómo reaccionamos a lo que nos ha ocurrido? ¿Es nuestro comportamiento piadoso? ¿Estamos cumpliendo nuestra condena o *SU* tiempo? ¿Le entramos duro a las tareas, mostrando diligencia y confiabilidad? Nuestro comportamiento piadoso en la cárcel tendrá un efecto positivo sobre todos a nuestro alrededor.

Personalizándolo: ¿Cómo estás cumpliendo *SU* tiempo? ¿Cómo es tu vida en la prisión parte del buen propósito de Dios?

Oración: Señor, ayúdame a ver más allá de los detalles de mis circunstancias hacia Tu presencia conmigo y Tus propósitos. Amén.

Lee Salmo 118:6-7, la seguridad del salmista de que Dios estaba con él.

Líderes siervos

A la mañana siguiente, cuando José fue a verlos [a los dos presos nuevos], los encontró muy preocupados, y por eso les preguntó: "¿Por qué andan hoy tan cabizbajos?". Génesis 40:6-7

Como cristianos, el modo que conducimos nuestra vida debe superar nuestras circunstancias. La vida de José apunta el camino. Mientras estaba en la prisión no les tiró excremento a los guardias. No maldijo toda la noche, ni se compadeció de sí mismo. José se llevó su auténtica relación con Dios adentro de la prisión. Como resultado, el alcaide lo puso a cargo de la prisión.

Para mientras, el rey de Egipto metió a dos de sus funcionarios —el jefe de los panaderos y el copero (que estaba encargado del vino)— en la prisión. A causa de la conducta ejemplar de José, el capitán de la guardia (probablemente Potifar) le pidió a José que cuidara a los hombres, que probablemente estaban desorientados, confusos y en necesidades. Vemos a recién pescados como ellos cada día, gente nueva al sistema o presos que han regresado.

José mostró ser un líder siervo y nos da un ejemplo de cómo debemos servirles a los demás que están encarcelados. Había desarrollado una sensibilidad hacia los demás. Esa mañana notó que los "fishes" parecían estar angustiados y tristes. Tuvo compasión por ellos. La compasión es más que notar que alguien está en apuros; llega más profundo. La compasión tiene que ver con el deseo de minimizar esa angustia y de ayudarle al otro a salir de sus apuros. Estos hombres estaban desgraciados. Así que José les alargó la mano para ayudar.

¿No es eso lo que Jesús ha hecho por todos nosotros? ¿No tenemos la misma oportunidad que José para mostrar la bondad? A diario vemos hombres y mujeres con la cabeza agachada, que necesitan ayuda. Al crecer en Cristo, debemos quitarnos el egoísmo y preguntarles a otros: "¿Cómo te puedo ayudar?". De esta manera les mostramos el amor de Jesucristo y abrimos el camino para que reciban a Cristo.

✝

Personalizándolo: Hoy, ¿quién necesita tu compasión? ¿Cómo puedes dejar tus propias heridas para aliviar las heridas de otros?

Oración: Espíritu Santo, sana mis heridas al permitir que yo sea Tus manos sanadoras para otros. Amén.

Lee Isaías 53 para aprender cómo Jesús nos sirvió.

Las cumbres y los valles

Sin embargo, el jefe de los coperos no se acordó de José, sino que se olvidó de él por completo. Génesis 40:23

La razón por cual los "fishes" estaban preocupados fue porque habían soñado cosas preocupantes que no podían entender. Con la ayuda de Dios, José interpretó sus sueños. El sueño del copero quería decir que sería librado de la prisión en tres días. José le pidió al hombre: "Yo le ruego que no se olvide de mí. Por favor, cuando todo se haya arreglado [con el rey], háblele usted de mí al faraón para que me saque de esta cárcel" (Génesis 40:14). Pero cuando mandaron al copero de regreso a la corte, se olvidó de José.

Las esperanzas de José se estrellaron contra el suelo. Se encontró una vez más en el valle. Nuestras vidas son parecidas también. Recogemos cartas de apoyo, arreglamos un plan realístico para la libertad condicional, recibimos una recomendación positiva de parte de la mesa directiva que concede libertad condicional, solo para que el gobernador lo niegue. El plan de Dios para nuestra vida incluye cumbres y valles que nos traen al lugar más alto con Él.

Los alpinistas saben que para subir a la cumbre más alta, tienen que escalar muchas cimas más pequeñas y bajar a muchos valles. Cuando estamos sobre una cima espiritual y sentimos que estamos listos para volar al mundo exterior por Jesús, pueda ser solo un pico menor. Dios puede tener otras, más altas cimas para conquistar detrás de las rejas. Nos sentimos decepcionados que se frustren nuestros planes. Pero, como nos muestra la vida de José, Dios puede tener algo aún mejor preparado para nuestras vidas, y las vidas de otros presos. Jesús cedió Su cumbre por nosotros. Su valle incluía la muerte en la cruz antes de que llegara a lo más alto.

La vida de José nos ayuda a apreciar los valles que no podemos entender. La vida de José alumbra los caminos de montaña que parecen injustos y difíciles de aceptar.

✝

Personalizándolo: ¿Cómo estás confiando en la sabiduría de Dios para tu vida? ¿Estás dispuesto a dejar que te baje de las cumbres y te guíe a los valles de más profundo servicio?

Oración: Jesús, gracias por descender al valle primordial por mí. Amén.

Lee Juan 19 y Juan 20 para repasar la subida de Jesús por nosotros.

Reconocer el poder de Dios

[El faraón] le dijo: [...] "Me he enterado de que, cuando tú oyes un sueño, eres capaz de interpretarlo". "No soy yo quien puede hacerlo", respondió José, "sino que es Dios quien le dará al faraón una respuesta favorable". Génesis 41:15-16

Dos años después, el mismo rey faraón tuvo dos sueños molestos. Llamó a todos los magos de la corte y les pidió que interpretaran los sueños. Pero nadie pudo. El copero escuchó las conversaciones y de repente se acordó de José y su poder de interpretar sueños. Así que el faraón llamó a José y le pidió que le dijera la razón de los sueños.

Antes de interpretar el sueño del rey, le dijo a faraón: "No tengo ningún poder para hacer esto, pero Dios te dirá lo que quiere decir".

José le pudiera haber dicho a faraón: "Le ha preguntado al hombre indicado, Su Majestad. Desde niño, he tenido el poder de interpretar sueños. Yo soy el que busca". Eso es lo que hubiera dicho el joven, creído y seguro de sí mismo. Pero el hombre maduro y santo —aguerrido por su vida en la cárcel— reconoció que el poder de la interpretación venía de Dios. José sabía que era siervo de Dios, responsable por el uso de los dones que Dios le había dado. Nada más.

¿Cómo respondemos cuando alguien nos pide hacer algo que sabemos que lo hacemos bien? ¿Tenemos la confianza en nosotros mismos, o nos damos cuenta de que todos nuestros dones son de Dios, y que Él decide ejercer unos de ellos por medio de nosotros? José es un modelo para nosotros porque apunta al faraón hacia Dios. José no reclamó el poder para sí mismo, ni lo usó para su propio beneficio. Humildemente señaló a Dios. Debemos hacer lo mismo.

Personalizándolo: Cuando puedes hacer algo bien, ¿piensas que el poder es tuyo, o lo usas para dirigir otros hacia Dios?

Oración: Señor, gracias por darme dones y habilidades. Ayúdame a siempre acordarme que estos dones vienen de Ti. Nada más soy Tu siervo. Amén.

Lee 1 Crónicas 29:11 para ver cómo el hombre más sabio y más rico que jamás vivió en la tierra se dio cuenta de la fuente de su poder.

Fue Dios

Pero ahora, por favor no se aflijan más ni se reprochen el haberme vendido, pues en realidad fue Dios quien me mandó delante de ustedes para salvar vidas. […] Por eso Dios me envió delante de ustedes: para salvarles la vida de manera extraordinaria y de ese modo asegurarles descendencia sobre la tierra. Fue Dios quien me envió aquí, y no ustedes. Él me ha puesto como asesor del faraón y administrador de su casa, y como gobernador de todo Egipto. Génesis 45:5-8

Los que conocen la historia completa de José saben que los sueños del faraón pronosticaban siete años de mucha abundancia seguidas por siete años de hambre. José le aconsejó al rey que consiguiera el hombre más sabio y que lo dejara almacenar el grano para que tuvieran de comer que cuando llegara el hambre. El faraón nombró a José como encargado del palacio —el segundo puesto de poder en Egipto— y le pidió que supervisara todas las preparaciones para el hambre.

Durante el transcurso del hambre, le comenzó a faltar alimento a la familia de José. El padre de José envió a sus hijos a Egipto para conseguir comida. Es emocionante el drama de cómo José reconoció a sus hermanos, mientras ellos no lo reconocieron a él. Lee la historia entera en Génesis 41–45. Cuando José al fin les dijo a sus hermanos quién era, estaban seguros de que los iba a matar porque lo habían traicionado en su juventud al venderlo como esclavo.

Pero mira la reacción de José. No atacó a sus hermanos, aunque tenía derecho de hacerlo. En vez, apuntó hacia Dios: "Fue Dios quien me envió aquí". José reconoció que Dios estaba desarrollando Su plan, aun cuando tenía que ver con las malas motivaciones y acciones de sus hermanos. José dejó la venganza y el castigo en manos de Dios.

Dios permitió que José fuera vendido a la esclavitud en Egipto, y permitió que José fuera encarcelado porque Dios tenía un buen plan para José. Como resultado, Dios salvó a una nación entera por medio de José.

†

Personalizándolo: Dios está desarrollando su buen plan por medio de tu vida. ¿De qué manera lo desarrolla, y por qué es tan difícil que lo creas?

Oración: Señor, ayúdame a ver Tu gran plan. Me rindo completamente. Confío en Ti con mi vida. Toda mi vida. Amén.

Lee Génesis 41–48 los emocionantes detalles de cómo Dios desarrolló Su plan para la vida de José, y la de su familia.

Dios lo trasforma en bien

Los hermanos de José concluyeron: "Tal vez José nos guarde rencor, y ahora quiera vengarse de todo el mal que le hicimos". [...] "No tengan miedo —les contestó José—. ¿Puedo acaso tomar el lugar de Dios? Es verdad que ustedes pensaron hacerme mal, pero Dios transformó ese mal en bien. [...] Yo cuidaré de ustedes y de sus hijos". Y así, con el corazón en la mano, José los reconfortó. Génesis 50:15-21

El versículo de hoy nos cuenta acerca del apogeo de la historia de José. Después de la muerte de su padre, los hermanos de José tuvieron miedo de que José se vengara de ellos. En vez, José los perdonó y los reconfortó.

¿Qué fue lo que le permitió a José perdonar las meras personas que lo habían maltratado, traicionado, abandonado y vendido?

Primero, *José dejó la venganza en las manos de Dios*. "¿Puedo acaso tomar el lugar de Dios [para juzgarlos y castigarlos]?" José tenía la madurez espiritual para saber que no era su lugar para vengarse y darles una paliza. La justicia y el castigo son negocio de Dios, no el nuestro.

Podemos aprender varias lecciones de José. A muchos nos han abusado, traicionado y abandonado. Pero también hemos vuelto a revivir nuestra amargura y venganza, enfocándonos —y a veces obsesionando— acerca de lo que nos causaron. Debemos dejar de jugar el papel de Dios y soltar nuestra amargura, dejando la situación entera en manos de Dios. Porque José dejó la venganza a cargo de Dios, pudo mostrar misericordia hacia sus hermanos.

Segundo, *José confió en la bondad de Dios*. José entendía que Dios es soberano, que Él está en control de todo, y que es bueno, a pesar de que no podamos ver nada bueno acerca de nuestra vida. Dios es un Dios redentor, que toma aun el mal de nuestra vida y lo convierte en bien.

¿Y qué de los que nos han causado mal? ¿Podemos decir: "Me hiciste mal, pero confío en que Dios lo trasformará en bien"?

Personalizándolo: ¿Cómo vas a dejar la venganza en las manos de Dios? ¿Cómo vas a confiar en Su bondad, aun en las situaciones amargas?

Oración: Señor, lucho contra la amargura hacia los que me han hecho mal. Te suelto la situación, confiando en Tu bondad. Amén.

Memoriza Romanos 8:28 para acordarte de la bondad y el poder trasformador de Dios.

Lecciones de la vida de José

Estas preguntas tienen que ver con las meditaciones en las páginas 197–208:

Respondan en conjunto:

1. José fue abandonado y vendido por sus hermanos. ¿Cómo les ha afectado cada una de sus vidas el abandono y el rechazo de sus "hermanos"? ¿Cómo has luchado contra el espíritu de amargura al ser acusado o delatado por alguien en que confiabas? Comparen sus actitudes con las de José. ¿Qué pueden aprender de las actitudes y acciones de José?

2. ¿Cómo sería diferente tu vida en la prisión si fueras —y quizá sí fuiste— condenado injustamente? ¿Cómo son parecidas o diferentes tus actitudes y acciones a las de José? ¿Qué le dio fuerza y poder a José para superar su ira de ser encarcelado injustamente?

3. Describan cómo se sintieron al recibir un "retraso" de la comisión de libertad bajo palabra. Comparen sus sentimientos con los que José debe haber sentido al ser olvidado (retrasado). Con José como ejemplo, ¿cómo navegarás las cumbres y los valles de la vida dentro de la prisión? Describe unas cumbres y valles.

4. ¿Qué tan seguido piensas (o tratas de) vengarte de los que te traicionaron? ¿Cómo se siente ese deseo? Describe en específico los modos en que encadena tu caminar con Jesús. ¿Cómo piensas que José domó su deseo de vengarse cuando sus hermanos aparecieron delante de él? ¿De dónde origina la gracia y la fortaleza? Hablen acerca de lo difícil que es rendirse al control de Dios, como lo hizo José.

Exploren la palabra de Dios en conjunto:

1. **Hebreos 12:14-15** es un llamado al esfuerzo de vivir en paz. ¿Qué supone ese esfuerzo? ¿Tienes el deseo de hacer las paces? Si no, ¿por qué no? ¿Qué pasa cuando no hay paz? ¿Qué obstáculos hay en hacer las paces? ¿Cómo es la amargura como agua contaminada? ¿Qué la purifica?

2. **Marcos 14:66-72** cuenta la historia de cómo Pedro, uno de los queridos seguidores de Jesús, negó conocerlo. ¿Cuántas veces negó Pedro su relación con Jesús? ¿Cómo piensas que Jesús se debe haber sentido cuando Su amigo mintió de no conocerlo? Comparte acerca de una vez que fuiste traicionado. ¿Qué tan hondo fue el dolor?

209

3. **Juan 21:1-17** cuenta la historia de cómo Jesús reconectó con Pedro. Acuérdense que poco antes de la muerte de Jesús, Pedro negó jamás conocerlo. ¿Qué pregunta le hace Jesús a Pedro? ¿Cuántas veces le pregunta? ¿Cómo le contesta Pedro? Y ¿cómo responde Jesús a Pedro y su declaración de amor y lealtad a Jesús? Al decir: "Apacienta mis ovejas", Jesús expresa Su confianza renovada en Pedro. Jesús no guarda rencor contra Pedro por su traición. Jesús le da la bienvenida a reanudar la relación. Cada de las tres veces que Jesús comisiona a Pedro, borra la memoria de los tres rechazos. ¿Qué puedes aprender de las acciones de Jesús?

4. **Gálatas 6:7-8** describe lo que se conoce como "la ley de la cosecha". ¿Qué tipo de cosecha producen las semillas de venganza? ¿Por qué nos habla Pablo de no ser engañados ni mal guiados? Comenten sobre esta declaración: "Revelamos el tipo de Dios en que confiamos por el método con que tratamos los problemas difíciles de la vida". ¿Cuáles son los métodos del mundo? ¿Cómo te han sido improductivos? ¿Qué tipo de Dios sirves?

Oren juntos:

1. Oren para que se suelten los sentimientos de venganza y amargura. Pídanle a Jesús que Él se sustituya por esas emociones.

2. Oren por el poder y la valentía de ser pacificadores dentro de los muros.

3. Oren por la libertad y el poder para hacer lo que *deben* hacer y no simplemente lo que *quieren* hacer.

Comprométanse a la **confidencialidad**…

… **respétense** unos a otros

… **oren** unos por otros

… **anímense** unos a otros

… **ríndanse cuentas** unos a otros.

La resistencia

Así mismo serán perseguidos todos los que quieran llevar una vida piadosa en Cristo Jesús, mientras que esos malvados embaucadores irán de mal en peor, engañando y siendo engañados. 2 Timoteo 3:12-13

Al correr contra el viento en la pista de carreras en la yarda, sentimos la resistencia del viento. Levantamos pesas para ganar fuerza. Al levantar más que el día anterior, es la resistencia del peso que nos hace los músculos.

Así es con nuestra vida cristiana a diario. Si resistimos al matón cobrando renta, enfrentaremos hostilidad. Al amigarnos con un "violín" de niños en la fila de comer, encontraremos oposición. Cualquier vez que opongamos al diablo en su castillo (la prisión), lo enojamos. Tratará de quitar cualquier oposición a sus intrigas malignas. Jesús confrontó a los jefes religiosos de los judíos, por eso se burlaron de Él y fue azotado y matado por Sus esfuerzos. Podemos esperar que nos traten igual (ver Juan 15:20).

Pero esto no nos debe causar temor. Toma los ataques de Satanás como una confirmación de que lo estamos enfureciendo. Deberíamos de preocuparnos si el diablo no nos mete en barullos. Si nuestra vida es tibia, el diablo ni se va a molestar. No más se enoja cuando nos metemos en el camino de sus planes malignos.

Tenemos que mantenernos firmes ante la maldad, rehusando ceder a las fuerzas del mal dentro de la prisión. Debemos evitar programas con promesa de temprana libertad si quiere decir que neguemos el poder de Dios. Debemos decirles no a los falsos maestros que nos dicen que les donemos dinero a ellos en vez de a Dios. Cuando le estén presionando a un nuevecito a que se haga miembro de La Nuestra Familia, nos podemos involucrar en su vida para introducirlo al equipo de Cristo. Podemos destacar la diferencia por Dios. Vendrán los ataques, pero podemos estar listos.

✝

Personalizándolo: Sacúdete de ese ánimo sin ganas y ponte a la disposición de Dios. Espera recibir resistencia, pero cuenta con el poder de Dios.

Oración: Dios, dame la sabiduría para reconocer la maldad y la fuerza para resistir los ataques de Satanás y sus seguidores. Amén.

Lee Juan 16:33 para obtener paz y poder.

Sabiduría de los otros

Sin dirección, la nación fracasa; el éxito depende de los muchos consejeros. Proverbios 11:14

Al llegar a la prisión, sea como recién pescados o delincuentes habituales, tenemos la misma meta: sobrevivir. Aumentamos la chance de sobrevivir si adquirimos sabiduría acerca de cómo funciona la cárcel. Sin eso, nos pavoneamos, así invitando una confrontación. Necesitamos a alguien que esté "enchufado" para que comparta su buen juicio con nosotros.

La sabiduría generalmente viene de otros, no de nosotros. ¿Por qué? Nuestra capacidad para el autoengaño no tiene límites. Una persona sola no puede ver todos los problemas o los asuntos de todos los puntos de vista. Los convictos chavalos ven las situaciones de una manera distinta a los rucos. Las mujeres ven las cosas de manera muy distinta a los hombres. El enojo o la ceguera emocional a veces nos quitan la habilidad de escoger bien. Los sabios consultan con otros antes de tomar decisiones. Como dicen: "Despacio voy, porque de prisa estoy".

Es igual en nuestro caminar con Jesús. La Biblia dice que el respeto o el temor a Dios es el comienzo de la sabiduría (ver Proverbios 9:10). Adicionalmente, reunirse con otros creyentes cada domingo es tomar un paso hacia la sabiduría. Lo opuesto también es verdad. Decidir a separarnos del cuerpo de Cristo es egoísta. Nos deja vulnerables al diablo, quien nos matará uno por uno. Reunirte en comunidad con otros creyentes abre el grifo de la sabiduría para nuestros problemas cotidianos. Otros presos ya han caminado por el camino en que caminamos. Encontrar consejeros sabios que "ya estuvieron y ya lo hicieron" reducirá nuestros sentimientos de aislación y desesperación.

Sobrevivir en la prisión tiene que ver con lo que escogemos. Aunque se nos quiten la mayoría de las decisiones de la vida, todavía nos quedan muchas. Al encontrar la sabiduría de Dios y de otros, se hacen más claras las decisiones debidas. Ya no nos despistamos ni nos descuidamos por atracciones emocionales. Nuestra vida se carga de una estabilidad que solamente puede venir de la sabiduría.

✝

Personalizándolo: ¿Cuál situación en tu vida requiere sabiduría? ¿A quién acudirás para consejo y sabiduría?

Oración: En Ti, Señor, está la verdadera sabiduría. Dirígeme a Tus discípulos para que gane sabiduría para servirte mejor. Amén.

Lee Proverbios 1–2 para descubrir cómo ganar sabiduría.

¿Adorar ídolos o a Dios?

Después de buscar consejo, el rey hizo dos becerros de oro, y le dijo al pueblo: "¡Israelitas, no es necesario que sigan subiendo a Jerusalén! Aquí están sus dioses, que los sacaron de Egipto". 1 Reyes 12:28

El mal rey Jeroboán de Israel decidió erigir becerros de oro para que adorara el pueblo porque no quería que fueran a Jerusalén para adorar a Dios, uno y verdadero. El rey era suficientemente listo para saber que la gente necesitaba algo que adorar. Sabía que sus corazones requerían algo más grande que ellos mismos.

Todos llegamos a adorar algo. Podemos decidir adorar a Dios o alguna otra cosa. Si no alabamos a Dios, encontraremos alguna otra cosa que esclavice nuestra lealtad. Pueda ser que no nos postremos ante una estatua de oro, pero pueda ser que nos dediquemos a la meta de volvernos ricos, ¡ganar el oro! Quizás nunca tengamos sexo dentro del templo, pero seremos tentados a violar el templo del Espíritu Santo —nuestro cuerpo— con pecado sexual.

Para los que estamos en la prisión, es fácil adorar a ídolos en vez de a Dios. Adoramos nuestra libertad, el proceso de apelar, nuestros amigos, aun nuestros oficios. Nos ponemos como nuestro propio dios, amándonos y viviendo un estilo de vida egoísta y presumido. Adorarnos y pensar solo en nosotros mismos quiere decir que pocas veces contemplamos las consecuencias o los resultados que nuestras acciones tienen sobre otros. Esta situación es la cárcel más pésima, porque no ofrece ninguna esperanza.

¿Nos podemos salvar a nosotros mismos? Cuando nos estamos revolcando en el fango de nuestro pecado, ¿tenemos el poder de sacarnos a nosotros mismos? ¿Somos capaces de ofrecernos perdón y un nuevo comienzo? ¿Podemos hacer esto por nosotros mismos? Por supuesto que no. Solo Dios nos puede rescatar, perdonar y ponernos en camino a una vida de libertad y servicio para otros.

Personalizándolo: ¿Qué o a quién adoras? ¿Quién o qué ocupa tus pensamientos? ¿A quién escogerás como tu Dios?

Oración: Dios, te quiero adorar solamente a Ti. Ayúdame a despojarme de los dioses falsos aquí dentro de la prisión. Amén.

Lee Isaías 42:8, 17 para aprender de cómo Dios se siente acerca de nuestros ídolos.

Volvernos luz en la oscuridad

Noé era un hombre justo y honrado entre su gente. Siempre anduvo fielmente con Dios. Génesis 6:9

Las prisiones donde vivimos son lugares malvados, donde la crueldad es lo normal y parece que el pecado está en control. ¿Cómo podemos alumbrar estos lugares oscuros? La historia de Noé nos ayuda con esta pregunta.

Noé vivió en un lugar donde el pecado estaba por todos lados. Mientras construía el arca, vivió una vida limpia e intachable en medio de la maldad alrededor. ¿Cómo lo hizo? La respuesta se encuentra en Génesis 6:9: "Siempre anduvo fielmente con Dios".

Acontecimientos en nuestra vida pocas veces ocurren aisladamente. Muchas veces hay causa y efecto. Ninguno solamente por casualidad nos encontramos de repente fumando piedra y taloneando a los doce años en la plaza central de Portland, Oregón. No, primero llegó el abuso sexual por parte de nuestros padrastros o hermanos y nuestra decisión de huir. El necesitar un lugar donde dormir nos introdujo a "amigos" quienes nos ofrecieron simpatía y drogas para disminuir el dolor de nuestros psiques destrozados. Las drogas cuestan dinero. El necesitar plata nos llevó a la prostitución.

Ser el faro de luz de Dios dentro de la prisión también sigue el patrón de causa y efecto. Comienza con la obediencia a lo que Dios quiere que hagamos. Ese deseo de obedecer las enseñanzas de Dios nos lleva a una relación más estrecha con Él. Esa relación más íntima conlleva una percepción aún más grande acerca de Su voluntad para nuestra vida. Entender y obedecer Su voluntad nos inspira valor mientras nutre nuestra habilidad de volvernos faros brillantes de luz en la oscuridad.

Podemos ser como Noé, constantemente obedeciendo la voluntad de Dios, disfrutando de una relación estrecha con Él y brillando Su luz dentro de un mundo oscurecido por el pecado.

✝

Personalizándolo: ¿Cómo te acercarás a Dios? ¿Cómo alumbrarás la oscuridad?

Oración: Júntame a Ti, Señor y Dios, para que pueda ser una luz en la oscuridad de esta prisión. Amén.

Lee Génesis 6:1–9:17 para aprender de la maldad humana, la obediencia de Noé y el amor de Dios.

No se amolden, sino trasfórmense

No se amolden al mundo actual, sino sean trasformados mediante la renovación de su mente. Romanos 12:2

Muchos programas de la tele representan a policías virtuosos que se vuelven exactamente como los que están tratando de arrestar. Ocurre en la vida real también. Leemos de chotas que roban y se quedan con el dinero de una redada.

El riesgo de volvernos como los del rededor es una amenaza persistente y peligrosa a nuestro caminar cristiano. Al estar en medio de gente que se burla de Dios y cometen hechos pecaminosos, somos tentados a volvernos como ellos. Es como nadar en una fosa séptica, y es muy difícil evitar que apestemos.

El apóstol Pablo nos escribe acerca de este problema en el versículo de hoy. Usa la palabra *amoldar* para indicar el proceso gradual por el cual nos ponemos y adoptamos las reglas y los patrones de los que están a nuestro derredor. Si no tenemos cuidado, poco a poco nos podemos desensibilizar a la guía de Dios y Su gracia.

Pablo nos da la fórmula para resistir esta tentación cuando nos instruye que nos trasformemos por la renovación de nuestra mente. Como dijimos anteriormente: nuestra manera de pensar determina nuestra manera de actuar. Si nuestra mente se enfoca en cosas negativas, actuaremos de maneras pecaminosas. Pero si dejamos que el Espíritu Santo renueve nuestra mente, se trasformará nuestra vida entera.

Muchas veces, el renovar algo requiere quitar lo viejo y reemplazarlo con algo mejor. Al quitarle las capas de adicciones, culpa y vergüenza a nuestra vida, le aplicamos los últimos toques de Jesús sobre nuestra nueva mente. Luego para mantener nuestra mente fresca, debemos adorar; no solamente a solas por medio de oración y estudio bíblico, sino que también en la iglesia de la prisión. Esto nos ayudará a mantener nuestra mente enfocada en las cosas debidas mientras luchamos contra las presiones de la vida en la prisión y los peligros de volver a la vida antigua.

Personalizándolo: ¿Cómo te estás amoldando a tu vida antigua? ¿Cómo puedes estar renovando tu nueva vida?

Oración: *Dios en los cielos, quédate cerca de mí mientras lucho contra la vieja persona dentro de mí. Renuévame cada día. Amén.*

Lee Romanos 8:5-6 para animarte a dejar que el Espíritu le dé forma a tu mente.

Soltar el odio

El que afirma que está en la luz, pero odia a su hermano, todavía está en la oscuridad. 1 Juan 2:9

Jesús amó a toda la gente, sin juzgarlos por su sexo, su ocupación o su raza. Al subir de entre los muertos, Jesús anuncio Su resurrección a María. Jesús obró por medio de una mujer para que le trajera a Pedro y Juan. Esto fue radical. Las mujeres no tenían estatus en Jerusalén en el primer siglo. Las mujeres no podían ofrecer su testimonio en un juicio, y los hombres pocas veces hablaban con las mujeres en público.

Jesús tampoco discriminó sobre la base del empleo. Escogió a Mateo, un cobrador de impuestos judío, para que fuera Su discípulo. Los cobradores de impuestos podían cobrar lo que les diera la gana, siempre y cuando Roma recibía su porción. Como resultado, se les consideraban traidores a los cobradores de impuestos. Los judíos los odiaban, pero Jesús escogió un cobrador de impuestos a ser un discípulo.

En otra ocasión, Jesús fue a Samaria y habló con una samaritana adúltera: algo impensable. No solo se les consideraba escombro a los samaritanos, sino que Él, un hombre judío, habló con una mujer quien todo el pueblo sabía que se estaba acostando con cualquiera. Su amor llega más allá de las barreras sociales.

Al seguir a Jesús, no podemos odiar a otros por el color de su piel, su banda, el crimen, la religión que escogieron o su preferencia sexual. Si decimos que creemos en Jesús, dejamos los pensamientos de venganza y el sentir desprecio o disgusto que teníamos antes de conocer al Señor. Nuestra unidad con Cristo por medio de Su sacrificio por nuestros pecados lo vuelve inaceptable odiar a otros.

Si estas palabras nos irritan, tenemos un problema. Mentalmente ¿estamos repasando la lista de los internos en la Prisión Estatal de Cambridge Springs para nombrar a los que odiamos porque son lesbianas o abusadores de niños? ¡Entonces el amor de Jesucristo no está dentro de nosotros! No deberíamos ser engañados. No podemos odiar a esos internos y amar a Dios a la misma vez. Pensar de otra manera es una falsa ilusión.

Personalizándolo: Examina tu corazón honestamente. Confiesa todo tu odio, desdén o intolerancia.

Oración: Jesús, he odiado por tanto tiempo, y ya stoy harto. Espíritu Santo, por favor líbrame para que ame a otros completamente. Amén.

Lee 1 Juan 4:7-21, instrucciones para amar a otros.

La adoración nos une

Esfuércense por mantener la unidad del Espíritu mediante el vínculo de la paz. Efesios 4:3

Para muchos, la sugerencia de que la adoración y la religión nos unen es algo absurdo. Nos indican que se han matado a millones en nombre de Dios en guerras religiosas, las Cruzadas y la Inquisición. Argumentan que la religión ha sido una gran razón para la división y el sufrimiento en el mundo, y de cierta manera tienen razón.

La religión que se enfoca en lo que hay que hacer y lo que hay que evitar mata al espíritu. Es un conjunto de reglas y reglamentos que la gente usa para mostrarle a Dios que son aceptables ante Él. En mantener ese grupo de reglas y reglamentos, sienten equivocadamente que han hecho algo bueno, y que Dios tiene la *obligación* de aceptarlas. Cuentan con su comportamiento para merecer el amor de Dios.

Jesús le dijo palabras duras a los guardarreglas —gente como los fariseos— porque perdieron el mensaje del Evangelio. Dios nos ama y nos acepta, aunque somos pecadores que le ofendemos. Jesús ya pagó la multa por nuestro pecado. *Cuando todavía éramos pecadores*, Jesús murió por nosotros (ver Romanos 5:8). Al comprender completamente acerca de este regalo inmerecido, reaccionamos en hacer cosas buenas y evitar hechos pecaminosos. La *religión* ligada a los reglamentos llega a la autosuficiencia arrogante. Pero una *relación* con Jesús nos conduce a una vida de servicio amoroso hacia los demás.

Al adorar juntos, sabiendo que nuestro pecado está cubierto, nuestra adoración nos unifica. Profundiza nuestro sentido de hermandad en indicar nuestras necesidades en común. Verdadera adoración nos recuerda que todos somos pecadores, y hace difícil que le pongamos el dedo acusatorio a algún otro. El fruto del Espíritu crece dentro de cada uno de nosotros, resultando en la unidad y actitudes amorosas.

Jesús vino para abolir la religión y reemplazarla con una relación con Él. No podemos merecer Su amor; nos lo regala gratis.

Personalizándolo: Examínate. ¿Te aferras a la religión o a una relación? ¿Cómo nos puede unir la adoración?

Oración: Jesús, gracias por venir al mundo para librarme de las reglas y los reglamentos de la religión. Alabado sea Tu nombre por el regalo gratuito de Tu amor que nos ofreces. Amén.

Lee Romanos 5:1-11, un recordatorio de nuestra libertad en Jesús.

La Ley de la Influencia

Así, todos nosotros, que con el rostro descubierto reflejamos como en un espejo la gloria del Señor, somos transformados a su semejanza con más y más gloria por la acción del Señor, que es el Espíritu. 2 Corintios 3:18

Al ver hacia el pasado de nuestra vida, podemos indicar a personas que nos influyeron: padres, otros miembros de la familia, maestros, amigos, compañeros de banda. ¿Quién nos influyó más? La influencia ¿fue buena o mala?

Nada más nos podemos imaginar qué tan diferentes habría sido nuestra vida si hubiéramos tenido un mentor de éxito y respetuoso de la ley. ¿Cómo sería nuestra vida si nuestra madre no hubiera estado adicta al crack? Hoy, si admiramos a convictos con gusto de pleito, dentro de poco nos encontramos en pleito. Si estimamos a los viciosos, probablemente nos volvamos al vicio de las drogas. Nuestra vida es una colección de gente que nos influye, para el bien o el mal. El más tiempo que pasemos con alguien, lo más que nos volvemos como ellos. Nos volvemos como espejos que reflejan los valores y el carácter de la gente. Eso se llama la Ley de la Influencia.

El apóstol Pablo experimentó la Ley de la Influencia cuando se encontró con Cristo en camino a Damasco. Desde ese entonces, Pablo pasó el tiempo con Jesús, y su vida cambió. Fue de asesino a misionero, de ser cazador a ser el cazado. Aprendió la verdad de lo que escribió en el versículo de hoy.

Al pasar el tiempo con Jesús, Su presencia nos influye, y nos volvemos más como Él. Al estar expuestos por largo tiempo al Salvador, nuestro corazón producirá bondad y ternura hacia la gente. Nuestras palabras se ablandarán. Nuestro comportamiento será más bondadosa y nuestra conducta, menos egoísta.

Al pasar tiempo con Jesús, nos volvemos como un espejo que refleja el carácter de Dios. Cuando otros nos miran, no nos ven a nosotros; ven a Jesús.

✝

Personalizándolo: ¿Quiénes son tus amigos?¿Cómo te influyen hacia el bien o el mal? Si hacia el mal, ¿qué harás para cambiar de amigos?

Oración: Señor, quiero ser como Tú para reflejar Tu carácter para que otros te puedan ver a Ti en mi vida. Amén.

Lee 3 Juan 1:11 para palabras de guía en tu vida.

Dios no se olvidará

Dios se acordó entonces de Noé. Génesis 8:1

Hay veces que la agonía de la soledad se siente como una navaja que penetra el alma mientras corta nuestra última esperanza en rebanadas dentro de las partes más secretas de nuestro corazón. Hay veces que el deseo de saborear los burritos de nuestra mami nos pone a llorar. Nos preguntamos si Dios nos ha olvidado. Le clamamos a Dios como el salmista que escribió: "¿Se habrá olvidado Dios de sus bondades, y en su enojo ya no quiere tenernos compasión?" (Salmo 77:9).

Cuando estos sentimientos y pensamientos nos inundan, nos podemos acordar de Noé durante el Diluvio. Noé se sintió solo. Nada más veía agua. Dios le prometió seguridad, pero nunca le dijo del horario. Los días de espera de Noé fueron largos y atroces. Debía de haber gritado, como lo hacemos nosotros, para que Dios reapareciera y se recordara de él. Entonces volvió la paloma al arca con una ramita de olivo en su pico como señal de que Dios no se había olvidado de Noé. Comprobaba que se puede confiar en Dios (ver Génesis 8:6-11).

La historia de Noé ofrece esperanza porque bajaron las aguas de la inundación y reaparecieron las cimas de las montañas. Dios no se olvidó de Noé, y Dios no se olvida de nosotros cuando estamos abrumados por las aguas de la soledad. Pueda parecer que Dios se desvaneció, pero solo está en el fondo, obrando en nuestro favor. Solo porque no le podemos escuchar no quiere decir que no está allí. Y solo porque las acciones de Dios no concuerdan con nuestro plan no quiere decir que Él no tiene un plan para nosotros.

Durante los tiempos más oscuros en nuestra arca de desesperación, Dios da señales de que es fiel. ¿Será el regalo inesperado de una Biblia de estudio? ¿Será la carta imprevista o el dibujo con crayón de tu hija de cuatro años? ¿Será tu celi que encuentra a Cristo? Las señas estarán allí. Dios se acuerda de nosotros. No se olvidará.

Personalizándolo: ¿Cómo pondrás tu falta de ánimo y soledad en las manos de Dios, confiando en que te cuidará?

Oración: Señor, gracias por acordarte de mí, y por cuidar de todo lo que me pasa. Confiaré en Ti aun cuando no te puedo ver. Amén.

Lee Mateo 10:29-31 para un recuerdo de cuánto Dios se preocupa por ti profundamente.

Toma control del enojo

Si se enojan, no pequen. Salmo 4:4

Muchos estamos enojados veinticuatro horas al día, siete días a la semana. Estamos enojados con nuestra familia, con nosotros mismos, con otros reos, con la administración y con las cortes… para nombrar unas cuantas.

Pero ¿qué es el enojo? ¿Por qué decidimos enojarnos? ¿Cómo contribuimos a nuestra ira? ¿Nacimos con enojo? ¿Somos esclavos a la ira? ¿Podemos esperar controlarla algún día? ¿Podremos algún día librarnos del enojo? Las siguientes meditaciones verán acerca de lo que la Biblia dice del enojo.

El enojo consiste de varias cosas. La ira puede ser la máscara que nos ponemos para esconder nuestro temor de otros o el odio que tenemos de nosotros mismos. El enojo puede comunicar el disgusto. La ira puede ser una estrategia para controlar. Si nos enojamos por el comportamiento de nuestro "celi" y luego cambia su modo de portar, pueda ser que usemos el enojo otra vez para controlar su comportamiento. El enojo es un gran pretexto para hacer las cosas que ya decidimos hacer pero que faltaba la razón para hacerlo. Si le faltamos respeto a alguien mientras estamos enojados, evadimos la responsabilidad personal, escondiéndonos detrás del pretexto que lo "dijimos en enojo". La ira es una fuerte señal de que algo anda mal en nuestra vida.

Pero ¿es el enojo en sí malo? No siempre. El enojo es una emoción que nos da Dios. La Biblia no pone al enojo fuera de la ley, pero sí nos enseña no pecar al permitir que el enojo nos *controle*. La ira se puede usar para el bien o el mal. Jesús se enojó cuando fue al templo y echó a los que compraban y vendían (ver Marcos 11:15-17). Pero la ira de Jesús fue un enojo justo. No fue egocéntrico ni indulgente consigo mismo. En su enojo, Jesús no pecó.

Casi siempre pecamos al enojarnos. En vez de darle el capricho al enojo porque nos sentimos bien al estallar contra alguien, debemos admitir nuestra impotencia ante él y entregarlo a la voluntad de Dios para nuestra vida.

†

Personalizándolo: Repasa las veces que has estado enojado. ¿Dónde pecaste mientras estabas bajo el control de tu enojo?

Oración: Señor, enséñame cómo controlar mi enojo para que no lo use para lastimarte a Ti y a otros. Necesito Tu ayuda. Amén.

Lee el Salmo 37:7-8, y úsalo como tu lema para hoy.

Mira detrás del enojo

La ira humana no produce la vida justa que Dios quiere. Santiago 1:20

¿Por qué decidimos enojarnos? La ira causa que la gente nos preste atención. Es como el *s-s-siseo* de una serpiente. Unos sentimos el rechazo de nuestros padres mientras crecíamos. Queríamos que nos prestaran atención y que nos dijeran que nos amaban. Cuando estaban demasiado ocupados o nos rechazaban a favor de nuestros hermanos o las drogas o sus amigos, les dimos guerra. Nos peleamos con otros chavos, nos juntamos a una banda, nos tachonamos la lengua o violamos la hora tope para llegar a casa. Sabíamos que nuestros padres estarían enojados, pero por lo menos al gritarnos, nos prestaban atención.

El enojo también enmascara nuestros temores. Adoptamos un semblante enojado porque les tenemos miedo a los otros convictos que victimizan algunos de los reos más débiles. Andamos con una actitud bochornosa para comunicarles a los demás que no se metan con nosotros. Nos ponemos groseros, arrastramos los pies y aparentamos estar aburridos para mantener la imagen que conseguimos en la calle.

Pero ¿qué verdaderamente logra la ira? Si el enojo verdaderamente tiene que ver con necesitar que alguien nos preste atención o que nos protejamos del miedo, entonces deberíamos optar por confiar en Dios y quitarnos la máscara. Escucha estas palabras de alivio: "Te amo y eres ante mis ojos precioso y digno de honra. No temas, porque yo estoy contigo" (Isaías 43:4-5). O: "En paz me acuesto y me duermo, porque solo tú, Señor, me haces vivir confiado" (Salmo 4:8). Dios se da cuenta de nosotros. Nos ama, y nos protegerá.

Podemos dejar nuestro enojo. Nunca corregirá las cosas. Nunca llevará a cabo lo que Dios quiere para nosotros.

Personalizándolo: Examina tu enojo, y velo por lo que verdaderamente es. ¿Cómo puedes dejarlo a favor de la verdadera seguridad y paz?

Oración: Señor, uso mi ira para disfrazar mi miedo. Ayúdame a confiar en Tu amor. Cuídame y guárdame. Quiero que se haga Tu voluntad en mi vida. Amén.

Lee Salmo 145:8-9, versículos acerca de Dios y la ira.

El enojo y las expectativas

Dichoso el que pone su confianza en el Señor y no recurre a los idólatras ni a los que adoran dioses falsos. Salmo 40:4

De niños, al llegar nuestro cumpleaños o la Navidad, nuestras mentes se llenaban con las expectativas de los regalos que íbamos a recibir. Deseábamos una bici o una muñeca. Al no aparecer, cuando no se cumplían nuestras expectativas, nos enfurruñamos, hicimos pucheros o nos enojamos con nuestros padres por habernos decepcionado. Para unos las desilusiones aún persisten y estorban nuestra vida diaria. Como dicen en Al-Anon: "Las expectativas son resentimientos premeditados".

Expectativas que no se han cumplido son otra causa de enojo. Esperamos que las cosas ocurran de cierta manera a cierta hora. Cuando no suceden, nos da miedo o enojo. Por ejemplo, cuando nuestra pareja no llama a la hora esperada, nos preocupamos y sospechamos que nos están engañando. Esperamos que otro reo ande con nosotros a comer, pero cuando no aparece o decide caminar con algún otro, nos sentimos traicionados y nos enfadamos. ¿Por qué?

El enojo que surge de las expectativas equivocadas está envuelto en miedo, egocentrismo y orgullo. Al tener miedo o estar enojados cuando nuestras expectativas no se logran, el orgullo dice: "No me pueden hacer eso". El temor susurra: "Mi esposa[o] se lleva los hijos a otro estado; por eso falló la visita". El egocentrismo grita: "Ese es *mi* amigo, y siempre caminamos juntos a comer".

A raíz de nuestro enojo está la falta de confiar en Dios y Su plan para nuestra vida. Si hacemos una lista de todas las cosas que nos enojan o nos dan miedo, muchas veces nos daremos cuenta de que son áreas donde nuestra fe está más débil. Podemos ir a Dios con estos miedos. No dejemos que estos asuntos se vuelvan ídolos que adoramos en lugar del Dios viviente. Experimenta la alegría de los que confían en Dios.

Personalizándolo: ¿Cuáles expectativas realmente son ídolos en tu vida? Haz una lista y suéltaselos a Dios.

Oración: Señor Jesús, ayúdame a confiar en Ti y sentir la alegría que Tú traes a mi existir en este lugar. Amén.

Lee 2 Samuel 12:13-25 para aprender cómo reaccionó el rey David cuando no se cumplieron sus expectativas.

Piensa acerca de tus pensamientos

Si se enojan, no pequen; en la quietud del descanso nocturno examínense el corazón. Salmo 4:4

Escogemos enojarnos por nuestro medio de pensar acerca de las cosas. El antiguo filósofo griego Epicteto dijo: "Los hombres no se preocupan por las cosas que les pasan, sino por lo que piensan acerca de las cosas que les pasan". Lo que quería decir es que muchas veces el problema está en lo que pensamos acerca de algún evento, no el evento en sí. Muchos que asistimos a AA lo conocemos como "pensar que apesta".

Le dieron un banano a un preso en la línea de comer (historia verdadera). Era más chico que el banano que le habían dado al que estaba delante. El primero se enojó tanto acerca de la diferencia en tamaño que le pegó al otro preso y lo metieron en segregación administrativa por treinta días. El plátano no fue el problema. El preso enojado interpretó el recibir un banano más pequeño como un insulto. Su percepción del evento, no el evento propio, contribuyó a su decisión a enojarse.

Hay veces que percibimos un evento en nuestra vida como una gran injusticia. Nuestro socio en delitos se vuelve canalla y recibe un tirón de orejas mientras a nosotros nos dan quince años de tiempo duro. Le damos vueltas a eso en nuestro pensamiento, dejando que se pudra como una muela infectada. La aparente injusticia hierve a fuego lento dentro de nosotros y causa gran dolor al reventar por la más pequeña provocación.

Al andar enojados, tendemos hacia el uso de lenguaje áspero y hostil. Una pequeña molestia como cuál canal de tele mirar se vuelve una seria confrontación. Se nos pierden los estribos y salen las palabrotas indecentes. Decimos y hacemos cosas que nos arrepienten.

¿Cómo reaccionaría Cristo al recibir el banano chico? ¿Alguna vez dijo Jesús indecencias contra los que le golpearon y crucificaron? No. Mientras el carácter de Jesús se arraiga en nosotros, cobramos control sobre nuestra ira. Al madurar en Él, adquirimos la disciplina para contemplar las cosas antes de montar en cólera.

Personalizándolo: ¿Cuáles pensamientos debes controlar para que puedas controlar tu ira? ¿Cuál es el primer paso que vas a tomar?

Oración: Mi enojo me controla demasiado, Señor. Quiero cambiar, pero necesito Tu ayuda. Lléname con Tu Espíritu Santo. Amén.

Lee Proverbios 14:29 para aprender la ventaja de controlar la ira.

Mira con los ojos de Dios

La gente juzga por las apariencias, pero el Señor mira el corazón. 1 Samuel 16:7, NTV

El modo de que hablamos con nosotros mismos contribuye a nuestro enojo. Nos damos el capricho de conversaciones en silencio, las cuales les dan forma a nuestras emociones. Por ejemplo: "Ese guardia es un imbécil esperando para apuntarme en un reporte". O: "El bato en la celda vecina es un violador de niños". O: "Odio a ese violín". O: "Mi novio no me ha escrito en meses. Sé que me está engañando". Estos pensamientos le dan leña al fuego de nuestro enojo hasta llegar al punto de la locura. Operamos con muy poca información pero juzgamos en absoluto. Esto se llama tachado destructivo.

A los oficiales, los comandantes de vigilancia y a los otros presos los llamamos Hijos de P, o peor. Pero tacharlos los pone en una luz completamente negativa. Simplificamos demasiado. Eso imposibilita que veamos algún bien en ellos. Si podemos hacer que otra persona aparezca completamente mala, nos convencemos de que tenemos la razón por completo.

Al tacharlos de esta manera tan destructiva, no nos dejamos apreciar las buenas cualidades de la otra persona. Desarmamos nuestra mente de ver a la otra persona por medio de los ojos de Cristo. Vemos al exterior de la persona, y juzgamos.

Dios no opera de esa manera. Él ve al interior de la persona, la ama y sabe qué de bueno todavía está adentro. Igual como Cristo nos ha perdonado y ve lo mejor que podemos ser, así debemos ver a los demás como Cristo los ve. Al hacerlo, nuestro enojo tendrá menos poder sobre nosotros.

Lo más que nos damos cuenta de nuestro tachar destructivo, lo más que podemos escoger ver con los ojos de Dios. Este es otro paso que nos lleva hacia la libertad de la ira.

Personalizándolo: ¿Cuáles etiquetas o tachas destructivas has usado durante la semana pasada? ¿Cómo alteraron tu manera de pensar? ¿Cómo te han llevado al enojo?

Oración: Señor, rápidamente juzgo a otros con tachas destructivas. Gracias por no hacerlo conmigo. Déjame ver a otros por medio de Tus ojos. Amén.

Lee Efesios 4:31-32 para descubrir la actitud que debemos tener con los demás.

Vida reverente: Parte 2

Estas preguntas tienen que ver con las meditaciones en las páginas 211–224.

Respondan en conjunto:

1. Un dicho antiguo dice: "Los palos altos agarran mucho viento". ¿Qué te quiere decir si tomas posición en pro de la verdad de Dios? ¿Qué acciones pueden catalogarte como un "palo alto"? ¿Qué peligro hay en hacer esas cosas? ¿Qué clase de vientos puedan soplar contra ti, si tomas una posición en favor de Jesús?

2. ¿Por qué se encuentra la sabiduría en una comunidad de creyentes? ¿Cuáles de tus decisiones aumentan o disminuyen la sabiduría? ¿Qué quiere decir la frase "decisión de carácter"? (¿Fluye el agua dulce de un río amargo?)

3. Las decisiones afectan la dirección de tu vida. ¿Cuáles son unas buenas y unas malas decisiones que puedes tomar en la prisión? Hablen de dónde los puede llevar cada decisión. Luego, compartan sus pensamientos acerca de tus amigos. ¿Cómo influyeron adonde te encuentras hoy los amigos que escogieron? ¿Qué pueden hacer para rodearse de amigos que les influirán en maneras positivas?

4. Se ha dicho que "mantenerse enojado es como tomar veneno en esperanza que la otra persona se muera". ¿Qué quiere decir esto? ¿Por qué es tan corrosivo el enojo? Hablen acerca del rol que el enojo jugó en su vida y encarcelamiento. ¿Qué clase de enojo no es pecado? ¿Qué revela acerca de una persona el enojo? ¿Estás enojado ahorita? ¿Qué cura el enojo?

Exploren la palabra de Dios en conjunto:

1. **Proverbios 29:9-11** habla de la sabiduría y la necedad. Haz una lista con los rasgos de un necio y contrástalos con los rasgos de un sabio. ¿Qué diferencia hay entre cómo los sabios y los necios tratan con el enojo? ¿Por qué piensas que la gente malvada odia a las personas íntegras?

2. **Lucas 15:11-32** cuenta la historia de un padre y sus dos hijos. ¿Cuál de los hijos es el "perdido"? ¿Por qué se le dice así? ¿Cuál hijo está más alejado de Dios? ¿Cuál es el pecado del hermano mayor? ¿De qué manera jugaron un rol el enojo y el farisaísmo en su vida? ¿Con cuál de los dos hijos te relacionas?

3. **Salmo 103:8-9** nos da una idea de la ira de Dios. ¿Cómo te consuela esto? ¿Por qué es "lento para la ira"? ¿Cómo es eso un ejemplo positivo para nuestras vidas? Hablen acerca de situaciones personales donde el enojo está dañando tu caminar con Jesús. ¿Qué te va a tomar para que te libres de esta prisión del enojo?

Oren juntos:

1. Ora por la fuerza para ser una persona íntegra y sabia.

2. Pídele al Espíritu Santo que te guíe a compañeros dignos y verdaderos amigos.

3. Ora para que Dios te revele tu enojo y te libre de él.

Comprométanse a la **confidencialidad**…

… **respétense** unos a otros

… **oren** unos por otros

… **anímense** unos a otros

… **ríndanse cuentas** unos a otros.

Oración para una vida reverente

Señor Dios, dentro de los muros de esta prisión
por todos lados estoy rodeado por la tentación
y los antojos de hacer lo que sé es mal y
que lastiman a Ti y a mi alma.

Deja que Tu Palabra y Espíritu me rodeen en vez
de los juegos de suerte, las drogas y las agresiones.
Ayúdame, Señor, a ver que todo lo que es oro
no brilla, y que la manera de subir es hacia abajo.
Ayúdame a ver que para verdaderamente verte, ¡tengo
que estar a rodillas!

Señor, consume mi orgullo y la basura
que contamina mi caminada contigo.
Aléjame del deseo de pecar.
Ayúdame a no desear las locuras del mundo.
Derrama Tu gracia restringente en mi vida.
No dejes que estalle mi vida
con cosas que no satisfacen.

Amén.

✝

Un vaso de agua fresca

Y quien dé siquiera un vaso de agua fresca a uno de estos pequeños por tratarse de uno de mis discípulos, les aseguro que no perderá su recompensa. Mateo 10:42

Ron está cumpliendo una condena de "vida + 1". Él es tan peligroso que las visitas solo lo pueden ver detrás de vidrio acrílico. Los "chapas" mueven a Ron adentro de la facilidad solo cuando tiene grilletes y las manos esposadas por detrás. Es indígena y no quiere tener nada que ver con el "Dios de los güeros".

La primera vez que Ron se encontró con un voluntario del ministerio en la prisión, gritó: "¡Jesús murió por su delito, y yo tengo la intención de morir por los míos!". Le dijo al voluntario que estaba orando a sus dioses curanderos para que dañaran al voluntario y a su familia. La reunión duró solo un poquito.

El voluntario le escribió una carta a Ron, dándole gracias por haber pasado un rato con él y recordándole a Ron que Jesús lo amaba. Le dijo a Ron cómo Jesús murió por todos los hombres y mujeres. Reiteró que Jesús quería capturar su bello corazón indígena para el Reino. Le informó a Ron que el perdón estaba a su disposición igual que un nuevo comienzo. Podía tener una vida con propósito.

El voluntario vino con su esposa a la siguiente visita. Pidieron permiso para reunirse con Ron. Ron entró arrastrando los pies y se sentó; luego dijo en voz baja: "Me escribiste una carta". Explicó que jamás había recibido correo. Pidió disculpas por sus groserías durante la visita anterior. El hombre se ablandó por una carta. Una carta que es tan fácil de escribir como obtener un vaso de agua fresca de una llave.

La pareja pidió permiso de orar con Ron. Sus ojos se llenaron con lágrimas al rendir su vida a Cristo en ese momento. Una pequeña obra de amor cambió el destino de este hombre.

✝

Personalizándolo: ¿Quién necesita un vaso de agua fresca hoy en el pabellón? ¿Qué vas a hacer acerca de eso?

Oración: Señor, dame oídos para oír el dolor y ojos para ver las necesidades de los que tienen sed por el agua viviente. Dame el denuedo para que sea Tu llave para estos hombres y mujeres. Amén.

Lee Juan 4:1-42, la historia de cómo Jesús le dio agua viva a la mujer samaritana.

Eres un embajador

Así que somos embajadores de Cristo, como si Dios los exhortara a ustedes por medio de nosotros: "En nombre de Cristo les rogamos que se reconcilien con Dios". 2 Corintios 5:20

Cuando un mensaje se tiene que entregar, hay veces que lo hace un mensajero. Cuando un familiar en el afuera está enfermo o se muere, el capellán viene y nos entrega la noticia de emergencia. En la yarda, la persona encargada manda a un torpedo (mensajero) para entregar los mensajes. De una manera parecida, los países tienen mensajeros en cada capital del mundo para entregar mensajes entre los líderes. Estas personas se llaman embajadores.

Dios nos llama a ser Sus embajadores. Al verdaderamente apreciar cuánto Dios ha hecho por nosotros en Cristo, le queremos decirlo a otros. Desafortunadamente, algunos cristianos aceptan el perdón de Dios, pero se asustan de entregar Su mensaje de salvación a los demás. Es cómodo recostarnos y gozar de nuestra salvación, pero no nos podemos quedar en la comodidad. Amar es un verbo, y requiere acción. Como destinatarios del amor de Dios, se nos llama a servirle como Sus mensajeros. Igual que nuestros abogados abogaron en nuestros casos criminales, así somos los portavoces a un mundo caído. (Seamos mejores que algunos defensores públicos). Esto es un fruto necesario de nuestro amor y gratitud hacia Dios, pero no es un trabajo fácil. Requiere valentía.

La primera vez que nuestro testimonio y modo de vivir se chocan con el uso de drogas o la violencia de nuestro celi, podemos recibir una respuesta antagonista. El conflicto que trae el mensaje de Dios es la guerra entre la oscuridad y la luz (ver Juan 3:19-21). Nuestra tarea como embajadores de Cristo es anunciar la libertad y el gozo que vienen del milagro del amor de Dios. Ese es el mensaje de Dios. Nuestra responsabilidad es asegurar de que se entrega con amor y en el espíritu de reconciliación, no con arrogancia o condenación.

Personalizándolo: Hoy, ¿cómo serás embajador de Cristo? ¿A quién le falta oír Su mensaje?

Oración: Señor, gracias por haberme mandado Tus embajadores para contarme acerca de Ti. Ayúdame a hacer lo mismo con las personas que están aquí. Amén.

Lee Hechos 8:5-40, acerca de cómo Dios escogió a Felipe para ser Su embajador a un etíope.

Sacrificios vivos

Por lo tanto, hermanos, tomando en cuenta la misericordia de Dios, les ruego que cada uno de ustedes, en adoración espiritual, ofrezca su cuerpo como sacrificio vivo, santo y agradable a Dios. Romanos 12:1

Unos amaban tanto a Dios que fueron asesinados por sus creencias. El primer mártir, Esteban, denunció a los líderes judíos y fue apedreado hasta la muerte. Irónicamente, Pablo, el futuro apóstol, era miembro del partido de la matanza (ver Hechos 7:54-60).

Jim Elliott, un misionero, dio su vida en servicio a Jesucristo. Jim, con cuatro otros misioneros, fue asesinado en el Ecuador por la misma gente que Dios le había llamado a servir. Escribió estas palabras memorables en su diario: "No es tonto aquel que renuncia a aquello que no puede mantener, para ganar aquello que no puede perder". Estas palabras han inspirado a muchos a volverse misioneros.

¿Nos requiere Dios que seamos mártires? ¿Tenemos que morir por el bien de Su Reino? Generalmente no. Pero sí nos pide algo más difícil y audaz: que *vivamos* por el bien de Su Reino.

Vivir como testigo fiel del amor de Dios requiere más valentía día por día que tomar una decisión, en la fracción de un segundo, de dar nuestra vida por Él. En un instante, podamos decidir a morir por Jesús, pero ¿qué te parece levantarte diariamente en la prisión tan deprimente y decidir de ser un "sacrificio vivo" por Él? La realidad de hablar de y demostrar nuestra fe dentro los muros de la prisión es peligroso y difícil de hacer. Pero eso es lo que Jesús nos llama a hacer. Se nos reta sanar con oídos que oyen a los que sufren. Se nos comisiona a desvanecer el miedo del corazón del ajeno con una palabra de bondad y con amistad alentadora. Se nos manda meternos en los asuntos de otros, algo bastante peligroso en la cárcel.

¿Morir por Jesús? Cierto, si nos pide. ¿Vivir por Jesús? Ya se nos dio esa orden.

†

Personalizándolo: ¿Cuál paso pequeñito y valiente de vivir por Cristo en la unidad habitacional vas a tomar hoy?

Oración: Señor Dios, dame el valor de ser un sacrificio vivo por Ti cada día. Amén.

Lee Hechos 6:8–7:60, la historia de Esteban el mártir.

El poder del uno

Yo soy el único que ha quedado con vida, ¡y ahora quieren matarme a mí también! 1 Reyes 19:10

Le fue mal a Elías y se dio un discurso de autoconmiseración. Pensó que era el único seguidor de Dios que quedaba en Israel. ¿Cómo se iba a recuperar a Israel para Dios si él era el último de la buena gente?

Al ver a los cientos de personas encarceladas con nosotros en la prisión estatal de Valdosta o la institución correccional de York, nos ponemos a pensar la misma cosa. ¿Cómo puede una pequeña minoría desordenada de cristianos influir positivamente una institución con tantos reos? ¿Es realista esperar cambiar el poblado general con tan pocos seguidores de Cristo?

Acuérdate de otros grupos pequeños que lograron grandes cosas. Después de salir de Egipto y peregrinar por el desierto cuarenta años, solo quedaba un pequeño grupo para conquistar la Tierra Prometida. Ester y su primo Mardoqueo, los únicos dos devotos en la corte de un rey poderoso pero corrupto, salvaron al pueblo judío de la destrucción (ver Ester 1–10). Más tarde, se les encargó a doce hombres incultos llevar el Evangelio de Jesucristo al mundo. Cada uno de los grupos era pequeño, pero cada uno tuvo un impacto poderoso.

Anímate por estas personas que influyeron en su mundo para el bien. No se turbaron por el tamaño de la tarea. En vez, confiaron en Aquel que podía darles el poder sobrenatural para superar las probabilidades. Podemos obtener ánimo uno de otro. Juntos, podemos disponer seguir la lucha, sabiendo que otras iglesias carceleras luchan a nuestro lado. Acuérdate siempre que la salvación para todos vino de solamente una persona: Jesucristo (ver 1 Timoteo 2:5-6). Una persona puede causar una diferencia increíble. Mantente fuerte en ese saber, y confía en Dios para el poder.

Personalizándolo: ¿Con solo unos cuantos otros creyentes, cómo puedes influir tu celda, tu pabellón, tu prisión para Cristo?

Oración: Señor, quiero lograr grandes cosas para Ti. Aunque sea solo una persona, úsame como usaste a Elías y a Ester. Amén.

Lee Daniel capítulos 1 y 2 para descubrir cómo solo cuatro jóvenes reverentes influyeron en un imperio corrupto, para Dios.

Pero, Señor, ¿quién soy yo?

Pero Moisés le dijo a Dios: "¿Y quién soy yo para presentarme ante el faraón y sacar de Egipto a los israelitas?". "Yo estaré contigo", le respondió Dios. Éxodo 3:11-12

¿Te ha pedido Dios que hicieras algo? Quizá te ha pedido que te hicieras amigo de un ofensor sexual o que confrontaras alguien acerca de algún pecado. ¿Cómo contestaste? ¿Dijiste que sí? ¿O no hiciste caso del llamado de Dios?

Muchos somos como Moisés. Al sentir que Dios nos llama para que hagamos algo por Él, le contestamos con una lista larga de pretextos. Cuando Dios le habló a Moisés desde la zarza ardiente en el desierto, y le pidió que los sacara a los israelitas de la esclavitud, Moisés no le contestó con avidez: "Sí, Señor", sino que alegó con Dios: "Pero, Señor, ¿quién soy yo?". "Pero, Señor, no me van a creer". "Pero, Señor, no hablo muy bien".

¿Cómo respondió Dios a estos "peros"? Le dijo a Moisés: "Yo estaré contigo". Con eso basta.

¿Estamos frente a zarzas ardientes en nuestra vida? ¿Nos está llamando Dios para que hagamos algo por Él? Es natural que sepamos de nuestra insuficiencia y falta de experiencia. Como Moisés, podemos preguntar: "¿Quién soy yo?". Dios tendrá paciencia para escuchar nuestras dudas. Pero a fin de cuentas, nos pedirá que confiemos en Él. Cuando Moisés le recordó a Dios que le costaba trabajo hablar, Dios le preguntó: "¿Quién le puso la boca al hombre?".

Cuando Dios nos da una tarea, nos promete dos cosas: "Estaré contigo, y te daré lo que necesites para cumplir la tarea".

Al estar frente a estas dos fuertes promesas, nuestra única respuesta debería ser: "Sí, Señor, haré lo que Tú quieres. Confío en que estarás conmigo".

✝

Personalizándolo: ¿Te está llamando Dios? ¿Cómo le contestas? ¿Cómo confiarás en Él para tomar el primer paso?

Oración: Señor, no tengo confianza en mis destrezas para hacer lo que Tú me pides. He decidido confiar en que Tú estarás conmigo. Amén.

Lee Éxodo 3:1–4:17, la historia completa del llamado de Dios a Moisés frente a la zarza ardiente.

¿Quién soy yo, Señor?

"Señor y Dios, ¿quién soy yo, […] para que me hayas hecho llegar tan lejos? […] Has hecho estas maravillas en cumplimiento de tu palabra, según tu voluntad, y las has revelado a tu siervo. ¡Qué grande eres, Señor omnipotente! […] no hay nadie como tú". 2 Samuel 7:18-22

A primera vista, la pregunta que hace el rey David en el pasaje de hoy es idéntica a la que hizo Moisés en el pasaje de ayer. Pero si miramos de cerca, veremos toda la diferencia del mundo entre las actitudes de los dos hombres.

Los versículos de hoy vienen de la conversación que el rey David tuvo con el profeta Natán. Natán le trajo al rey buenas noticias en dos partes. Primero, Dios quería tener un templo donde Su gente lo pudiera adorar. Segundo, Dios prometió que establecería el "trono" (el reino) de David para siempre. La respuesta de David fue una oración de incontenible gratitud y humildad.

Moisés preguntó: "¿Quién soy yo?" en reacción, en desafío. Se enfocó en sí mismo: "No soy esto" y "No puedo hacer el otro". Moisés buscaba evitar la responsabilidad. David preguntó: "¿Quién soy yo?" en humildad, asombrado por la grandeza de Dios. La pregunta aquí es parecida a la que David hizo en otro salmo: "Cuando contemplo tus cielos, obra de tus dedos, la luna y las estrellas que allí fijaste, me pregunto: '¿Qué es el hombre, para que en él pienses? ¿Qué es el ser humano, para que lo tomes en cuenta?'" (Salmo 8:3-4).

A diferencia de Moisés, David no miró hacia sus debilidades; en vez, se enfocó en la grandeza de Dios, Su poder omnipotente, Sus asombrosos milagros, Su fidelidad en redimir a Su pueblo, Sus promesas. Dentro de ese contexto, David tenía confianza y aceptó el plan de Dios con todo gusto. La diferencia clave es que David puso su confianza en lo que es Dios, no en sus destrezas humanas.

Personalizándolo: ¿Qué te pide Dios que hagas por Él? ¿Cómo confiarás en que Su carácter te ayude a completar el plan?

Oración: Oh Señor, escojo confiar en quién eres Tú en vez de quién soy yo. Amén.

Lee 2 Samuel 7:1-29 para la historia completa de la respuesta de David al plan de Dios para su vida.

Servicio práctico hacia los demás

La angustia abate el corazón del hombre, pero una palabra amable lo alegra. Proverbios 12:25

Al descubrir y aceptar el amor de Dios en Cristo por nosotros, se desvanecen nuestros temores, y nos deja vivir con más libertad. Nuestro existir dentro de los muros se vuelve más emocionante y tiene más propósito al comprender lo que Dios ha hecho por nosotros. Nuestra perspectiva acerca del propósito de nuestra vida cambia como la brújula que apuntaba hacia el sur que ahora apunta al norte. Migramos de una vida de temor egocéntrico a una vida de servicio. Como resultado, los temores desaparecen. Nuestra vida se vuelve un espejo de la de Cristo al olvidarnos de nosotros mismos y comenzamos a invertir la energía de nuestra vida en otros quienes todavía no han descubierto el amor del Salvador y Su poder sobre el miedo.

Pero ¿a qué se parece esa nueva vida? ¿Cuáles maneras prácticas hay para mostrar el amor de Cristo a otros en la prisión?

¿Cuántos reos hay en nuestro derredor que no saben leer ni escribir? ¿Necesitan un sello postal? ¿Les falta papel? ¿Les podemos escribir a sus hijos por ellos?

Si estamos en una institución para mujeres, ¿cómo les podemos ofrecer una palabra de ánimo a las pescadas que llegan diariamente? ¿Necesitan cosas sencillas como champú, desodorante o pasta dental? El ofrecer a trenzar el cabello de una mujer le ayuda a sentirse más humana. Cada vez que compartimos nuestra vida con otros, no solo los animamos sino que también mostramos el amor de Jesucristo. Nos volvemos la cara y las manos y la voz de Cristo hacia esa persona. Al invertir nuestra vida en otros, experimentaremos gozo y un sentido de significado que quizá nunca existió antes de llegar a la prisión. Pero, más importante, les ayudamos en aceptar el perdón por su pasado, hacer las paces con el presente y descubrir la esperanza para el futuro. Jesús invirtió Su vida mostrando bondad y misericordia hacia los demás. Lo podemos hacer también.

Personalizándolo: ¿Hoy, quién necesita una palabra alentadora en tu pabellón? ¿Quién necesita un contacto amable? ¿Qué vas a hacer acerca de eso?

Oración: Señor, porque Tú me amaste primero, puedo amar a otros, en Tu nombre. Muéstrame a quién necesita verte por medio de mi servicio práctico hoy. Amén.

Lee y memoriza Efesios 4:32, usándolo como un lema para tu servicio.

Los más improbables

De igual manera, ¿no fue declarada justa por las obras aun la prostituta Rajab, cuando hospedó a los espías y les ayudó a huir por otro camino? Santiago 2:25

Piensa acerca de cómo nos sentimos todos aquel día cuando nos dimos cuenta de que habíamos cometido un crimen que nos iba a mandar a la cárcel. Esos sentimientos de fracaso y culpa que nos siguieron dentro la prisión a veces nos hacen llorar en nuestra almohada después de que nuestro celi se haya dormido. Nos preguntamos: *¿Puede Dios darle a una persona como yo valor y provecho?*

El libro de Josué nos cuenta la historia de cómo Josué envió espías a la ciudad de Jericó para investigar a los enemigos que los israelitas enfrentarían al atacar la ciudad. Los espías se vistieron como la gente de Jericó y se hospedaron con una mujer de nombre Rajab, que era prostituta. Es muy probable que los espías escucharon mucho chisme mientras los clientes esperaban en el burdel. Pero cuando el rey se dio cuenta de que los espías estaban dentro de la ciudad, sus vidas estaban en peligro. Detectando que los espías eran hombres enviados por Dios, Rajab arriesgó su vida y escondió a los hombres, pidiéndoles que los israelitas la protegieran a ella y a su familia. Más tarde, cuando Jericó fue atacado, solamente Rajab y su familia sobrevivieron.

Rajab vivió con los israelitas y se casó. Dio a luz a un hijo llamado Salmón, quien está en el linaje de Jesús mismo. Piénsalo: ¡una catrera en el árbol genealógico de Jesús! La moraleja de esta historia no es de sensacionalizar ni de aprobar la prostitución, sino demostrar que Dios incluye a la gente más improbable en Sus planes. Dios le da propósito a la gente que el mundo ha olvidado. ¿Conoces a alguien semejante?

Al experimentar las consecuencias de lo que cometimos, podemos obtener ánimo del cuento de Rajab. Dios nos ama y tomará nuestra vida, tan quebrantada que esté, y la usara para Sus propósitos. Nada es imposible con Dios.

†

Personalizándolo: ¿Cómo puedes ofrecerte a Dios, pidiéndole que te incluya en Sus planes?

Oración: Gracias, Dios, que usas a gente improbable para Tu buen propósito. Toma mi vida, y hazla valer. Amén.

Lee Josué 2:1-21 para el cuento emocionante de cómo Rajab arriesgó su vida para el pueblo de Dios.

Solamente Dios puede salvar

En ningún otro hay salvación, porque no hay bajo el cielo otro nombre dado a los hombres mediante el cual podamos ser salvos. Hechos 4:12

El agotamiento —sentirse vaciado y cansado— es un problema común entre los cristianos que trabajan dentro de las prisiones y con los presos creyentes.

La sociedad se muere por los resultados. Queremos ver los resultados de nuestro esfuerzo inmediatamente. ¡La gratificación instantánea se tarda demasiado!. Al darle nuestra vida a Cristo, y en ser Su cara y Sus manos para con los presos, nos ponemos nerviosos en espera de resultados también. Hemos experimentado el gozo del perdón y queremos compartir las noticias con otros. Demostramos la alegría que sentimos, pero muchas veces pensamos que es como si estuviéramos regando una piedra: nada crece por nuestro esfuerzo. Así que seguimos la lucha, compartiendo y atestiguando, solo para desanimarnos cuando ni uno de los con quienes hablamos viene al culto o al estudio bíblico. Nos da cansancio al ver a personas comenzar a captar el mensaje, pero luego tropezar y volver a sus antiguas costumbres. Nos echamos la culpa. Imaginamos que si los hubiéramos visitado en las celdas una vez más, no hubieran tropezado. Somos egocéntricos, fallamos el blanco y nos comenzamos a cansar.

Somos egocéntricos en que nos apoderamos demasiado del proceso de la salvación. Solamente el Espíritu de Dios puede atraerlos a Cristo. Jamás debemos olvidar que "los que se culpan cuando Dios no obra en la vida de alguien suelen atribuirse el mérito cuando Él sí lo hace"[15]. Nuestro deber es ser fiel a Jesús. Nunca vamos a escuchar que Dios nos diga: "¡Hiciste bien, siervo bueno y *exitoso*!". Dios nos quiere decir: "¡Hiciste bien, siervo bueno y *fiel*!".

Así que muévete entre el gentío de hombres o mujeres en la yarda alegremente. Nuestra responsabilidad no es de salvar a nadie, solo de ser el mensajero de Dios. Solo Dios puede salvar.

✝

Personalizándolo: ¿Te estás agotando por tomar demasiada responsabilidad en salvar a la gente? ¿Qué pasó tomarás hoy para cambiar eso?

Oración: Señor, déjame descansar en Tus brazos, sabiendo que Tú eres el que salva. Amén.

Lee 1 Corintios 3:6-9 para ver quién verdaderamente es el responsable para que crezca la semilla para la salvación de alguien.

Págalo en adelante

En otro tiempo ustedes, por su actitud y sus malas acciones, estaban alejados de Dios y eran sus enemigos. Pero ahora Dios, a fin de presentarlos santos, intachables e irreprochables delante de él, los ha reconciliado en el cuerpo mortal de Cristo mediante su muerte. Colosenses 1:21-22

Un dicho popular, que se encuentra en calcomanías para los carros, anima a que la gente "ejerce bondad al azar y belleza sin sentido". Muchos lo han tomado a pecho. Hay veces que personas pagan la cuota para el carro que los sigue en el carril de peaje. Hay otros que pagan la cuenta para desconocidos en un restaurante. Este tipo de bondad causa un repentino irrumpir de gozo y placer inesperado. Se ha documentado que los que reciben esta bondad sorprendente muchas veces van y muestran bondad y consideración con otros. No le pueden devolver al quien les dio, así que le otorgan a un ajeno con generosidad inesperada; lo "pagan en adelante".

¿Hemos considerado que esto es precisamente lo que Dios hizo por nosotros al enviar Jesús a que muriera por nuestros pecados? Éramos enemigos de Dios, pero nos hizo Sus amigos por medio de la muerte de Cristo en la cruz. Cristo pago la deuda por nuestros defectos. Pagó nuestro peaje. Pagó la cuenta.

¿Cómo respondemos? Al comprender el enorme regalo que Dios ha "pagado en adelante", se abren nuestros ojos al tremendo sacrificio de la gracia de Dios, y se transforma nuestro corazón. Limpiamos nuestra vida personal, no por restricción de reglas y reglamentos legalistas, sino porque estamos tan agradecidos. Empezamos a percibir a otros como necesitados y a nosotros como los embajadores de Dios para ellos. Nuestras acciones cambian mientras nuestro corazón se trasforma al reconocer el regalo de Dios, y comenzamos a "pagar en adelante" nosotros también. Definimos nuestra vida en términos de ayudar a los que están adoloridos. Respondemos al amor de Dios con amor. Lo pagamos en adelante, en el nombre de Jesús.

Personalizándolo: ¿Cómo puedes agradecerle a Dios por el regalo de la salvación por medio de pagarlo en adelante? ¿Quién necesita de tu amor y cariño?

Oración: Señor Dios, ayúdame a amar a los demás como Tú me amas a mí. Amén.

Lee 1 Corintios 13, el capítulo clásico acerca del amor.

Vuélvete un Bernabé

Entonces Bernabé lo tomó [a Saulo] a su cargo y lo llevó a los apóstoles. Saulo les describió en detalle cómo en el camino había visto al Señor, el cual le había hablado, y cómo en Damasco había predicado con libertad en el nombre de Jesús. Hechos 9:27

Bernabé fue uno del los personajes más admirables en la Biblia. Su nombre quiere decir "hijo de ánimo". Era generoso para los necesitados (ver Hechos 4:36-37). Era hombre sin prejuicios y le dio chance a Saulo. Bernabé llevó a Saulo a los demás discípulos, dándole reputación callejera con ellos. Más tarde, Bernabé defendió a Juan Marcos, un joven discípulo en quien Pablo no confiaba. Bernabé hasta interrumpió su viaje con Pablo para estar al lado del joven en necesidad (ver Hechos 15:36-41). Bernabé siempre pensaba bien de la gente.

Unos hemos sentido el aliento de un Bernabé cuando pensábamos que el mundo se estaba hundiendo. Entendemos ese tremendo sentimiento cuando alguien habla a nuestro favor cuando lo necesitamos. Si no lo tenemos, es seguro que queremos tener a alguien como él en nuestra vida. Al llegar a una nueva institución o al cambiar a una nueva unidad habitacional, el tener alguien que se pare a nuestro lado ayuda a suavizar la situación.

¿Cómo podemos ser un Bernabé dentro de la institución? Recién pescados llegan a la unidad de recepción diariamente. Las bandas tratan de reclutarlos como nuevos miembros inmediatamente. Un pescado necesita un reo confiado que se ponga a la orden y le ofrezca la mano de amistad sin requerir esclavitud a alguien que los use. Podemos ser los alentadores de nuestra unidad. Podemos ser los individuos que marcan la diferencia en las vidas de otros. En ser las manos y la cara de Cristo para los que necesitan una palabra de aliento, le servimos a Jesucristo de una manera enorme y significativa.

Personalizándolo: Toma la actitud de Bernabé. Encuentra y anima a un convicto necesitado hoy.

Oración: Jesús, muéstrame los necesitados en el conjunto habitacional hoy. Dame el valor para hablar con ellos. Amén.

Lee Hechos 4:36-37 y Hechos 15:36-41 para la historia de Bernabé.

La asombrosa gracia de Dios

Pero Dios demuestra su amor por nosotros en esto: en que cuando todavía éramos pecadores, Cristo murió por nosotros. Romanos 5:8

En varias prisiones en los estados centrales de los EUA, hay unos cuantos presos que ejercen en el Ministerio de Santiago, llamado así por el apóstol Santiago, quien dice en su carta: "Supongamos que un hermano o una hermana no tienen con qué vestirse y carecen del alimento diario, y uno de ustedes les dice: 'Que les vaya bien; abríguense y coman hasta saciarse', pero no les da lo necesario para el cuerpo. ¿De qué servirá eso?" (Santiago 2:15-16). Un voluntario provee los fondos que permiten que convictos cristianos les den bolsas llenas de artículos higiénicos a recién pescados o presos regresados que llegan a la unidad sin nada. Los convictos cristianos no buscan nada a cambio. Más tarde, los nuevos pescados se acercan, preguntándose por qué convictos les darían algo sin condiciones. Entonces, los cristianos pueden compartir el mensaje asombroso de la gracia de Dios. Cuando los recién internados escuchan y entienden que los convictos cristianos lo hicieron porque Dios lo hizo por ellos, los recién pescados muchas veces están dispuestos a la gracia y salvación de Dios.

La gracia es la "bondad inmerecida" que Dios nos da. Dios envió a Jesús a pagar la deuda por nuestro pecado. No merecemos este favor; no podemos hacer nada para ganarlo. Otras religiones requieren que la gente haga algo para merecer el favor de su dios. Esto causa un ambiente de culpa, produciendo un modo de vida falso que se basa en el comportamiento, y conduce a la frustración cuando los pecados repetidos siguen atormentándolos.

El regalo que Dios nos da gratis no se basa en lo que hacemos. La gracia produce una vida de confianza y seguridad. La salvación basada en la gracia nos permite llegar a Dios con arrepentimiento humilde, sin temor de rechazo. Al recibir la gracia de Dios, estamos motivados a dedicar nuestra vida al servicio de Dios, por elección y no por obligación.

Personalizándolo: ¿Cómo puedes ser como las personas en el Ministerio de Santiago, en compartir la gracia y la bondad de Dios con otros?

Oración: Dios Padre, quiero ser un instrumento de Tu gracia en mi unidad. Muéstrame los que necesitan de Tu amor. Amén.

Lee Romanos 6:1-17 para descubrir más acerca del increíble regalo de Dios para ti.

El trabajo que reanima

**El que es generoso prospera; el que reanima será reanimado.
Proverbios 11:25**

La verdadera libertad y el propósito dentro de la prisión se encuentran en la verdad del versículo de hoy. Al ser generosos con los demás con nuestro tiempo, seremos reanimados de maneras que nunca imaginamos ser posibles. Esto pueda parecer algo tonto porque el servir a otros dentro de la cárcel está en contra del "código de los convictos". La mayoría hemos vivido vidas egocéntricas, deseando que otros nos sirvieran. Pero, al ganar sabiduría, aprendemos que nuestro egocentrismo nos deja insatisfechos, tristes y solos.

Jesús nos mostró otro camino. Vivió solamente para los demás. Su vida fue y está dedicada a servir a otros: los olvidados, los débiles, los descartados. Nos invita a hacer lo mismo.

El versículo de hoy nos recuerda que al ser generosos de nuestro ser y al servir a otros, nos reanimamos por nuestro trabajo, en vez de agotarnos.

Al mirar por la unidad, vemos a hombres y mujeres que están en apuros. En camino al comedor, podemos caminar a su lado y preguntarles si quieren sentarse con nosotros. A principios, pueda ser que estén sospechosos, pero a fondo estarán agradecidos. Al invertir en las vidas de otros, descubrimos que adentro tenemos algo de valor que ellos necesitan. Al invertirnos en otros, el poder del Espíritu Santo fluye por medio de nosotros. No sufriremos de cansancio; el poder increíble de Dios nos fortalecerá. Nos volveremos suavemente a la casa como si estuviéramos volando sobre las alas del amor de Dios.

Este secreto está reservado para los que adquieren la sabiduría reverente. Entender que el trabajo de Dios es una fuente de cambio, de propósito y de una energía increíble es un regalo más precioso que cualquier contrabando.

✝

Personalizándolo: ¿A quién te está llamando Dios a que sirvas? ¿De qué manera específica servirás a esa persona esta semana?

Oración: Señor, quiero servirte, pero necesito Tu gracia. Esto está peligroso. Necesito Tu poder y valor para que sea generoso con los demás. Amén.

Lee Josué 24:14-24, y decide servir al Señor.

Rucos, ¡cobren ánimo!

Aun cuando sea yo anciano y peine canas, no me abandones, oh Dios, hasta que anuncie tu poder a la generación venidera, y dé a conocer tus proezas a los que aún no han nacido. Salmo 71:18

Muchos nos estamos poniendo viejos en la cárcel. Unos llegamos cuando ya teníamos más de cincuenta años. Unos fueron sentenciados a vida sin libertad condicional. Los años siguen en marcha, y descubrimos lo que vida sin libertad condicional quiere decir: vida y muerte en la prisión. Hay un verdadero peligro para nuestra alma cuando nos damos cuenta de esto.

La depresión suele acompañar el avance de los años. Nos damos cuenta de que hemos fallado las bodas, los bautizos, los partidos, los funerales y otras funciones que enriquecen la vida. Vemos desvanecer nuestra edad fértil con el tiempo. Sufrimos la angustia de nuestras acciones además del temor, la inseguridad, la soledad y las preocupaciones mientras nos ponemos más viejos.

El escritor del pasaje para hoy se dio cuenta de lo que importa: aunque nos envejezcamos, Dios no ha terminado con nosotros todavía. El salmista quería vivir lo suficiente para declarar a Dios a las siguientes generaciones.

En vez de pensar que estamos agotados por ser mayores, debemos darnos cuenta de que los años nos han dado comprensión y experiencia de mucho valor que podemos compartir con la siguiente generación. Tenemos valor por nuestra edad, no a pesar de ella.

¿Cómo podemos influenciar la siguiente generación? Muchos queremos relatar nuestras historias a los jóvenes para ayudarles a evitar la cárcel. ¿Por qué no buscas a los convictos jóvenes que se sienten inútiles pero tienen miedo de mostrarlo? Los podemos guiar y compartir sabiduría para sus vidas.

¿Y qué de nuestra propia familia? Aunque estemos entre rejas, nuestra nueva mansedumbre y humildad tendrán una influencia positiva con nuestros hijos, sobrinos y nietos. Les podemos escribir, compartiendo las actividades de Dios en nuestra vida, animándolos a que den su vida a Jesucristo.

†

Personalizándolo: ¿Cómo alcanzarás a la siguiente generación para compartir del poder de Dios?

Oración: Dios, ayúdame a edificar Tu reino, aun en mi edad avanzada. Muéstrame el trabajo que Tú tienes para mí. Amén.

Lee el Salmo 103 para ánimo.

El poder del ruco

Mándales [a los ricos] que hagan el bien, que sean ricos en buenas obras, y generosos, dispuestos a compartir lo que tienen. 1 Timoteo 6:18

Nuestra cultura nos dice que el dinero es el poder. Los ricos pueden hacer casi todo lo que les dé la gana. Pueden decidir usar su riqueza para ellos mismos o para los demás, para el bien o para el mal.

Pero no somos ricos. No somos adinerados. En los ojos del mundo, somos la basura del mundo, el bote vacío de cerveza que ya se debe tirar. ¿El versículo de hoy tiene sentido; se puede aplicar a nuestra vida en la cárcel? ¿Qué lecciones podemos aprender de este pasaje?

La riqueza no siempre viene en forma de dinero. En la prisión, las riquezas toman varias formas. La fuerza y la fama son tipos de moneda. Ser un ruco veterano es otra, porque cuando somos rucos, recibimos el respeto de los recién pescados y los convictos jóvenes. Si asocian nuestros números de años a delitos con pena de muerte, nuestro prestigio y estatus dentro del tambo efectivamente se aumenta. ¿Qué haremos con esta riqueza?

Igual que la gente con recursos en el afuera escoge qué hacer con lo que tiene, también nosotros tenemos que decidir cómo usar el poder por ser rucos. Tenemos la influencia para manipular a los presos más débiles y más jóvenes a que hagan lo que nos dé la gana. Eso puede ser favores sexuales o otras cosas violentas o peligrosas. O, podemos usar nuestra estatura para enseñarles una mejor manera de vivir. Les podemos enseñar cómo cumplir *SU* tiempo, cumplir la condena de vida que conduce a la vida con Dios para siempre. Al decidir que vamos a gastar nuestras monedas en las cosas de Dios, estamos alzando tesoro en el Banco de Dios. Al ayudar a otros, nos ayudamos a nosotros mismos (ver Proverbios 11:25). Debemos usar nuestras riquezas para la gloria de Dios y Su obra. Debemos evitar la tentación de hacer otra cosa.

✝

Personalizándolo: ¿Qué riquezas tienes? ¿Cómo estás gastando esas riquezas dentro de los muros?

Oración: Dios Padre, muéstranos cómo mejor usar nuestros caros regalos para el bien de la gente a nuestro derredor y para Tu obra. Amén.

Lee Jeremías 9:23-24 y 1 Timoteo 6:17-19 para pensamientos acerca de la riqueza y qué hacer con ella.

Disponte a servir

Mientras Pedro seguía reflexionando sobre el significado de la visión, el Espíritu le dijo: "Mira, Simón, tres hombres te buscan. Date prisa, baja y no dudes en ir con ellos, porque yo los he enviado". Hechos 10:19-20

Los sentimientos de inutilidad son tan comunes en la prisión como apostadores que pierden en Las Vegas. Hemos lastimado a los que nos amaban, confiaban y contaban con nosotros. Servirle a Cristo por medio de servirles a otros nos suena bonito, pero dudamos si tenemos lo necesario para hacerlo. Observamos a otros presos más educados y a líderes de la iglesia, y nos sentimos limitados cuando nos comparamos a ellos. No estamos seguros si tenemos la sabiduría divina necesaria para servir. ¿Qué haremos para obtenerla?

El primer paso es dejar de compararnos con otros. Dios no está preocupado por nuestra *habilidad*, sino con nuestra *disponibilidad*. Nuestro deber es estar dispuestos para que Él obre por medio de nosotros. Dios sabe quién necesita nuestra ayuda. Él nos dirigirá a ellos.

Pedro no conocía a los tres hombres que estaban a la puerta, pero Dios tenía planes para ellos, y necesitaba la ayuda de Pedro. Pedro los saludó y los hizo sentir en casa. Los trató como invitados. Se invirtió en ellos. Dios le envió estos hombres a Pedro. Pedro no tuvo que salir a buscarlos. Solo tuvo que ser obediente cuando Dios se los mandó.

Dios obra de la misma manera hoy en día. Nuestra disposición a servir a nuestros compañeros encarcelados es lo que requiere Dios. Si nos disponemos a hacer Su voluntad, descubrimos lo que Dios quiere que hagamos. Él guiará Sus ovejas lastimadas cabal a nuestra celda. Prepárate por medio de cultivar un corazón tierno y un espíritu sensitivo que siente el tocar de Dios cuando Él indica quiénes son las personas en necesidad. Les podemos dar la bienvenida, compartir botanas, hacerlos sentirse en casa y escucharles. Nuestra bondad demostrará la ternura de Jesús. Dios te dará una mano con el resto.

Personalizándolo: ¿De qué maneras específicas estás dispuesto a servirles a otros? Confía en Dios para que te guíe a las propias personas.

Oración: Dios Padre, mándame Tus ovejas, y dame los ojos para verlos y el corazón para ayudarles. Amén.

Lee Hechos 10 para la historia completa del plan de Dios para Pedro.

¿Impacta la vida de Jesús?

"Señor, ¿cuándo te vimos hambriento o sediento, o como forastero, o necesitado de ropa, o enfermo, o en la cárcel, y no te ayudamos?". Él les responderá: "Les aseguro que todo lo que no hicieron por el más pequeño de mis hermanos, tampoco lo hicieron por mí". Mateo 25:44-45

El versículo de hoy está muy claro. Cuando Jesús venga a juzgarnos, usará una prueba muy sencilla. Consistirá en cómo tratamos a Su gente que tenían hambre o sed, necesitaban alojo o ropa, o estaban en la cárcel. Nota: Jesús no menciona cuántas veces estuvimos en la iglesia, ni cuánto dinero contribuimos ni si creímos las debidas doctrinas. Lo que Él dice que importa más tiene que ver con cómo amamos —o no amamos— a estos, los más pequeños de Sus hermanos.

Henry Drummond, en su gran ensayo acerca de 1 Corintios 13, dice que la prueba final de nuestra fe será el amor. La evidencia demostrará cómo cumplimos con las más simples caridades de la vida. En ningún lugar se mencionan los pecados del orgullo ni los logros de las maravillosas empresas evangelísticas. Lo que le importa más a Jesús es cómo amamos a otros humanos.

¿Por qué es tan clave? Drummond indica que "rehusar dar amor es negar al Espíritu de Cristo; es la prueba de que nunca lo conocimos, de que para nosotros él vivió en vano"[16]. Si verdaderamente conocemos a Jesús, somos trasformados a Su imagen. Sentimos compasión por los enfermos, los hambrientos, el forastero, los sedientos y los presos. Sin esa compasión que crece dentro de nosotros y se vuelve en acción concreta hacia esa gente en específico, el Espíritu de Jesús no está dentro de nosotros.

Viví por mí mismo, pensé por mí mismo,
Por mí mismo y nadie más:
Como que Jesús jamás vivió,
Como que nunca murió[17].

Personalizándolo: Mira tu vida. ¿Vives como si Jesús jamás vivió? ¿Qué harás para cambiar?

Oración: *Jesús, soy egoísta, viviendo por mí mismo. Ayúdame a vivir cómo Tú viviste: para los demás. Amén.*

Lee 1 Corintios 13, una vez y otra vez... y una vez más.

Los débiles y los olvidados

Pero él me dijo: "Te basta con mi gracia, pues mi poder se perfecciona en la debilidad". Por lo tanto, gustosamente haré más bien alarde de mis debilidades, para que permanezca sobre mí el poder de Cristo. 2 Corintios 12:9

Cuando Dios eligió a David para que fuera rey de Israel, quebró las reglas de la sociedad. En Israel, el hijo mayor era el heredero natural de la familia. David era el octavo hijo y tan insignificante que el padre de David ni se lo había traído a Samuel cuando buscaba a un nuevo rey.

Pero David le importaba a Dios. A Dios le encanta dar valor a cosas que el mundo rechaza para demostrar Su poder y para ejercer Su voluntad. Muchas veces vemos en la Biblia que Dios escogió a personas que no importaban mucho en la sociedad. Dios escoge a personas a pesar de sus debilidades.

Hay veces que pensamos que no es posible que le importemos a Dios. ¿Cómo nos podría encontrar de valor? Pensamientos de inutilidad se encuentran en todas partes en la prisión; son tan frecuentes como la mala comida, los malos cortes de pelo y las camas duras. Parece que entregaban estos sentimientos al par con la ropa en la institución correccional Evans o el complejo de prisiones del estado de Arizona en Yuma. Pero ese modo de pensar no es preciso. Dios nos puede trasformar. Puede redimir nuestra debilidad para Su obra.

Presos siempre se fijan de los demás. Cuando una convicta con una condena larga hace lo que predica y vive una vida exteriormente sincera, las otras presas se dan cuenta. Las primeras impresiones mueren, y la reputación de integridad crece. ¿Qué mejor consejera le puede hablar a una mujer con sentimientos de inutilidad que una que se ha sentido inútil? Inútil, ¡hasta que encontró su importancia en Cristo! ¿Quién mejor para animar a una mujer o un hombre que está luchando con pecado sexual que alguien que encontró la libertad de la misma tentación?

Cuando los otros convictos ven nuestro verdadero gozo, comprobado por nuestro verdadero comportamiento, serán atraídos al Dios que nos da valor.

Personalizándolo: Hay veces que el pobre-de-mí nos hace sentir bien. ¿Estás dispuesto a soltar ese sentimiento y servir a Dios?

Oración: Señor, te quiero servir y ser Tu representante para la gente adolorida en la prisión. Dame Tu gracia. Amén.

Lee Hebreos 11, acerca de cómo Dios escogió a personas a pesar de sus debilidades.

Tomar el papel del liderazgo

Mi siervo Moisés ha muerto. Por eso tú [Josué] y todo este pueblo deberán prepararse para cruzar el río Jordán y entrar a la tierra que les daré a ustedes los israelitas. Josué 1:2

Los líderes son muy importantes. Planifican actividades y mantienen el enfoque de las organizaciones. Cuando los líderes mueren o se retiran, dejan un vacío a menos que otros nuevos líderes están listos para tomar el cargo. Piensa acerca de cómo funcionaría la iglesia de la prisión si se jubilara el capellán o se fuera a otra instalación. ¿Cómo operaría el cuerpo de la iglesia si los líderes fuertes cristianos presos fueran librados o enviados a Virginia o a Tejas? ¿Sabes si el Señor quiere entrenarnos para un nuevo liderazgo? ¿Estamos preparados para ese papel? Nuestra vida debe mostrar varias cualidades de carácter si queremos considerar el mover a un papel de liderazgo.

Primero, debemos tener espíritus humildes y estar dispuestos a ser entrenados. Segundo, debemos amar a Dios y a todos Sus hijos. Esto sería aparente a todos por medio de nuestras acciones hacia otros, dentro y fuera del cuerpo de la iglesia. Tercero, necesitamos una vida fuerte en oración. Los siervos líderes de Dios dependen de Él para Su fuerza y guía, especialmente cuando las cosas se ponen duras. Dios nos guiará cuando le escuchamos y hablamos con Él por medio de la oración. Cuarto, es crítico que pasemos tiempo largo y consistente en la Palabra de Dios. Descubrimos Su dirección para nuestro liderazgo en la Biblia.

Finalmente, debemos sentir el llamado de Dios. El llamado de Dios es el sentir en nuestro corazón que Dios demanda nuestra obediencia a Su pedido que carguemos el peso de liderazgo. Aunque el llamado de Dios es especifico y claro, debe ser confirmado por otros cristianos mediante la oración (ver Mateo 18:19; 1 Juan 4:1). Si sentimos que Dios nos pueda estar llamando, debemos hablar con creyentes maduros acerca de nuestro potencial para el liderazgo. Entonces, si sentimos el llamado y otros lo confirman, tenemos que obedecer el llamado y tomar las responsabilidades de líderes.

Personalizándolo: ¿Cómo compara tu carácter con la lista de arriba? ¿Cómo puede Dios estar llamándote a un puesto de liderazgo?

Oración: *Señor, ¿qué quieres que haga? Si Tú llamas, estoy dispuesto a ser entrenado y a servir. Haz clara Tu voluntad. Amén.*

Lee Josué 1:1-5 acerca de la promesa de Dios para Josué; usa el versículo 5 como un recordatorio diario.

A la marcha

Solo te pido que tengas mucho valor y firmeza para obedecer toda la ley que mi siervo Moisés te mandó. No te apartes de ella para nada; solo así tendrás éxito dondequiera que vayas. Josué 1:7

Podemos aprender acerca de lo que Dios dice del liderazgo en mirar a Josué. Después de la muerte de Moisés, Dios mandó a Josué, el nuevo jefe, a la marcha.

Dios le dijo a Josué *que tuviera mucho valor y firmeza*. Esta orden requería acción. Como socios con Dios en lograr Sus metas, debemos hacer nuestra parte, especialmente como líderes. La iglesia de la prisión no puede simplemente dejarlo con Dios y recostarse en espera de que las cosas se van a hacer por sí mismas. Y debemos anticipar la oposición. Dios le dijo a Josué en ese entonces —y nos dice ahora— que las cosas se pondrán duras. Vamos a necesitar valor y firmeza. Aun así, debemos compartir en la obra de los propósitos divinos de Dios.

Dios le dijo a Josué *que obedeciera toda la ley*. Dios nos da sabiduría en Su Palabra, en pasajes como los Diez Mandamientos, las Bienaventuranzas y las otras enseñanzas de Cristo. Para que Dios obre por medio de nosotros, tenemos que representar Sus normas. Luego, les debemos enseñar y animar a otros para que sigan el camino de Dios y para que obedezcan esas instrucciones.

Dios le dijo a Josué *que no se apartara de Sus enseñanzas*. Dios nos dirige para que seamos firmes y comprometidos a seguir el camino recto. Un papel esencial de los líderes de la iglesia es de mantener al pueblo de Dios en el camino recto y angosto. Cumplimientos logrados por medio de prédicas vacías de última moda o trucos nunca llevan a cabo los propósitos divinos de Dios. Por ejemplo, si los líderes prometieran distribuir cocaína crack en cada culto, la capilla estaría llena. Pero ese truco dañaría gravemente el propósito de la verdadera alabanza. Los santos propósitos nunca se logran por medios diabólicos. Los líderes deben mostrar integridad no solo con sus intenciones sino que también con sus métodos y su andar personal.

Personalizándolo: Como un posible líder, ¿cómo puedes seguir y vivir con las órdenes de Dios a la marcha?

Oración: Dios, quiero ser valiente y fuerte para Ti. Ayúdame a amar Tu sabiduría y no alejarme de Tus normas, bajo ninguna circunstancia. En Tu poder, amén.

Lee Josué capítulo 1 para descubrir la fórmula de Dios para el éxito.

Servicio reverente

Estas preguntas tienen que ver con las meditaciones en las páginas 228–247.

Respondan en conjunto:

1. Había un lema de publicidad que traducido decía: "Donde el hule se junta con el camino". Esa frase hoy en día quiere decir donde tu *hablar* se junta con tu *caminar*. ¿Cómo debe traducirse el aceptar la gracia de Dios en servicio reverente dentro de la prisión? Describe unos ejemplos de cómo "un vaso de agua fría" pueda parecer en tu prisión.

2. ¿Qué son los enemigos del servicio reverente? ¿Qué razones suelen dar los presos para no servir a otros? ¿Qué tan seguido el egoísmo y el miedo te han influenciado a evitar servir a otros? Da ejemplos de cómo la ansiedad o el prejuicio pueden impedir el esfuerzo de Dios para obrar por medio de ti. ¿Qué le ganará a esas excusas?

3. Volverse viejo en la prisión puede ser un regalo de Dios. ¿Qué ventajas hay en ser un reo ruco? Describe tres circunstancias en que la edad se puede usar para la gloria de Dios. ¿Por qué se respeta tanto la autenticidad en la prisión? ¿De qué manera van de la mano la edad y la autenticidad? Al envejecerte, ¿cómo puede desvanecer el miedo del rechazo?

4. Las acciones tienen consecuencias. Comparte una historia de cuando las acciones positivas o negativas afectaron tu vida. ¿Qué aprendiste de eso? Mientras reflejas en tu vida, ¿en qué te hacen pensar las palabras "onda expansiva"? Considera cómo Dios puede usar tu servicio reverente como una "onda expansiva" inmediatamente y en el futuro. ¿Qué viene a la mente al contemplar esto?

Exploren la palabra de Dios en conjunto:

1. **Job 12:12** es una declaración acertada acerca de la sabiduría y de la vejez. ¿Por qué están vinculadas la vejez y la sabiduría aquí? ¿Por qué proviene la sabiduría de la vejez y la experiencia? ¿De cuáles cosas te libera la vejez para que puedas dar un mejor servicio reverente? ¿Cuáles grupos específicos en la prisión pueden recibir beneficio de esta libertad para servir?

2. En **Romanos 12:3**, Pablo nos advierte acerca de la arrogancia mientras servimos. ¿Cómo puede el orgullo manchar el servicio reverente? ¿Qué pasos puedes tomar para protegerte de un brote de prepotencia? ¿Qué consideras como indicaciones de un servicio reverente y humilde?

3. **1 Crónicas 29:6-14** describe una escena donde los jefes de Israel donaron libre y generosamente. ¿Qué efecto tuvo sobre la gente común del pueblo de Israel? ¿Qué reacción tuvo el rey David al ver esta efusión de generosidad? ¿Cómo te habla este pasaje a tu disposición a servir? ¿Cómo influirá en tu servicio en el futuro?

Oren juntos:

1. Oren por la disposición de servir con gracia y humildad.

2. Oren para que el Espíritu Santo les llene con denuedo y claridad acerca de lo que se tiene que hacer.

3. Oren para que el amor de Dios fluya por ustedes al representarlo a las almas que lo andan buscando dentro de su instalación.

Comprométanse a la **confidencialidad**...

... **respétense** unos a otros

... **oren** unos por otros

... **anímense** unos a otros

... **ríndanse cuentas** unos a otros.

Oración para el servicio reverente

*Mientras contemplo Tu sacrificio en la cruz
por mi pecado, quiero servirte dentro de esta prisión.
Pero mi temor me aplasta al ver a las bandas
vengarse de los que rompen filas y
declaran una vida nueva para Ti.
Tengo miedo, Señor, y necesito Tus fuerzas para salirme
con denuedo hacia la vida recién encontrada.*

*Ayúdame, Señor, a no temer a los que
me recordarán de mi vida antigua de
vender mi cuerpo cuando era una alma perdida.
Dios Padre, dame la fuerza para verdaderamente
creer que soy una nueva criatura y no la mugrienta
y apestosa con que te encontraste
y lavaste con Tu sangre en esa cruz.*

*Dios Padre, mientras ando por la yarda
dame ojos para ver gente adolorida
y oídos para oír sus llantos.
Señor, dame la voluntad y el valor de acercarme,
como Tú lo hiciste conmigo, y ayudarles con sus heridas.*

*Dame las palabras para decir, la habilidad de escuchar
y no juzgar mientras entro en áreas que
no se permiten por el código de los convictos.
Señor, confío en Ti para que me capacites y me protejas.*

Amén.

†

Notes

1. Bill Bright, "The Four Spiritual Laws [Las Cuatro Leyes Espirituales]" (Orlando, Fla.: NewLife Publications, 1994).

2. Helen Wodehouse, citada en *The Choice Is Always Ours* [Siempre podemos escoger], Dorothy Berkeley Phillips, ed. (Nueva York: Richard R. Smith, 1948), 44, énfasis añadida.

3. Henry Drummond, "The Three Facts of Sin [Los tres hechos del pecado]," *The Ideal Life* [La vida ideal] (Londres: Collins, 1970), 196.

4. C. S. Lewis, *Mere Christianity* (Nueva York: Touchstone, 1943), 110. Publicado en español como *Mero cristianismo*.

5. *The Interpreter's Bible* [La Biblia del Intérprete], vol. 9 (Nashville: Abingdon Press, 1950), 402.

6. Lewis, *Mere Christianity*, 58.

7. Henry Drummond, "The Programme of Christianity [El programa del cristianismo]," *The Greatest Thing in the World and 21 Other Essays* (Londres, Collins 1970), 75. Publicado en español como *La cosa más grande en el mundo*, http://www.elcristianismoprimitivo.com/Lacosamasgrande.htm.

8. *Jubilee* [Jubileo], Prison Fellowship Ministries, 2001.

9. Ilustración del doctor Timothy Keller, Redeemer Presbyterian Church, Nueva York, Nueva York, enero del 2005.

10. Lewis, *Mere Christianity*, 56.

11. Oswald Chambers, *My Utmost for His Highest* (Nueva York: Dodd, Mead & Company, 1935), marzo 28. (*En pos de lo supremo*, Viladecavalls, España, Editorial Clie, 2007).

12. "Strife in Heaven [Contienda en el cielo]," una historia relatada por Henry Drummond, *The Greatest Thing in the World*, 150.

13. Lewis, *Mere Christianity*, 117.

14. Martín Lutero King Jr., "I Have a Dream [Tengo un Sueño]," discurso dado el 28 de agosto de 1963.

15. Obispo Frank Costantino, Good News Jail & Prison Ministry, discurso principal de la conferencia anual, junio de 2003.

16. Henry Drummond, *The Greatest Thing in the World*, 64.

17. Ibíd.

Índice de pasajes bíblicos en las meditaciones

En gratitud

Escribir cualquier libro es un reto enorme, como lo admitirá cualquier autor. Cuando alguien comienza a escribir un libro sin experiencia, es menos intimidante porque "la ignorancia es la felicidad". Es parecido al matrimonio o tener hijos. Dios nos bendice con poco conocimiento previo acerca de estas actividades, así que nos metemos con grandes esperanzas y entusiasmo que nacen del desconocer completamente los enormes retos y la realidad de nuestros esfuerzos.

Este es el modo de pensar que traje al escribir *Cumpliendo SU tiempo* en junio de 1999. Convencido firmemente de que el Espíritu Santo me llamó a escribir un devocional que se dirigía en particular a los hombres y mujeres que están encarcelados, me lancé al proyecto, pero dentro de poco, fui sorprendido por la enormidad del trabajo.

También fue asombroso cómo el Espíritu Santo usaría el libro para el reino después de ser publicado en marzo del 2008. Desde esa fecha, el Espíritu Santo nos ha guiado a regalar más de 400.000 ejemplares, en más de treinta y ocho países y en ocho idiomas. Esta versión revisada en el 2016, con las añadidas meditaciones y guías de estudio, está dedicada al Espíritu Santo. Anticipamos Su guía de nuevo para regalar miles de ejemplares donde sea que Él nos pida que los enviemos.

En consideración de todo esto, les doy mis humildes gracias a las personas y las obras escritas que influenciaron en mi escribir y contribuyeron tanto a la forma, claridad, sustancia y la terminación del libro.

La Biblia del intérprete iluminó muchas meditaciones en este devocional. Ahora se encuentran agotados esos volúmenes que se escribieron en 1950 por los "sabios" de su día. *Mero cristianismo* por C. S. Lewis y los ensayos de Henry Drummond también influyeron en este devocional.

El doctor Timothy J. Keller, pastor principal de Redeemer Presbyterian Church en la Ciudad de Nueva York, contribuyó a este devocional con sus muchos sermones y perspicacia que absorbí mientras estaba en la iglesia y por el escuchar las grabaciones. Así que si hay pensamiento, perspicacia espiritual o ejemplos que les parezcan familiares a los que le escuchan al doctor Keller, pero que no se le atribuyen directamente a él, pido perdón.

También les doy las gracias al doctor Tremper Longman III y el doctor Dan Allender, quienes estaban a la orden cuando necesitaba una frase vivaz para enfatizar algún punto.

Mucho cariño para la capellán June Hendricks de la instalación correccional Limon. La capellán June es una guerrera de oración y madre espiritual. Gracias también a Howard y Connie Walker del ministerio Set Free y de la iglesia Bear Valley. Ellos han sido amigos, partidarios y personas de confianza desde el principio de mi experiencia con ministrar en las prisiones.

Les doy gracias a mis amigos presos que leyeron y re-leyeron las penúltimas versiones en términos de la veracidad en la representación de la cultura carcelera. Richard Duran pasó horas dándome inestimable perspicacia y corrección. Mis gracias también a Monir Wood, el hombre con la sonrisa ungida; a John E. López, el "Pablo detrás de los Muros"; a Wilson López; y a Adam Thompson, el callado y persistente "Ministro Santiago". Mi agradecimiento especial a Tim Callis, un antiguo hermano en Cristo quien ha repasado el manuscrito conmigo una y otra vez por teléfono y por correo. Su ayuda ha sido inestimable. Consultó con muchos otros en su módulo para asegurar la autenticidad del devocional. Adicionalmente, Tim Callis reclutó a Michael Stillwell, Jason Burkholder y William Paxton a leer y contribuir sus percepciones, ediciones y afirmaciones auténticas del devocional. Sin estos "enterados" estuviéramos suponiendo cómo se iba a recibir el devocional.

Gracias a Chris Mays y a su esposa, Suzy Rader Mays, dos guerreros para Cristo. Editaron el libro mientras Chris estaba encerrado, y ahora que lo han soltado, ellos manejan el ministerio Doing HIS Time en Denver, Colorado. Nuestras vidas se han entretejido por el Espíritu Santo para propósitos que jamás podíamos imaginar.

Mil gracias a Robert Baillie, Ricky Servine, Carlos Márquez, Arthur Urrutia, Robert Willner y "Paco" Castillo, por sus palabras de aliento y por ayudarme a mantener el libro verdadero. Además, las reacciones y ánimo de Cynthia Feagin, Marta Ulen, Lisa Cotter y Caroline Taito ayudaron enormemente para relacionar el libro con las mujeres adentro de los muros. Joanne Neidiffer y Candace Pete de Central California Women's Facility también compartieron muchas percepciones honestas e inestimables.

Quiero estar seguro de darle las gracias a Mel Goebel, presidente de Daughters of Destiny, mi amigo y mentor en las prisiones. El amor de Mel para Jesús y su pasión para los encarcelados es contagioso. Ha sido mi hermano en las prisiones desde 1988. También a Harry Greene, el presidente anterior de Good News Jail & Prison Ministry, que ha influido el libro con lo que ha aprendido por experiencia. Gracias a Clint Pollard, quien ayudó enormemente en compartir sus verdaderas experiencias que se encuentran en este libro. El consejo, la asesoría, las palabras duras y la amistad del difunto Chuck Colson fueron como los de un padre. Estoy muy agradecido con él por haber escrito *Nacido de nuevo*, el libro que inició mi caminar al ministerio prisionero in 1987.

Sumamente importante, profundas gracias a Lynn Vanderzalm, mi editora y confiada amiga. Nos reunimos por medio de la mano del Espíritu Santo. Al haber escrito por varios años, sentí la necesidad de dirección y una guía para mejorar el libro. Así que comencé a orar. Le pedí al Espíritu Santo que enviara un editor con experiencia. Por ocho meses no hubo respuesta. Entonces, alguien me dio una copia del libro de Josh McDowell *Beyond Belief to Convictions (Más allá de la creencia, a la convicción)*. Mientras leía los reconocimientos en ese buen libro, el nombre de su editora, Lynn Vanderzalm, sobresaltó. Fue como si el Espíritu Santo me hubiera empujado físicamente. Oí al Espíritu decir: "Allí está. Es tu editora".

Le escribí a Lynn, pidiéndole considerar el proyecto, independientemente de sus cargos como editora principal en Tyndale House Publishers. Como un mes después, Lynn me llamó y me indicó que me podía ayudar a fortalecer el libro. Cuando comenzamos a platicar de nuestras vidas personales, Lynn mencionó que era de Holland, Michigan, y que había asistido a la preparatoria Holland Christian y luego a Calvin College en Grand Rapids, Michigan.

Sabíamos que estábamos destinados a colaborar cuando le informé que yo también había nacido en Holland, Michigan, y que me había graduado de las mismas dos escuelas. Desde ese entonces, Lynn tomó el mando artístico del libro y ha hecho mejoras incalculables en cuanto a la forma, la sustancia y el estilo del libro. Además escribió casi cuarenta de las meditaciones. Si el Espíritu Santo no nos hubiera reunido, dudo que se haya publicado este devocional.

Muchas gracias a Jaime Esteban Gibbons, cuyas habilidades en la traducción han hecho que este libro sea disponible a los lectores del idioma español. Gracias a Anna Piro por sus destrezas en diseño, que han enriquecido esta edición del libro. Una vez más le doy gracias a Sarah Rubio por su habilidad inestimable de editar esta versión.

Más que nada, gracias al Espíritu Santo por las íntimas instigaciones y guía fiel durante el largo proceso de escribir este libro. Gracias por enseñarnos tanto a todos los involucrados durante este tiempo juntos.

Y finalmente, gracias a Mary Beth, mi esposa desde 1972. Gracias por el refinamiento femenil que has traído a mi vida, por tu lealtad, perspicacia espiritual, fidelidad y amor durante las buenas y las malas. Gracias también por permitirme el tiempo tranquilo para terminar este libro sin plazo límite. ¡Te quiero muchísimo!

Estamos en oración para que este libro sea una bendición para todos los que lo lean. Toda alabanza le pertenece a Dios. Todos los errores son míos.

En SU Servidumbre,
James C. Vogelzang
Doing HIS Time Prison Ministry
Santa Barbara, California
2016

Acerca de los autores

James C. Vogelzang pasó treinta años en el negocio de mercadeo de inversiones antes de ser guiado a comenzar Doing HIS Time Prison Ministry, que empezó en 1999. El ministerio sirve a encarcelados y sus familias por medio del ministerio de reintegración del **72-Hour Fund**, y un programa de transporte llamado **Barn-A-Bus**. Jim y su esposa, Mary Beth, viven en California y tienen dos hijas adultas.

Lynn Vanderzalm primero se involucró en el ministerio a las cárceles cuando su esposo trabajó como consejero en un programa de pre-liberación dentro de una prisión de seguridad máxima. Desde ese entonces, ella ha trabajado como educadora, editora y escritora. Ha publicado dos libros, uno de ellos un devocional. Actualmente comparte el ministerio de su esposo hacia los pobres alrededor del mundo. Lynn y su esposo, Bas, viven en Oregón y tienen dos hijos casados.

Los autores agradecen sus reacciones, comentarios y testimonios. Por favor reconozcan que a causa del volumen del correo, no será posible enviarles una respuesta personal. Por favor, no se ofendan si no podemos contestar sus cartas personales, pero sepan que ¡nos agradan y las apreciamos muchísimo!

Ejemplares adicionales de *Cumpliendo SU Tiempo*

Presos y capellanes: Al ministerio Doing HIS Time le da gusto complacer los pedidos individuales para ejemplares adicionales de este libro. Se anima a los presos que hablen con sus capellanes, quienes pueden pedir cajas de libros en www.doinghistime.org sin costo.

Amigos y familiares de los presos pueden pedir ejemplares individuales en www.amazon.com.

Cumpliendo SU Tiempo está disponible en otros idiomas

Doing HIS Time se ha traducido a varios idiomas. Además de la versión en español, *Cumpliendo SU tiempo: Meditaciones y oraciones para hombres y mujeres en la prisión*, el devocional se ha traducido al tailandés, bantú (para Uganda, Burundi, y Ruanda), télugu (para la India), cebuano y tagalo (para las Filipinas) y mandarín (para Hong Kong, Macao y Singapur).

En memoria

William Vogelzang

1921–2013

"Una vida bien vivida"

¡Qué precioso es tu amor inagotable, oh Dios!
Todos los seres humanos encuentran refugio
a la sombra de tus alas. Salmo 36:7, NTV

Mi padre, Bill, vivió una vida que siguió a Jesús. Fue una vida destacada por una personalidad calurosa, una sonrisa rápida y un espíritu bondadoso. Me enseñó el poder de la oración, dedicación al trabajo y dependencia de Dios, aunque me tomó varios años para que lo entendiera. Él visitó las prisiones conmigo y distribuyó este devocional a todos sus amigos. Su dedicación al trabajo dejó una herencia significativa, que se ha dedicado al pago de la imprenta, traducción y distribución de la edición revisada de este libro con guías de estudio.

Gracias, papá. ¡Te extrañamos!

Acerca del ministerio a prisioneros
Doing HIS Time
"Arrodillados con los que han tropezado"™

Doing HIS Time, fundado en 1999 por James C Vogelzang, es un ministerio Cristo-céntrico que es "la cara y las manos de Jesús" para los encarcelados, los exconvictos y sus familias. Tres ministerios facilitan esta misión:

El 72-Hour Fund (Fondo de 72 Horas): Este ministerio ayuda a los exconvictos en Colorado con programas de reintegración proveyendo ropa, fichas de transporte, artículos para la higiene, mochilas y ayuda para obtener documentos de identificación, todo gratis. Se sugiere obtener una cita al salir de la prisión. Llame al 303.292.2304. Gente de toda fe es bienvenida.

Barn-A-Bus: Este ministerio de transporte provee viajes de ida y vuelta a bajo costo para las familias de los prisioneros los días de visita a la mayoría de las prisiones en Colorado. Hay horario fijo, y se tiene que obtener una cita. Favor de visitar el sitio web (www.doinghistime.org) para información exacta, o llamar al 303.300.3670.

Cumpliendo SU tiempo: Meditaciones y oraciones para hombres y mujeres en la prisión: Este devocional se puede conseguir gratis por presos y capellanes por todo el mundo. Se han regalado más de 400.000 ejemplares en más de treinta y cinco países, y el libro se ha traducido a ocho idiomas. Favor de ver el libro en www.amazon.com o www.doinghistime.org.

Doing HIS Time Prison Ministry
4045 Wadsworth Blvd., #310
Wheat Ridge, CO 80033

PO Box 1508
Wheat Ridge, CO 80034
303-292-2304

Doing HIS Time Prison Ministry (oficina central)
PO Box 91509
Santa Barbara, CA 93190
805-730-1700

www.doinghistime.org
info@doinghistime.org

Palabras de bendición para ti

[Oro] para que por fe Cristo habite en sus corazones.
Y pido que, arraigados y cimentados en amor,
puedan comprender, junto con todos los santos,
cuán ancho y largo, alto y
profundo es el amor de Cristo.
Efesios 3:17-18

Que Dios el Padre y el Señor Jesucristo
les concedan paz, amor y fe a los hermanos.
La gracia sea con todos los que aman a nuestro
Señor Jesucristo con amor imperecedero.
Efesios 6:23-24

El Dios que da la paz levantó de entre los muertos
al gran Pastor de las ovejas, a nuestro Señor Jesús,
por la sangre del pacto eterno.
Que él los capacite en todo lo bueno
para hacer su voluntad.
Y que, por medio de Jesucristo,
Dios cumpla en nosotros lo que le agrada.
A él sea la gloria por los siglos de los siglos. Amén.
Hebreos 13:20-21